신학박사 논문시리즈 ㊱

성서적 기름부음의 신학적 재고와 현대 목회적 적용

하나님의 기름부음

황의찬 지음

기독교문서선교회

기독교문서선교회(Christian Literature Center: 약칭 **CLC**)는 1941년 영국 콜체스터에서 켄 아담스에 의해 시작되었으며 국제 본부는 미국의 필라델피아에 있습니다.

국제 CLC는 59개 나라에서 180개의 본부를 두고, 약 650여 명의 선교사들이 이동도서차량 40대를 이용하여 문서 보급에 힘쓰고 있으며 이메일 주문을 통해 130여 국으로 책을 공급하고 있습니다.

한국 CLC는 청교도적 복음주의 신학과 신앙서적을 출판하는 문서선교 기관으로서, 한 영혼이라도 구원되길 소망하면서 주님이 오시는 그날까지 최선을 다할 것입니다.

A Theological Reflection on the Anointing in the Bible and Its Application for the Pastoral Ministry

Written by
Hwang, Eui-Chan

Korean Edition
Copyright © 2017 by Christian Literature Center
Seoul, Korea

추천사 1

"하나님의 기름부음 받은 자 프로젝트를 보여주다"

김장환 목사
극동방송 이사장/수원중앙침례교회 원로목사

예수님은 그리스도이십니다.
그리스도는 기름부음 받은 자라는 뜻입니다.
우리는 날마다 그리스도의 이름을 부르면서도
정작 '기름부음'에 대한 이해는 깊지 못합니다.

황의찬 목사님의 이 책은
왜 다른 물질이 아닌 기름을 사람의 머리에 붓는지,
하나님의 기름부음 받은 자 프로젝트가 어떻게 진행되어
오늘에 적용될 수 있는지를 충분히 설명해주고 있습니다.

수원중앙교회에서 평신도로 사역할 때도 황 목사님의 온화한 성품과 말씀을 향한 열정은 늘 돋보였습니다. 이제 지역 교회를 섬기며 기도와 땀으로 써낸 이 책을 통해 우리 모두가 기름부음을 받은 하나님의 사람으로 살아가기를 기원합니다.

2017년 3월 3일

추천사 2
"신학적 탐구와 실존적 고뇌가 만나 승화시킨 기름부음"

이형원 박사
침례신학대학교 총장 직무대행/ 구약학 교수

황의찬 목사님의 박사학위 논문이 저명한 출판사인 기독교문서선교회(CLC)를 통해 책으로 나오게 되어 참 기쁩니다. 이 책은 성서적 기름부음의 주제를 심도 있게 다룹니다. 성서에 언급되는 기름의 종류와 용도, 기름을 붓는 행위의 신학적 의미, 기름부음 받은 자들의 속성을 밝히고, 기름부음의 교회사적 이해를 통한 현대 목회에의 적용을 적절하게 제시합니다.

성서적 기름부음은 목회자와 성도가 바르게 이해해야 하는 중요한 주제입니다. 오늘날 교회가 기름부음을 강조하지만, 교단마다 그 의미를 다르게 이해하고 있음은 부인할 수 없는 현실입니다. 우리가 기름부음의 의미를 바르게 이해하기 위해서는 성서적으로 접근하는 길이 유일하다 할 것입니다.

황 목사님은 기름부음을 논증하면서 신학적으로나 논리적으로 탁상공론에 허우적거림이 없이, 삶의 현실에 적용할 수 있는 교훈을 찾아내기 위해 학문적, 목회적 열정을 보여줍니다. 이 주제를 바르게 드러내기 위해 오랜 세월 동안 황 목사님이 보여준 진리 탐구를 위한 꼼꼼함과 세밀함, 기도와 묵상의 시간들, 그리고 개인적인 삶과 목회 여정에서 경험했던 실존적 고뇌를 승화시켜 토해 낸 신앙고백이 이 책에 그대로 소개되고 있습니다.

또한 황 목사님은 여러 종류의 글쓰기 경험을 살려 수려한 문체와 읽기 쉬운 문장으로 논지를 풀어나가기 때문에 독자들은 읽는 즐거움까지도 만끽할 수 있을 것입니다. 황 목사님이 이 논문을 완성하는 내내 곁에서 지켜보았던 지도교수로서, 이 책이 독자들의 삶을 하나님의 기름 부음으로 충만하게 할 것으로 확신하면서 적극 추천합니다.

2017년 3월 17일

감사의 글

황의찬 목사
전주 온고을교회 담임

할렐루야!

저는 목사로서 다른 이들은 중요하게 여기는 설교에서의 적용(application)이 늘 취약했습니다. 신학대학원(M.Div.) 시절, 수원중앙침례교회 남전도회에서 첫 설교를 했습니다. 설교하고 내려왔는데, 집사님 한 분이 조심스럽게 질문을 해주었습니다.

"그래서 어떻게 하라는 겁니까?"

그 질문을 듣고 마음속으로 '하나님이 그래서 그렇게 하셨다는 것을 알면 됐지 뭐가 더 필요할까?'라고 생각했습니다. 2010년에 시작한 박사과정 설교학 세미나 시간에 순서에 따라 제 설교 동영상을 다 같이 보았는데, 전체적으로 적용이 빈약하다는 총평이 돌아왔습니다. 이쯤 되면 '적용'은 저에게 아킬레스건입니다.

이 연구 논문 맨 처음 초안을 읽고 이형원 교수님께서 물으셨습니다.

"이 글을 통해서 하고자 하는 이야기가 무엇입니까?"

"저는 삶에 어떤 고난이 올지라도 그 고난은 각 개인의 몫이라고 생각합니다. 그 고난으로부터 벗어나는 길은 애초부터 없다고 여깁니다. 단지 그 고난이 나에게 왜 와야 하는지 그것만은 알아야겠다는 작심이 아마도 저의 삶이고, 목회 캐릭터일지도 모르겠습니다."

"하나님! 어떤 고난이 오더라도 견디겠습니다. 피하거나 샛길을 찾지 않겠습니다. 그러나 그 이유는 말씀해주십시오! 그러면 저는 감당하겠습니다!"

아마 이런 대답을 교수님께 했던 것 같습니다!

그랬더니, "물으니 대답해주시던가요?" 하셨습니다.

하나님의 명쾌한 대답! 그때가 언제일지 모르지만 힘닿는 데까지, 귀 기울이는 일이 삶의 여정이라고 생각합니다.

최종 논문 심사에서 안희열 교수님이 논문[1]의 제목과 관련하여 "성서적 기름부음의 신학적 재고"는 187쪽이나 되고, "현대 목회적 적용"은 19쪽 밖에 안 된다고 지적하셨습니다. 저도 이제는 이골이 났습니다. 마음속으로 대답했습니다.

'그래도 십분의 일이나 되네요!'

하나님! 제가 하나님께 드릴 말씀이 있습니다!

하나님께서 기름부음이라는 예식으로 이 땅에 성자 예수님을 보내신 일에 대하여 저는 "왜 하필 끈적끈적한 기름입니까?"라고 당돌하게 질문했는데요!

죄송해요 하나님!

그래도 저는 그것이 매우 궁금했거든요!

---

[1] 이 논문의 제목은 '성서적 기름부음의 신학적 재고와 현대 목회적 적용'이다.

신학을 하면서부터 그게 제일 궁금했어요!

하나님이 그렇게 하신 일에 대하여 이 연구를 통하여 조금이나마 알게 해주신 것 같아 감사드립니다. 그리고 이것이 하나님이 그렇게 하신 이유 중의 하나일 수 있다고 세상에 내놓게 되었는데, 저의 연구가 턱없이 부족하여 하나님의 뜻을 자칫 곡해했을 수도 있지만, 그럼에도 용서해주시고 사랑해주시고 긍정해주실 줄 믿고 학위논문으로 조심스레 내놓습니다!

하나님 사랑합니다!

저의 옹졸하고 어줍은 글을 명망 있는 교수님들 다섯 분이서, 당신이 쓰신 글 이상으로 꼼꼼하게 따져주신다는 일이 행복이라는 것을 알았습니다.

박사학위 논문을 쓰지 않고는 이 경험을 어디 가서 하겠습니까?

진심으로 감사드립니다. 지적을 받아가면서 일정한 수준에 맞는 논증을 해낸다는 것은 고난이면서 행복이었습니다. 박사과정에 함께 입학하여 동문수학한 정충호 목사님, 김태식 목사님의 도움과 위로에 깊이 감사드리고 기쁨을 함께 나누고자 합니다.

매주 발행하는 주보에 지교회 이름을 넣어 성도님들로 하여금 기도하게 도우시는 수원중앙교회 고명진 목사님과 성도님들의 기도에 이 논문으로 응답할 수 있게 되어 감사합니다. 그리고 담임목사의 박사학위 논문 통과를 위하여 끊임없이 기도해주신 온고을교회 성도님들께도 깊이 감사드립니다.

이 연구를 진행하면서 힘에 부치면, 문득문득 아들 금종이가 제 곁을 떠났을 때도 이렇게 고통스러웠던가 하는 생각이 들곤 했습니다. 이렇게 힘이 들 줄 미처 몰랐거든요. 나중에 녀석에게 "너 떠나고 아빠는 이렇게 살았다"고 말해줄 수 있을 것 같습니다. 평생을 저와 함께 고통을 나누는 아내에게 감사하면서 깊은 위로를 전합니다. 제주로 시집가서 외손녀를 안겨준 딸 보연이와 사위도 위로합니다. 외손녀 유채의 옹알이를 들으며 연구를 시작했는데, 머잖아 말문이 터지겠지요!

2016년 12월
하나님 사랑합니다!

저자 서문[1]

황의찬 목사
전주 온고을교회 담임

본서의 연구는 다음의 몇 가지 질문으로 시작이 되었다.

첫째, 하나님께서는 왜 '기름부음 받은 자'로 하여금 이 세상을 구원하게 하시는가?

이 질문 속에는 기름은 도대체 어떤 물질이며, 그것을 사람의 머리에 부어야만 하는 이유는 무엇인지 궁금증이 내포되어 있다.

둘째, 하나님의 '기름부음 받은 자 프로젝트'는 어떻게 실현이 되는가?

이 질문 속에는 기름부음 받은 자로 하여금 세상을 구원케 하시려는 하나님의 계획이 역사의 흐름에 비추어 어떻게 진행되어 왔는가에 대한 궁금증이 들어 있다.

셋째, 기름부음의 섭리는 오늘날 우리에게 어떤 의미인가?

이 질문 속에는 오늘날의 기독교 신자들에게 기름부음의 행습이 어떤

---

1   이 저자 서문은 Abstract로 번역하여 325쪽에 게재되었습니다.

의미를 지니는가 하는 의구심이 들어 있다. 왜냐하면 오늘날 기독교인들의 신학과 신앙에서 기름부음 주제가 차지하는 비중이 미미하다고 보기 때문이다.

　이 연구의 진행에는 기름, 기름부음, 기름부음 받은 자, 그리고 기름부음 프로젝트를 계획하여 그에 따른 경륜을 펴시는 하나님, 하나님의 역사하심을 수용하는 세상의 관점과 태도, 하나님의 역사하심을 수용하는 기독교인의 관점과 태도 등, 복잡한 주제와 변수들이 있다. 이 주제는 신학자들에게 크게 흥미를 끌지 못하여 관련 자료가 많은 편이 아니다. 게다가 기름을 머리에 붓는 대관식은 이미 수천 년 전의 일로써 현대적인 의미가 사라진 것이 아닌가 하는 선입견과, 굳이 그 주제가 아니어도 하나님과 성서와 세상은 우리에게 풍성한 신앙의 토양을 제공하고 있다는 인식도 이 연구의 가치에 의구심을 제기하겠지만, 우리는 예수님을 지칭할 때 자주 그리스도를 함께 말한다.

　그리스도는 '기름부음 받은 자'라는 뜻이 아닌가?

　그렇기에 이 연구의 가치는 충분하다고 여겼다.

　하나님의 기름부음 받은 자 프로젝트가 윤곽을 드러내기 이전에 고대 근동에는 기름부음으로 치루는 대관식 문화가 널리 퍼져 있었다. 이는 대단히 흥미로운 일로서, 하나님은 세상의 문화를 깊이 이해하면서 그 문화 속의 인류에게 자기의 메시지를 보내심을 알게 했다. 이방에서 먼저 시작된 기름부음의 대관식이 이스라엘 민족 속으로 들어왔는데, 이방의 족속들이 기름부음을 대관식으로 채용한 배경과 하나님이 그 문화를 자기 백성 이스라엘이 차용하도록 허락하신 배경이 같은지 다른지 알기 위해서는 기름이 무언지를 알아야 한다.

　이 연구에서 하나님이 창조하신 피조물 중 하나인 기름이라는 물질은 피조물의 본디 형상을 지탱하는 대단히 중요한 요소임을 알게 됐다. 모든 사물은 창조 당시의 원형을 유지하기 위해서 충분한 기름을 머금고 있어야 한다. 기름은 사물의 원 상태를 지탱하게 하는 가장 중요한 물질이다. 물리적 원형뿐 아니라, 기름은 사람을 사람 되게 하며, 지도자를 지도자 되게 하며, 왕을 왕 되게 하는 물질로 인지되어 대관식에서 기름을 머리에 붓는 문화가 비롯되었다. 하나님은 이 문화를 범죄함으로써 자기 형상을 잃은 사람들에게 범죄하기 전의 본디 형상을 회복시켜 주는 의전으로써 원용하셨다. 기름이 원형을 회복하고 유지한다는 사람들의 인식과 하나님의 뜻이 다르지 않았다.

하나님의 허락으로 이스라엘은 제사장과 왕과 선지자를 세울 때 실제 머리에 기름을 부었다. 그러나 실제로 기름을 붓는 유형적 기름부음은 이스라엘의 역사 안에서 점차 모습을 감추게 된다. 유형적 기름부음 없이도 기름부음의 효력이 똑같이 발생하는 무형적 기름부음의 시대가 도래한다.

이 연구에서는 성서를 텍스트로 하여 시간의 흐름에 따른 기름부음 목록을 작성하여 봄으로써 이를 밝히고자 했다. 이 목록에 의하면 이스라엘은 포로기를 전후하여 유형적 기름부음이 무형적 기름부음으로 대치되었음을 알 수 있다. 한편 이 시기에 기름부음 받은 자 사상 곧 메시아 사상이 급속히 발전하여, 묵시적 관점과 묵시 문학을 양산하면서 메시아 대망을 갖게 되었다.

메시아 사상이 무르익었을 때 하나님은 기름부음 받은 자를 이 땅에 보내셨다. 그러나 성부 성자 성령 삼위 중 제2위이신 성자께서 메시아로 오신 일과 그가 또한 십자가 죽음과 부활로써 구원 사역을 완성하신다는 사실은 유대인들에게 의외였음이 분명하다. 그들에게 알려진 메시아 사상에는 그런 내용이 포함되지 않았다. 이 연구에서는 예수의 메시아 됨을 복음서와 사도행전에서 드러난 예수님의 대화 목록을 통하여 밝히고자 했다. 예수님은 공생애 동안에 충분히 자기의 그리스도 됨을 드러내셨다. 그리고 기름부음 받은 자로서 자기의 제자들에게 기름을 부음으로써 제자가 제자 되게 하셨다.

예수님이 다녀가신 후 교회의 기름부음의 신앙 제의는 성서에 부합하지 못하는 부분이 있었다. 로마 가톨릭에서는 예수님 당시에는 없었던 기름부음의 예식을 성사로 행하고 있다. 다행히 종교개혁을 통하여 기름부음의 섭리에 합당하게 물리적이 아닌 기름부음의 성례전을 확립했다. 그러나 20세기 초부터 시작된 오순절 운동 진영에서 '성령의 기름부음'이라는 용어를 잘못 사용함으로써 아직도 성령이 부어지는 어떤 것으로 인지하는 듯한 의구심을 갖게 하는 일은 해결해야 할 과제로 남게 되었다.

하나님의 기름부음 받은 하나님의 백성은, 죄로 잃었던 본디의 모습을 회복하여 모두가 제사장이 되어 하나님을 예배하고, 모두가 선지자가 되어 하나님의 말씀을 듣고 전파하며, 하나님이 다스리시는 하나님의 나라 백성이 되는, 하나님의 놀라운 은총을 누린다. 성도는 하나님의 기름부음 섭리와 경륜 속에서 기름부음을 가진 자로서 세상에서 차별화되는 하나님의 사람들이다.

목차

추천사 1 | 김장환 목사(극동방송 이사장/ 수원중앙침례교회 원로목사) _5
추천사 2 | 이형원 박사(침례신학대학교 총장 직무대행/ 구약학 교수) _6
감사의 글 _9
저자 서문 _12

제1장 서론 21

    1. 연구목적 _21
    2. 연구배경 _25
    3. 연구방법 _30

제2장 구약성서의 기름, 기름부음, 기름부음 받은 자 36

    1. 기름 _37
        1) 제물로 드리는 기름
        2) 축복으로 받는 기름
        3) 사람들이 다양하게 사용하는 기름

    2. 기름부음 _57
        1) 야곱의 기름부음
        2) 모세의 기름부음
        3) 사무엘의 기름부음
        4) 이스라엘 백성들의 기름부음
        5) 제사장, 선지자의 기름부음
        6) 엘리야의 기름부음

3. 기름부음 받은 자 _69
　　1) 구약에 거명된 기름부음 받은 자
　　2) 기름부음 받은 자에 대한 인식
　　3) 기름부음 받은 자로 올 자

제3장　이스라엘의 메시아 사상　85

1. 메시아 사상의 전조 _89
2. 메시아 사상의 태동 _96
3. 메시아 사상과 묵시 _102
4. 구약성서 속의 메시아 _112
5. 메시아 사상의 한계와 예수 _120

제4장　신약성서의 기름 및 예수 그리스도　126

1. 복음서의 기름, 기름부음 주제들 _129
　　1) 마태복음
　　2) 마가복음
　　3) 누가복음
　　4) 요한복음
　　5) 복음서 이외의 기름, 기름부음 언급
　　6) 이스라엘의 송축 신앙 사례들

contents

2. 신약성서의 예수 그리스도 _145
  1) 유대 군중과 예수 그리스도
  2) 유대 지도자들과 예수 그리스도
  3) 사도와 예수 그리스도
  4) 예수와 그리스도

3. 하나님과 그리스도 _182

제5장 성서적 기름부음에 대한 신학적 재고   186

1. 기름부음을 기준으로 한 역사 구분 _187
  1) 모세 이전의 기름부음 시대
  2) 모세 이후의 기름부음 시대
  3) 포로기 이후의 기름부음 시대
  4) 예수 이후의 기름부음 시대
  5) 세상의 문화적 기름부음 시대

2. 기름의 속성 _199

3. 기름부음의 속성 _202

4. 기름부음 받은 자의 속성 _204
  1) 예수 이전 기름부음 받은 자들의 속성
  2) 예수 그리스도의 속성
  3) 예수 이후 기름부음 받은 자들의 속성
  4) 요한이 선포한 기름부음 받은 자의 속성

5. 기름부음으로 섭리하는 하나님의 속성 _223
　1) 기획(planning)하는 하나님
　2) 문화와 문명에 민감한 하나님
　3) 관계를 드러내며 의인(義認)하는 하나님
　4) 경륜 속에 패턴(pattern)이 있는 하나님
　5) 변화를 추구하는 속성의 하나님

제6장 초대교회 이후의 기름부음 234

1. 초대교회의 기름부음 _235
　1) 예수 이후의 기름부음 받은 자들의 공동체
　2) 초대교회 안의 이슈들과 기름부음
　3) 첫 신자 공동체가 획득한 이름

2. 로마 가톨릭의 기름부음 _244
　1) 가톨릭 성례전의 기름부음
　2) 모세의 관유와 가톨릭의 성유
　3) 종교개혁과 기름부음

3. 근 현대 교회의 기름부음 _252
　1) 예수의 기름부음 받음에 대한 논란
　2) 오순절 운동과 기름부음

4. 하나님, 성서, 언어로서의 기름부음 _261
　1) 성령에 대한 언설
　2) 기름부음에 대한 언설
　3) 침례와 성령침례에 대한 언설

contents

제7장 성서적 기름부음의 현대 목회적 적용 274

1. 현대 시대 _274

2. 목회의 정의 _280

3. 성서적 기름부음 내러티브 _282
   1) 기름 내러티브: 네 겹 사랑의 교제
   2) 기름부음 내러티브: 일하시는 하나님
   3) 기름부음 받음 내러티브: 성도가 행동하는 이유

4. 기름과 생태학 _290

5. 삼위일체의 신앙적 균형회복 _293

6. 기름부음과 전 신자 제사장 교리 _295

제8장 결론 302

1. 이 연구에서 중점으로 논의된 주제들 _303
2. 미해결 과제 및 기름부음의 방향성 _308

참고자료 _311
Abstract _325

제1장

서론

1. 연구목적

하나님은 종국적인 구원자로서 예수님을 이 땅에 보내실 때에 '기름부음 받은 자'라는 형식을 취하시므로, 하나님의 기름부음이라는 그 분의 섭리와 경륜은 다양한 관점에서 심도 있게 연구될 필요가 있으며, 신학적, 목회적으로도 충분한 의미가 있다.

이 연구로써 하나님이 기름부음을 통하여 우리에게 주시고자 하는 은총을 충만하게 누리게 되기를 바라며, 더 나아가서 기름부음이라는 신학적 주제가 오용되는 사례가 없는지 밝혀내어 바로잡는 데에도 기여하고자 한다.

첫 번째 목적은 기름을 부어 주는 분으로서의 하나님의 속성[1]에 접근하는 것이다.

하나님은 창조의 주재로서 만물의 주인이시며 역사의 주인이시다. 그 하나님께서 전개하시는 역사 가운데에 기름부음이 있다. 하나님은 기름부음이라는 역사적 사건을 어떻게 의도하고 어떤 계획아래 어떤 순서로 펼쳐나가는지 연구함으로써 기름 부어주시는 분으로서의 하나님의 속성을 알고자 한다.

호세아 선지자는 "우리가 여호와를 알자 힘써 여호와를 알자"(호 6:3)라고 웅변했다. 이사야 선지자는 "물이 바다를 덮음 같이 여호와를 아는 지식이 세상에 충만할 것"(사 11:9)을 선포했다. 여기서 여호와를 아는 것과 여호와를 아는 지식은 하나님의 속성이 무엇인지 아는 것이라 할 수 있다. 하나님의 속성은 성서와 피조물의 현상 속에서 계시되는 것으로서 대단히 크고 넓고 깊어 인류의 언어로 이루 다 서술할 수 없지만, 이 연구에서는 하나님의 기름부음 경륜을 통하여 우리가 알 수 있는 하나님의 속성으로 한정하여 다가간다.

두 번째 목적은 성서적 기름부음을 받은 자의 속성이 무엇인가 하는 것이다.

성서에는 기름부음 받은 숱한 인물들이 등장한다. 이들에 대한 기사를 통하여 하나님은 어떤 자를 택하여 기름을 부어주시는지, 어떤 자격을 갖춘 자들이 기름부음을 받는지, 기름부음 받음은 그 사람에게 어떤

---

[1] "속성," 『엣센스 국어사전』, 2016년판, 1375. 속성이란 국어사전에 따르면 '사물의 특징이나 성질, 사물의 본질을 이루는 특징이나 성질'을 일컫는다. 속성에 대한 신학적 의미는 다양할 수 있으나 여기서는 간략한 의미로 단순화하고자 한다.

의미인지, 기름부음을 받으면 무엇이 어떻게 변하고 어떤 일을 하게 되는지, 기름부음 받은 자의 삶은 어떠한지 등 다양한 측면에서 접근을 시도할 것이다. 기름부음을 받은 자들은 자신이 기름부음을 받았다는 사실에 대하여 어떻게 인식하고 있는지, 자신이 받은 기름부음에 대하여 어떤 태도를 드러내는지, 성서의 기록을 통하여 규명함으로써 기름부음 받은 자에 대한 속성을 연구하고자 한다. 구약성서에 따르면 하나님의 기름부음은 제사장, 왕, 선지자의 삼중직으로 나타난다. 하나님은 이 세 직종에 사람을 세우실 때 기름부음이라는 의례를 통하여 기용하신다. 이에 대하여 기존의 연구에서는 어떻게 이해하고 있는지도 살펴본다.

세 번째 목적은 기름부음의 속성을 규명하는 것이다.

기름을 붓는 행동은 언제 어디서 누가 시작하여 보편적 현상이 되며, 그것이 종교적 행습이 될 수 있었던 이유는 무엇인지를 살펴봄으로써 역사의 주관자 되시는 하나님의 속성과 함께 기름부음의 속성도 이해하게 될 것이다. 성서적 기름부음에 사용되는 맨 처음의 기름은 하나님의 명령에 따라 특별하게 제조된 관유(출 30:22-33)였다. 구약에 드러나는 하나님의 기름부음에는 언제나 이 관유가 쓰였는지에 대해서도 검토해 볼 필요가 있다. 또한 제의나 대관식 행사에서 실제로 기름을 머리에 붓는 일은 상당히 번거로운 일이다. 그럼에도 기름부음의 관행이 제의적 의미로 정착하게 된 연유를 알아봄으로써 기름부음의 속성을 밝히고자 한다.

네 번째 목적은 기름부음 사건 이후 의미에 관한 것이다.

성서의 기름부음은 예수님으로 완성이 되었다. 이후의 기름부음은 어떤 의미를 가지는지를 규명하고자 한다. 여기에는 두 관점이 있다. 하나는 성서적 기름부음의 차원이 있고, 또 하나는 세상에서의 기름부음 차원이다. 기름부음 사건이 성서 내적으로만 의미가 한정되는 하나의 종교적 행습으로 그치는 것인지, 성서의 기름부음을 암시하는 세상의 어떤 유비를 통한 또 다른 메시지가 있는지 모색해보고자 한다. 만일 세상에서 행해지는 일상적 기름부음이 있다면 그것과 하나님의 기름부음과는 어떤 관련성이 있는지 규명함으로써 기름부음을 통한 하나님의 섭리와 경륜에 있어서 보다 풍성한 은총을 누리고자 한다.

다섯 번째 목적은 하나님의 기름부음 경륜의 완결이신 예수님의 기름부음 받음에 대한 논란과 관련하여, 과연 예수께서는 언제 기름부음을 받았는가에 대한 답을 모색해보는 일이다.

이 연구주제에 속하는 하나님의 기름부음이 정작 예수님에게 명백하게 이루어지는 기록이 신약성서에는 나오지 않음으로 해서 논란이 계속되고 있다. 이 연구를 통해서 그에 대한 실마리를 찾아보고자 한다.

이 연구의 목적은 다음의 다섯 가지 주제에 대한 규명으로 정리해볼 수 있다.

① 기름 부어 주는 이의 속성
② 기름부음 받은 이의 속성
③ 기름부음 및 기름부음의 이해
④ 하나님의 경륜으로서의 기름부음
⑤ 예수님의 기름부음 받음에 대한 성서적 이해

이에 더하여 세상적 기름부음을 모색하여 이와 관련한 하나님의 경륜을 더 넓게 이해하고 수용할 수 있기를 도모할 터인데, 창세로부터 예수님에게로 이르는 성서적 기름부음 제의는 이제 완전히 멎어 더 이상 이 땅에서 기름부음의 의미까지도 종결된 것인지도 연구할 주제이다. 하나님의 창조는 유대교 혹은 기독교 신앙 안에서만 이루어진 것이 아니다. 비신앙적인 세상은 물론 비신앙인들까지도 하나님의 피조물이다.

이런 관점에서 하나님이 주관하는 기름부음은 이제 무의미해진 것인가 하는 관점에서 기름부음의 유비를 찾아 의미를 부여하는 일도 하나님의 뜻에 어긋나지 않을 것이다. 또한 신학 연구의 업적은 기존의 신학과 연관되기 때문에 연구의 제목에서도 드러나듯이 성서적 기름부음의 신학적 검토를 하고, 현대 목회적 적용을 위한 기여를 모색함이 이 연구의 총괄적 목적이다.

2. 연구배경

예수님이 누구인가에 대하여 당시 유대인들이 침례 요한, 엘리야, 예레미야 혹은 선지자 중의 한 사람일 것으로 보고 있을 무렵, 예수께서는 제자들을 거느리고 빌립보 가이사랴 지방에 이르러 "너희는 나를 누구라 하느냐"고 제자들에게 물었다. 이 질문에 베드로가 나서서 "그리스도입니다"라고 대답했다.[2] 그리스도는 익히 알려진 것처럼 '기름부음 받은 자'라는 뜻이다. 베드로는 스승인 예수님을 '기름부음 받은 자'로 이해하

---

[2] 마 16:13-16; 막 8:27-30; 눅 9:18-21에 나온 대답 중 공통된 부분은 "그리스도입니다"가 된다.

고 있었다. 성부 하나님은 세상을 구원할 자로서 성자 예수님을 이 땅에 그리스도로 보내셨는데, 베드로는 예수님이 바로 그 분이라고 인지하기 시작했다.

하나님은 이 세상을 구원할 자로서 자기의 독생자를 보내면서 왜 '기름부음 받은 자'로 보내야 했는지, 다른 형식이나 방법은 없었는지, 왜 하필 기름부음 받은 자로 보냈을까 하는 의문이 이 연구의 출발점이자 동기이다. 이 의문의 대답을 추구하는 일이 이 연구의 취지이며 배경이다. 필자는 기름부음이라는 섭리와 경륜 속에서 하나님의 속성이 드러날 수 있으며, 거기에는 하나님께서 자기 백성이 누렸으면 하는 풍성한 은혜도 밝혀질 것으로 기대하면서 이 연구를 시도하게 되었다.

기름, 기름부음, 기름부음 받은 자라는 주제와 관련하여 사람이나 사물에게 기름을 붓거나 바르고 혹은 뿌리는 일이 구약 시대에는 실제로 행해졌다. 점도가 있어 끈적이는 기름을 어떤 사물에 붓기도 하고 사람의 머리 위에 부었으며 때로는 바르기도 했다. 이러한 기름부음 관행은 시간이 흐름에 따라 변화되는 양상을 보였다. 구약의 구체적인 기름부음 행동이 신약 시대에 오면서 기름부음의 속성 개념이 추상적 개념으로 흐르는 경향이 눈에 띠는데 이 또한 신학적 주제로서 충분히 연구할 가치가 있으며, 그 흐름 속에 스며 있을 하나님의 의도에 대한 깊은 관심이 이 연구의 두 번째 배경이다.

기름부음 받은 자는 구약에서는 히브리어로 '메시아'이며 신약 시대로 오면서 헬라어 '그리스도'로 번역이 되었다. 그러므로 '기름부음 받은 자,' '메시아,' '그리스도'는 같은 의미의 말이다. 그러나 오랜 시간이 흐르면서 이 세 어휘 간에 차이가 발생하기 시작했다. 특히 메시아는 성서적 의미와는 다른 화용론적 의미를 얻었다.[3] 오늘날 메시아라는 단어는 기름부음 받은 자 혹은 그리스도보다는 훨씬 넓게 쓰이는데, 당초 하나님이 구원자로서 보냄을 받는 자에 국한하지 않고 '메시아'는 어떤 문제를 초인적 혹은 초능력적으로 해결해주는 탁월한 해결사를 뜻하는 화용론적 의미를 새롭게 얻어 두루 쓰이는 일반적인 단어가 되었다.[4] 이에 반해 그리스도는 단지 예수님을 지칭하는 원래의 의미를 고수하면서 예수님에 대한 수식어로써 주로 쓰이고 있다.

'기름부음 받은 자'는 메시아나 그리스도처럼 한 단어가 아니라 하나의 구 형태를 띠고 있어서인지 언어학의 발전과정에서 나타나는 화용론적 의미 확장이나 왜곡 없이 성서 속의 본디 의미를 지키고 있다. 그러나 '기름부음 받은 자'에서 '기름부음'이라는 신학적 주제는 거의 이천 년 동안 신학적 혹은 목회적 차원에서 빈번하게 거론되는 주제라고 할 수는 없었다. 그런데 이십세기 초부터 일기 시작한 오순절 운동에 따른 은사주의 진영에서 '기름부음'이라는 용어를 '성령의 기름부음'으로 구사한다. 이에 대한 성서적 근거는 무엇인지 이 연구에서 규명해보고자 한다.

성서적 기름부음에서 쓰이는 기름에 대한 이해 혹은 정의에 있어서도 이 연구에서 밝히고자 하는데, 하나님이 구원사 차원에서 쓰시는 기름

---

[3] "화용론," 나무위키, https://namu.wiki/w/%EB%A9%94%EC %8B%9C%EC%95%84, 2016년 6월 21일 접속. 화용론이란 언어학의 한 개념으로서 어떤 언어가 당초의 개념을 뛰어넘어 화자와 청자 사이에서 새로운 의미로 확장되어 사용되는 현상을 일컫는다.

[4] SF영화 속에서 지구의 멸망위기로부터 구원해주는 초능력자 혹은 그런 시스템을 메시아로 명명하기도 하고, 심지어는 '기독교와 불교의 메시아 비교'라는 주제로도 쓰인다. 한편 '메시아 콤플렉스'라는 말이 파생되기도 했다. 이는 자신이 나서서 남들을 구원해야 한다는 영웅 심리를 일컫는 용어이다.

과 일반적인 기름[5]은 서로 상이한 것으로 이해되어야 하는지, 아니면 유사하거나 동일한 기름으로 이해됨이 타당한지의 문제가 있다. 기름을 붓는 신앙적 제의와 실생활에서 인류가 기름을 섭취하거나 사용하는 형식은 다르지만 기름도 하나님의 피조물이라는 차원에서 접근해볼 때 양자 사이에 공통점이 없는가도 이 연구의 관심사이다.

기름은 물보다는 가볍고 불을 붙이면 잘 타는 액체로서 식물성 기름, 동물성 기름, 광물성 기름이 있고, 식용 등화용, 의약용, 화장용, 기계용 따위로 구분한다.[6] 기름 중에는 식물성 및 동물성 기름으로서 불휘발성의 탄수화물 성분은 '지방[7]'으로 불리기도 하는데, 구약 시대의 희생제사에서 제물로 드리는 동물의 체내에 있는 기름이 여기에 해당하며 "모든 기름은 여호와의 것이니라"(레 3:17)에서의 기름은 이 지방을 의미한다고 볼 수 있다. 희생 제물의 체내 지방은 대부분 번제단에서 태워짐으로써 향기로운 냄새가 되어 하나님께 상달되었다.

광물성 기름은 지하에 매장되어 있는 각종의 가스로서 휘발성이 강하여 주로 등화 및 연료용으로 사용된다. 구약성서에서 노아가 방주를 만들 때 방수를 위하여 방주 안팎에 칠한 역청(창 6:14), 모세의 부모가 어린 모세를 나일 강에 띄우려고 만든 갈대 상자에 칠한 역청(출 2:3)이 광물성 기름이다. 오늘날 광물성 기름은 채유 후 가공과정에서 다양한 종류의 기름으로 제조되는데, 석유 찌꺼기에서 추출하여 제조되는 합성계면활성제[8]는

---

[5] 지방(脂肪) 기름기, 오일(oil) 등으로 불리는 식물성 기름, 동물성 기름은 물론 광물성 기름까지 포괄하는 의미로서의 기름.

[6] "기름," 『엣센스 국어사전』, 2016년판, 361.

[7] "지방," 『엣센스 국어사전』, 2016년판, 2191.

[8] 계면활성제는 광물성 기름에 추출되는 기름의 하나로서 성질이 다른 두 물질이 맞닿을 때, 양 물질의 경계면에서 표면장력을 현저하게 감소시켜 서로 융합하고 접착토록 작용한다.

인체와 밀접한 의약품 화장품은 물론 세제의 주원료로 쓰인다.

이 연구의 주제는 하나님의 기름부음이다.[9] 성서에서 하나님은 사람에게 붓는 기름을 특별하게 제조하도록 지시하셨다. 그러나 그 기름뿐 아니라 세상에 존재하는 모든 기름은 그분의 피조물이다. 하나님은 자기의 피조물 중에서 선별한 기름을 기름부음에 쓰도록 하시지만, 이 연구에서는 피조물로서의 모든 기름은 그 기능과 효용에 있어서 기름이라는 같은 범주 안에 있음을 염두에 두고 연구를 진행해 나갈 것이다. 그렇게 하는 것이 기름부음이라는 독특한 형식을 구원사에 도입하시는 하나님의 의도에 보다 가깝게 접근할 수 있다고 보기 때문이다. 부연하자면 '성서적 기름부음'에서 기름은 일차적으로 피조물 기름 전체를 포괄하면서 연구를 진행한다.

사람의 몸은 쉼 없이 땀의 배출과 함께 체내에서 생성한 기름을 피부 밖으로 방출함으로써 체내의 노폐물을 해결하고 피부를 보호한다. 또한 몸 밖으로부터는 음식으로 기름을 섭취하고, 다양한 기름을 향수와 화장품으로 개발하여 피부에 바른다. 하나님은 우리의 몸이 이렇게 유지되도록 지으셨다. 기름은 인체의 피부와 배설기관을 통하여서도 끊임없이 배출되는 체액이며, 또한 몸 밖으로부터 섭취되어야 하는 영양소이며, 건강과 아름다움과 품위유지를 위하여 지속적으로 사용되는 생존의 필수품이다.

피부의 표면장력과 피부에 바르려는 물질의 표면장력이 달라 서로 붙지 않을 때 계면활성제가 작용하여 접착이 가능토록 한다. 계면활성제의 쓰임은 하나님과 원수된 죄인과의 사이에 중보자로 오신 예수 그리스도의 역할과 매우 흡사하다.

[9] 이 연구의 주제를 보다 정확하게 서술하자면 '하나님께서 어떤 이를 택하여 그에게 기름을 부어 이 세상에 구원자로 보내시는 자'이다. 이를 조금씩 축약해 나가면 '하나님의 기름부음 받은 자,' '기름부음 받은 자,' '기름부음'이 되는데 이 연구에서는 통칭하여 '성서적 기름부음'으로 명명했다.

이렇게 쓰이는 기름과 하나님의 기름부음과의 상관관계는 무엇인지에 대하여도 이 연구는 지대한 관심을 가지고 접근하고자 한다. 하나님이 구원자인 메시아에게 기름 부어 이 땅에 보내신 성육신 사건으로 기름부음의 의미 연구를 종결할 것인지, 아니면 구약 시대 모세 이전부터 이방인들의 관행 속에서부터 기름부음이 행해졌던 것처럼 오늘날 인류의 보편적 행위로서의 기름부음에까지 기름부음의 신학적 주제가 어떻게 관련되는지에 대한 관심도 이 연구의 배경이다.[10]

이상의 서술을 다음과 같이 요약할 수 있다.

① 구주 예수의 칭호가 그리스도이다.
② 성서 안에서 기름부음의 양태에 변천이 있다.
③ '메시아'라는 단어가 화용론적 의미를 획득하여 보편적으로 쓰이고 있다.
④ 은사주의 진영에서 '기름부음'을 새롭게 적용하고 있다.
⑤ 현대 인류의 삶 속에 기름부음 행습이 있다.[11]

이러한 다양한 현실이 이 연구의 배경이다.

---

[10] 기름부음을 구원사의 맥락에서만 이해할 때의 기름에 대한 의미가 좁은 의미의 기름이라면 오늘날 인류가 보편적으로 바르고, 붓고, 뿌리는 각종의 기름들은 넓은 의미의 기름으로 정의할 수도 있을 것이다.

[11] 필자의 신학적 목회적 기질상 성서의 다양한 주제 중 하나인 기름부음에 대한 지적 호기심 내지 신학적 동기 등이 연구배경이기도 하지만 그 부분은 생략한다. 개인적 취향이 아니라도 기름부음이라는 주제는 보편적 연구과제이기 때문이다.

3. 연구방법

　이 연구는 성서를 텍스트로 하여 성서에 나오는 여러 주제들 중의 하나를 선택하여 집중 연구함으로써 하나님의 속성을 드러내어, 하나님의 백성들에게 주시는 하나님의 은총을 풍성하게 하려는 것이기 때문에, 주제와 관련된 핵심 단어와 그 단어와 관련하여 형성된 사건들의 신학적 의미들을 탐구한다. 방법론에 있어서는 성서해석학에 의지하는 연구이다. 그러므로 필자의 성서해석의 관점은 어떤 것인지를 천명하는 것이 순서라고 생각된다. 이어서 연구과정에서는 해석학의 어떤 분야들이 차용될 것인지도 연구방법에 해당한다.

　필자가 기름, 기름부음, 기름부음 받은 자라는 성서의 주제를 연구논문 과제로 선택한 저변을 성서해석학적 관점에서 밝히자면 정경비평적 해석[12]에 근접하고 있다 하겠다. 하나님은 자기 백성을 위하여 특별한 계시로서 성서라는 정경을 주셨으므로 신앙인은 자기 손에 쥐어진 경전의 완벽성을 의심하지 않는 믿음으로써 성서를 정경으로 주장하며 정경이 우리에게 무엇을 말씀하는지 탐색하는 과정에서 성서적 기름부음이라는 연구주제를 선정하였다.

　필자의 연구주제의 설정을 이런 관점으로 밝히는 것은, 이 연구의 접근 방식이 성경 전체에서 중요한 주제 중 하나로 간주될 수 있는 '기름부음'에 관한 주제 연구이기에, 성경에 대한 문학적 해석 내지 문학비평적

12　이형원, 『구약성서해석의 원리와 실제』 (서울: 대한기독교서회, 1999), 15. 정경비평적 해석이라는 방법론에 대한 정의는 단순한 개념이 아니다. 그러나 이 연구에서 필자가 성경을 보는 관점 중 중심적 태도로서, 정경비평적 해석에 대한 정의는 "성서 본문을 신앙인들에게 주어진 정경으로 간주하여 그것이 그들에게 제공하는 신앙적 교훈을 찾아내려는 시도"로 밝힌다.

해석[13]의 입장에서 시작하고 있으며, 연구의 전 과정에서 문학적 해석의 틀을 견지하게 될 것이기 때문이다. 이 연구의 범주 안에 해당하는 여러 연구주제들을 도출하는 과정이 다분히 문학적 접근법에 의지하게 된다.

성서 속의 기름부음은 성경의 처음부터 끝까지 줄기차게 흐르는 장구한 신학적 주제이다. 그러므로 성서의 어느 한 부분에 치중하여 연구하는 여타의 접근방식과는 달리 신구약 전체를 텍스트로 삼아야 하므로, 필자의 태도와 접근방식을 부득이 성서해석학의 관점에서 밝히는 것이 이로울 것이기 때문에 먼저 필자의 성서에 대한 관점이 정경비평에 가장 근접하고 있음을 말하고, 연구에서의 주제 도출은 문학비평적 해석 관점으로 발견할 수 있는 주제임을 밝힌다.

문학비평적 해석으로 접근하여 선정한 연구의 여러 주제들은 그것이 과연 신학적으로 혹은 목회적으로, 그리고 하나님의 언설로써 타당하고 바른 것인지 규명되어야 한다. 이 과정에서는 성서해석학의 여러 관점들이 이 연구에 활용되어 필자의 의견이 명제가 될 수 있는지 규명하고자 한다.

그러므로 이 연구의 첫 번째 작업은 성경 전반에 흐르고 있는 기름, 기름부음, 기름부음 받은 자에 대한 모든 기록이 기초가 된다. 성서에는 기름이라는 단어와 유사한 단어가 다수 있다.[14] 이 단어들을 검색[15]하여 각

---

[13] 정경비평적 해석의 관점으로 성경을 보고 도출한 주제에 대한 각론적 연구에서는 문학비평적 해석 등의 방법론이 쓰여질 것이다.

[14] 한글개역개정판 성경에서 기름을 의미하는 단어는 기름, 관유, 유향, 몰약, 향품, 침향, 향기름, 등유, 유황, 역청 등이 있다.

[15] 기독교 관련 인터넷 사이트에 접속하여 주제어로써 검색하면 관련되는 성경 구절이 순서대로 나온다. 이 연구에서는 http://bible.c3tv.com/을 주로 이용하고자 하며 성경 번역본은 한글개역개정판을 중심으로 한다.

단어별 빈도수를 파악한 다음 순서대로 정리하는 일을 할 것이다. 이렇게 하여 정리된 산출물을 어떻게 볼 것인가 하는 점도 중요한 관건이다.

성서에서 기름이라는 단어와 기름과 유사한 단어를 규명하여 이 단어들을 검색한 다음 정리하는 모든 작업은 성서에 대한 문학적 해석의 과정이다.

성서를 정경으로 수용하고 성서에 문학적으로 접근하여 기름부음을 주제로 흐르는 대목들을 망라하여 정리한 산출물은 어떻게 볼 것인가?

이는 단순히 연구를 위한 기계적 작업이 아니다. 기름을 비롯한 여러 유사 단어의 빈도수를 조사하는 일은 단순하면서 기계적인 일이지만, 그 중요도에 따라 차례대로 의미를 파악하면서 정리하는 작업은 필자의 문학적인 사역이다. 그러므로 기름과 관련한 성서의 언급들을 다시 일목요연하게 정리한 산출물 또한 문학의 결과물로 보고, 거기로부터 다시 연구의 주제들을 선정하고 어떤 결론을 유추하고자 한다. 이러한 과정을 거치면서 주제적 연구를 하고, 어원적 연구를 통하여 주제에 심층적으로 접근하고, 문헌연구도 병행할 것이다. 이미 연구된 사례들을 조사하여 기존의 이론이 있다면 서로 비교하고 비판할 것이다.

이 연구에서 중요한 주제 중 하나는 기름부음으로 섭리하시는 하나님을 알아가는 것임을 연구목적에서 밝혔다. 기름부음으로 경륜을 펴시는 하나님의 속성을 이해하는 관점으로써 선교학에서 주로 거론하는 수신자 문화도 이 연구에서 주요한 접근방식으로 원용하고자 한다.[16] 창세

---

16 Don Richardson, 『화해의 아이』, 김지찬 역 (서울: 생명의말씀사, 2008), 325, Charles H. Kraft, 『기독교와 문화』, 임윤택, 김석환 역 (서울: CLC, 2006), 612-23. 수신자 문화라는 말은 선교학에서 활발하게 사용하는 용어이기도 하다. 리차드슨은 오지 선교 경험을 말하면서, 하나님은 선교사가 그 땅에 들어가기 이전에 이미 복음을 영접할만한 문화를 선교지에 심어두었음이 분명하다고 말한다. 한편 찰스 H. 크래프트도 발신자 하나

로부터 기름부음 받은 자로 구원을 성취하시려는 하나님의 계획은 어떤 과정을 거치면서 구체화 되는지 파악하는 과정에서 하나님의 메시지는 수신되어야 할 이 땅의 사람들의 문화와 대단히 밀접한 관련을 갖는다.

하나님은 자기의 뜻을 자기 백성에게 전달하는 과정에서 수신자 문화를 유의하여 보시고 거기에 기대어 계시하는 방법을 쓰신다는 이론이 수신자 문화라 하겠는데, 이 연구의 주제인 '기름부음 받은 자'에 대한 하나님의 경륜 역시 하나님께서 수신자 문화를 염두에 두고 펼치심을 알 수 있다. 하나님은 기름부음 받은 자를 구원자로 보내시기 전에 기름부음 받은 자 즉, 메시아 사상을 자기 백성이 인식하게 하고, 기름부음 받은 자를 기다리게 하시며, 종래 기름부음 받은 자를 알게 하며, 기름부음 받은 자를 통하여 구원의 과업을 완수하신다. 하나님이 수신자 문화를 이용하여 계시하시는 대표적인 사례가 하나님의 기름부음에 의한 주제이다.

이 연구의 연구방법은 성서해석학적 관점에 기대는 바가 크다. 필자의 태도는 정경비평적 해석학적 관점을 주로 지지하며, 연구의 주제 선정 및 연구의 전개에 있어서는 문학적 해석 기법을 다양하게 사용하며, 검증해야 할 주제들에 대한 연구는 해석학 방법의 여러 가지를 두루 동원하게 된다. 그리고 하나님이 기름부음으로써 펴시는 구원의 역사에는 하나님의 백성이라는 수신자들이 하나님의 의중을 먼저 알게 하신 다음, 수신자가 이해하고 수용함으로써 하나님 나라 백성이 되게 하신다.[17]

님, 수신자 사람들이라는 도식 하에 사람들의 문화를 존중하면서 계시하시는 하나님을 말한다.

17 Charles H. Kraft, 『기독교와 문화』, 626.

이러한 하나님의 경륜에 구약성서를 텍스트로 하여 그 안에 있는 기름, 기름부음, 기름부음 받은 자를 주제로 접근하고자 한다. 구약의 시대는 필연적으로 기름부음 받은 자 즉, 메시아를 통하여 신약의 시대를 연다. 이스라엘 역사에서 메시아가 등장하는 토양이 어떠했는지를 연구하고 이어서 메시아 사상, 그리고 신약에서의 기름부음 관련 주제와 예수 그리스도의 활동을 보게 된다. 이렇게 구약, 메시아 사상, 신약의 연구로서 기본적인 토대를 놓은 다음 성서적 기름부음 주제와 관련한 신학적 접근과 이 연구 성과를 현대 목회에 어떻게 적용할 것인지의 순서로 진행하고자 한다.

제2장

구약성서의 기름, 기름부음, 기름부음 받은 자

성서 안에서 기름과 관련된 주제를 찾아내어 밝히는 일은 성서의 특성상 몇 가지 문제점들이 있다. 창세기로부터 요한계시록에 이르기까지 기름이라는 단어 및 기름과 관련된 주제들은 끊임없이 반복되어 나타나면서 다양성을 드러내기 때문에 복잡하기까지 하다. 어떤 기름의 의미는 간단하면서 짧게 언급이 끝나기도 하지만 어떤 요소들은 성서 전편에 걸쳐 흐르기도 한다.

하나님이 우리에게 주신 특별한 계시로서의 성서는 '연속되는 하나의 이야기'라는 로버트 알터(Robert Alter)의 견해는 맞다고 보며, 성서는 앞에서 언급된 주제들이 뒤로 가면서 점진적으로 의미가 확장되어 정립되기도 하고, 때로는 반복적으로 뒤에 나오는 이야기에 의해 체계적으로 의미가 보강된다는 그의 견해[1]에 적극 공감하면서 성서 속에 드러나는 기름, 기름부음, 기름부음 받은 자에 대한 기록을 토대로 이 세 주제와 관련된 의미들을 규명하고자 한다.

---

[1] Robert Alter, 『성서의 이야기 기술』, 황규홍 외 2인 역 (서울: 아모르문디, 2015), 28.

1. 기름

'기름부음 받은 자'는 구약과 신약성서를 관통하는 대단히 중요한 주제이다. 하나님은 예수님을 '기름부음 받은 자'로 이 땅에 보내셨다. 그러므로 기름부음 받은 자와 관련된 주제에서 가장 먼저 주목을 끄는 것은 기름이다. 여러 피조물 중에서 기름이 무엇이기에 그것을 사물과 사람의 머리에 붓는가 하는 문제는 신앙적으로도 신학적으로도 충분히 연구되어야 할 가치가 있다.

이 연구에서는 구약의 기름을 세 가지 차원에서 접근했다.

첫째, 사람이 하나님께 드리는 제물로서의 기름,

둘째, 하나님이 사람에게 베푸시는 축복의 품목으로서의 기름,

셋째, 사람들이 다양하게 사용하는 기름이다.

1) 제물(민하 מִנְחָה)로 드리는 기름

성서에서 가장 먼저 등장하는 기름은 창세기 4장 4절에서 아벨이 하나님께 드린 제사의 예물 중에 포함된 양의 기름이다. 아벨은 양을 잡고 그 양의 기름을 하나님께 제사의 제물로 드렸으며, 하나님은 그 제사를 열납하셨다. 성서에서 기름이 하나님께 드려지는 것으로 맨 처음 등장한다는 것은 기름이 하나님과 그분의 백성 사이에서 주고받는 제물 중의 한 품목이라는 매우 강렬한 메시지이다.

여기서 기름은 히브리어로는 헬레브(חֵלֶב)가 쓰였다. 구약성서에서 이 단어는 약 100여 회 나오는데, 헬레브는,

첫째, 사람 몸의 지방에 대하여 사용된다(삿 3:22; 삼하 1:22).

둘째, 짐승의 체내 지방을 의미한다. 특별히 콩팥과 내장을 둘러싸고 있는 지방을 일컬을 때 쓰인다(레 3:3-4; 3:10, 14-16).

셋째, 헬레브는 가장 좋은 것이나 우수한 것을 나타내는 단어로 쓰였다(창 45:18; 민 18:12; 민 18:30; 신 32:14; 사 34:6; 시 81:16; 시 147:14).[2]

영으로 존재하시는 하나님과 육신을 가진 사람과의 사이에서, 사람이 드리고 하나님이 받으시는 물질로서 기름이 성서에 처음 등장하는 것은 이후로 하나님과 하나님의 백성 사이에서 기름과 관련한 내용이 잇따라 등장할 것이라는 암시를 준다. 사람들이 하나님께 어떠한 물질을 드릴 때, 성서는 "제물(민하 מִנְחָה)을 삼아 여호와께 드렸다"(창 4:3)고 기록한다. 같은 물질이라도 하나님께 드릴 때는 제물 즉, 민하가 된다. 민하는 선물(gift), 공물(tribute), 제물(offering)을 의미한다.

민하(מִנְחָה)의 어원은 히브리어 어근 마나흐(מָנַח)에서 유래한 것으로 보는데, 이와 비슷한 어근으로써 아랍어 마나하가 있다. 마나하는 땅이나 가축의 소유주가 다른 사람에게 빌려준다는 전문적인 의미를 가진다. 소유주로부터 차용한 소작인은 빌린 땅이나 가축으로부터 소산물을 선물로 받은 후에는, 가축이나 땅은 원 소유주에게 돌려주어야 하는데, 민하는 일차적으로 가축이나 땅을 차용한 사람이 받아 누리는, 소나 양으로부터의 우유나 토지에서 수확한 곡물을 의미한다. 그러므로 민하는 전적으로 내 소유물인 것 중에서 선심 쓰듯 하나님께 드리는 것이 아니라, 가축이나 토지의 원래 소유주에게 고마워해야 하는 것처럼, 하나님께 감사함으로써 드리는 예물이다.

---

[2] "기름," 바이블렉스 9.0 [CD-ROM] (서울: 브니엘 성경연구소, 2013).

이런 의미에서 민하는,

첫째, 야곱이 에서에게(창 32:14-22; 창 33:21), 야곱의 아들들이 요셉에게 준 예물(창 43:11, 15, 26)에서 그 사례를 볼 수 있다.

둘째, 공물의 뜻이 있다. 공물은 궁중이나 나라에 바치는 물건이다.

셋째, 사람이 신에게 바치는 제물이다.[3]

이러한 제반 사항으로 봐서 민하는 꼭 동물의 기름으로만 해야 하는 것이 아님을 알 수 있다. 가축이나 땅으로부터 얻을 수 있는 다양한 소산물이 민하가 될 수 있다. 그러나 민하로서 드려졌다고 해서 모두 하나님이 열납하시는 것은 아니었다. 아벨이 드린 민하는 받으셨지만, 가인이 드리는 것은 거부하셨다. 구약성서에 첫 번째 등장하는 가인과 아벨의 제사에서 희비가 엇갈린 일은 향후 전개될 이스라엘의 역사 가운데 드러나는 제의에서 하나님과 이스라엘 백성들과의 사이에서 일어날 갈등을 예고한다.

동물 희생으로 드리는 제사에서 동물의 기름은 동물의 신체 부위에서 최상의 것으로 간주되었으며 그 기름이 민하(מִנְחָה)로서 제단에 올려지면 이것은 제단에서 불살라져야 한다.[4] 민하로서의 기름은 이후 모세에 의해서 각종 절기의 제사 예물로서 제반 절차가 확정되고(출 23:18; 29:2-3), 이스라엘 신앙에서 정교한 제의로서 지켜진다. 레위기에서는 제사의 예물로 드려지는 기름을 희생 동물로부터 어떻게 채취하며 그 기름을 어떻게 처리해야 하는가에 대해 보다 상세히 규정한다(레 1-7장).

한편 이 기름에 대하여 "모든 기름은 여호와의 것이니라 너희는 기름

---

[3] "제물," 바이블렉스 9.0.
[4] Gordon J. Wenham, 『WBC 주석: 창세기 1-15』, 박영호 역 (서울: 도서출판 솔로몬, 2001), 237.

과 피를 먹지 말라"(레 3:16b-17a)고 함으로써 생명인 피와 더불어 기름에 대한 중요성이 천명된다. 레위기3장은 화목제에 대한 규례로서 하나님께 드림은 하나님과 드리는 자와의 화목을 위한 제물로서 소, 양, 염소의 경우를 규정하면서 희생제물의 기름의 처리에 대하여 상세하게 밝히는데 여기서 기름이 피와 더불어 먹지 말아야 할 목록으로 명시된다. 물론 신명기 32장 14절은 하나님께서 백성들에게 음식으로서 기름을 주셨다는 것을 시사하지만, 여기서 피와 함께 기름을 먹지 않아야 할 것으로 천명한 것은 하나님이 짐승의 기력을 기름에 두었기 때문일 것이라고 하틀리(John E. Hartley)는 주장한다.[5]

하나님의 것으로 선포된 기름(레 3:16)을 하나님께 드리는 것은 당연하지만 하나님의 백성들이 기름을 하나님께 드릴 때는 감사함으로 드려야 하며 절차와 순서에 따라야 한다. 사무엘서에는 기름을 드릴 때의 순서에 관한 단서를 제공한다. 엘리 대제사장의 행실이 나쁜 아들들의 사례를 통해서 드러나는데, 엘리의 아들들은 하나님께 드려지는 예물 중에서 입에 맞는 좋은 것들을 자의적으로 취한다. 이때 곁에서 이들의 나쁜 행실을 꾸짖으면서 기름을 태우기도 전에 인내하지 못하고 제물로 바쳐질 고기를 가져가느냐고 책망한다(삼상 2:15).

이러한 엘리 대제사장 가문의 극심한 타락은 하나님의 진노를 불러오고 급기야 하나님의 사자가 엘리에게 현현하여 책망의 말을 한다.

> 내가 나를 위하여 충실한 제사장을 일으키리니 그 사람은 내 마음, 내 뜻대로 행할 것이라 내가 그를 위하여 견고한 집을

---

[5] John E. Hartley, 『WBC 주석: 레위기』, 김경열 역 (서울: 도서출판 솔로몬, 2006), 174.

세우리니 그가 나의 기름부음을 받은 자 앞에서 영구히 행하리라(삼상 2:35).

하나님을 사랑하고 하나님을 예배하며 하나님을 섬김에 있어서는 당연히 순서가 지켜져야 했다. 하나님의 것을 감사함으로 절차에 따라 먼저 드린 후에 생리적 욕구를 충족시켜야 한다.

이스라엘의 역사에서 하나님께 제물로 드리는 기름의 제의는 하나님이 흡족해 하시는 방향으로 진전되지 못하고, 겉치레의 형식으로 흐른다. 이에 대해 많은 선지자들이 꾸짖는다. 특히 이사야 선지자는 첫 번째 외침에서 유다와 예루살렘의 편만한 죄악에 대하여 선포한다. "슬프다 범죄한 나라요 허물 진 백성이요 행악의 종자요 행위가 부패한 자식이로다"(사 1:4a) 하면서 "그들이 여호와를 버리며 이스라엘의 거룩하신 이를 만홀히 여겨 멀리하고 물러갔도다"(사 1:4b)라고 선포한다. 이러한 상처투성이 이스라엘은 고름을 짜내야 하며 상처는 싸매고 기름으로 부드럽게 해야 한다고 말함으로써(1:6) 기름을 언급하는 중에, 기름으로 제사를 받아오시던 하나님의 반응이 묘사된다.

그동안 이스라엘이 하나님께 드려온 기름의 제물들에 하나님은 "나는 숫양의 제사와 살진 짐승의 기름에 배불렀고 나는 수송아지나 어린 양이나 숫염소의 피를 기뻐하지 아니하노라"(사1:11)고 하신다. 이어서 "헛된 제물을 다시 가져오지 말라 분향은 내가 가증히 여기는 바요 월삭과 안식일과 대회로 모이는 것도 그러하니 성회와 아울러 악을 행하는 것을 내가 견디지 못하겠노라"(사 1:13) 하면서 하나님은 이 견디지 못함을 "내게 무거운 짐이라 내가 지기에 곤비하였느니라"(사 1:14)고 심경을 토로하고 "오라 우리가 서로 변론하자"(사 1:18)고 하면서 토론의 장으로 불러낸다. 한편 이사야 43장에서는 "희생의 기름으로 나를 흡족하게 하지 아니하고 네 죄 짐으로 나를 수고롭게 하며 네 죄악으로 나를 괴롭게 하였느니라"(사 43:24)고 말씀한다.

하나님은 창조 이후 기름으로 사람에게 풍요롭게 하시고, 그들로부터 피와 기름부음으로 상징되는 제사를 받으심으로써 주고받는(give and take) 형식을 통한 사랑의 교제를 원하셨다. 그러나 사람들이 받기는 했으나, 하나님께 드림에 있어서 제단에 올리는 민하로서의 기름이 마음의 중심에서 벗어나 형식으로 흐르고 말았다. 이로 인한 하나님의 식상함 혹은 진노가 기름의 주제와 관련하여 이사야서에 열거된다. 이스라엘은 감사는 사라지고 겉치레 형식으로 흐르고 말았다. 하나님은 이에 대한 식상함과 진노, 부담스러움을 선지자를 통하여 적나라하게 드러낸다(사 1:11-17).

피조물로서의 기름, 그 기름 중 동물의 체내에 있는 기름은 그 동물의 기력의 원천이며 희생 동물의 여러 부산물 중에서 최고의 것이었다. 그래서 그것은 여호와의 것으로 선포가 되었고, 하나님의 백성들은 원래의 주인이신 하나님께 감사하는 마음으로 올려야 하는 것이었다. 그러나 이스라엘 백성들의 제사 의례는 진정성에서 벗어나 겉치레와 형식으로 흘렀다. 창조 시에 기름을 주시고, 민하로서 받으시는 기름(헬레브 חלב)에 식상한 하나님은 공교롭게도 이 세상을 구원할 자 메시아를 기름부음 받은 자로 보내실 것을 선포했다(사 61:1-3). 이러한 제물(민하 מנחה)로서의 기름(헬레브 חלב)은 이 연구의 주제와 관련하여 많은 점을 시사한다.

2) 축복(베라카 בְּרָכָה)으로 받는 기름

성서에서 두 번째 등장하는 기름은 "축복의 기름"(창 27:28)이다. 첫 번째로 등장했던 제물로서의 기름이 피조물 인간이 창조주 하나님께 드리는 기름이었다면, 두 번째 나오는 축복의 기름은 하나님이 사람들에게 주시는 기름, 혹은 기름짐이다. 하나님과 사람은 서로 주고받는 관계에 놓여 있다. 사람들은 하나님으로부터 받아 누림에 감사함으로 제물을 바치고, 하나님은 창조의 때는 물론 그 이후로도 지속적으로 사람들에게 베푸신다. 축복(blessing)을 뜻하는 베라카(בְּרָכָה)가 이 연구의 주제인 기름에만 한정되지 않음은 물론이다. 하나님이 베푸시는 다양하고 풍성한 축복의 한 품목으로서 기름이 포함되어 있다.

첫째, 베라카는 축복, 복을 주는 것이라는 의미로 쓰인다. 구약성서에는 먼저 하나님이 사람에게 복을 주심이 드러난다. 창세기 12장에서 하나님은 아브람에게 자손과 복락과 땅을 주겠다고 축복을 말한다(창 12:2-3). 이외에도 성경 전편에 걸쳐서 하나님의 복 주심은 지속적으로 나타난다.

둘째, 베라카는 부모가 자녀에게 축복할 때도 쓰이는 단어이다(창 27:12-41; 창 49:28).

셋째, 베라카는 사람이 사람에게 복을 줄 때도 쓰인다. 모세는 죽기 전에 이스라엘 자손을 위하여 축복했다(신 33:1).[6]

창세기 27장 28절에서 야곱이 쌍둥이 형 에서로 분장하고 아버지 이삭으로부터 장자가 받아야 하는 축복을 가로챘다. 이때 아버지 이삭의

---

6 "축복," 바이블렉스 9.0.

장자를 위한 기도문에 축복의 기름이 나온다. 이삭은 야곱에게 축복하기를 "하나님은 하늘의 이슬과 땅의 기름짐이며 풍성한 곡식과 포도주를 네게 주시기를 원하노라"(창 27:28)고 했다. 여기서 땅의 기름짐이 하나님이 내리는 축복의 덕목 중 하나이다. 이때 쓰인 '기름지다'는 마쉬만(משמן)으로서 마쉬만은 살찐, 비옥한, 풍성한 상태를 이르는 단어다.[7]

당대의 이방인들은 '기름짐'의 개념을 어떻게 이해하며 활용하는지에 대한 단서를 창세기 45장 18절에서 엿볼 수 있다. 애굽의 왕 바로는 요셉의 가족을 초청하면서 '나라의 기름진 것'을 제공할 것이라고 약속한다. 야곱도 열두 아들에 대한 마지막 축복기도에서 기름진 것을 왕의 수라상에 올리는 진상품으로 표현하기도 한다(창 49:20).

하나님의 축복을 기름지다고 표현하는 대목은 선지서에 빈번하게 등장한다. 이사야서에서 하나님은 이스라엘에게 가장 좋은 산에 가장 좋은 포도원으로 축복했으나, 그들이 게으르고 악하여 포도원은 좋은 포도를 맺지 못하고 들 포도를 맺었다고 선포한다(사 5:1-2). 하나님은 이스라엘을 복되게 하시려고 때로는 이방 나라들을 축복하기도 했다. 하나님이 앗수르를 축복함으로써 이스라엘을 징계하고자 했으나, 앗수르는 하나님이 주신 복을 알지 못하고 자기가 하나님인 것처럼 교만했다.

하나님은 그래서 "그의 숲과 기름진 밭의 영광이 전부 소멸되리니 병자가 점점 쇠약하여 감 같을 것이라 그의 숲에 남은 나무의 수가 희소하여 아이라도 능히 계수할 수 있으리라"(사 10:18-19)고 하시며, 앗수르에게 베풀었던 '기름진 밭의 영광'을 다시 거두어들일 것을 선포한다. 하나님은 복을 주시지만 합당하지 않을 때는 회수하기도 한다. '기름진 밭의

---

7 "기름지다," 바이블렉스 9.0.

영광'으로 축복을 누리게 되었다면, 그것이 하나님으로부터 왔음을 알아야 한다.

예레미야의 선포도 이사야와 흡사하게 "내가 너희를 기름진 땅에 인도하여 그것의 열매와 그것의 아름다운 것을 먹게 하였거늘"(렘 2:7)이라고 시작한다. 이어서 "너희가 내 땅을 더럽히고 내 기업을 역겨운 것으로 만들었다"(렘 2:7)면서 하나님의 심경을 대변한다. 개인이 아닌 유다 전체를 대상으로 선포한다. 유다는 하나님으로부터 기름진 것을 받았으나 그 기름의 향기로움으로 하나님을 기쁘게 하지 못하고 하나님을 역겹게 했다.

한편 하나님의 축복을 드러내는 어구로 "곡식과 포도주와 기름(데가네카 웨티로쉐카 웨이츠하레카(דְּגָנְךָ וְתִירֹשְׁךָ וְיִצְהָרֶךָ)"(신 7:13)이라는 관용어가 되어 성서 전편에 흐르고 있음을 유의하여 보게 된다. '너의 곡식'의 데가네카(דְּגָנְךָ)에서 곡식(grain)은 다간(דָּגָן)이다. 다간은 곡식을 의미하는 여러 단어들 중에서 '가장 가치가 있는 값진 수확의 곡식'을 일컫는다.[8] '그리고 너의 포도주'의 웨티로쉐카(וְתִירֹשְׁךָ)에서 포도주는 티로쉬(תִּירוֹשׁ)이다.

구약성서에서 포도주를 의미하는 히브리어 단어는 야인(יַיִן), 헤메르(חֶמֶר), 아시스(עָסִיס) 등이 있지만 여기서는 티로쉬(תִּירוֹשׁ)로서 '신선한 또는 새 포도주'(fresh or new wine)를 강조하는 단어가 쓰였다.[9] '그리고 너의 기름'의 웨이츠하레카(וְיִצְהָרֶךָ)에서 기름은 이츠하르(יִצְהָר)인데, 이 역시 기름을 의미하는 여러 가지 히브리어 단어들 중에서 '신선한 기름'(fresh oil)을 의미한다.[10]

---

8   "곡식," 바이블렉스 9.0.
9   "포도주," 바이블렉스 9.0.
10 "기름," 바이블렉스 9.0.

구약성서에서 '곡식과 포도주와 기름'이라는 관용구에는 항상 이 세 단어가 쓰인다. 이 세 농작물은 팔레스타인 지역의 주요 생산품이다. 히스기야 왕은 하나님께 순종한 왕으로서 부와 영광이 지극하여 곡식과 포도주와 기름을 보관하기 위한 창고를 짓기도 했다(대하 32:27-28). 이 세 가지 소산물은 언약 이행에 대한 하나님의 축복으로서 이스라엘에 보장되었다(신 7:13; 신 11:13f). 그러나 이스라엘이 불순할 때는 철회되기도 했으며(신 28:49f), 곡식과 새 포도주와 기름의 첫 소산은 제사장에게 바쳐졌다(신 18:4; 민 18:12).[11]

이삭이 야곱을 축복할 때 땅의 기름짐, 풍성한 곡식과 포도주를 언급한 이후 신명기에서 모세가 신명기 사관에 입각하여 "너희가 이 모든 법도를 지켜 행하면," "곡식과 포도주와 기름을 풍성하게 하신다"(신 7:12-13)고 축사한다. 족장들의 축복 기도에서 시작한 이 관용구는 모세에 와서 절정을 이루고, 하나님이 자기 백성에게 주시는 복중의 복이 '곡식과 포도주와 기름'으로 관용구화 했음을 보게 된다.[12]

호세아 2장에서 이 주제가 비교적 상당한 분량으로 언급이 된다. 하나님은 자기 백성이 '곡식과 포도주와 기름'의 유혹에 넘어갔다는 비유로 책망한다. 곡식과 포도주와 기름은 하나님으로부터 오는 것임에도 불구하고 미련한 자들에게는 그것이 미끼가 되어 음란에 빠진다. 그들은 말하기를 "나는 나를 사랑하는 자를 따르리니 그들이 내 떡과 내 물과 내 양털과 내 삼과 내 기름과 내 술들을 내게 준다 하였음이라"(호 2:5), 이

---

11 "곡식, 포도주, 기름," 바이블렉스 9.0.
12 곡식과 포도주와 기름이라는 관용구가 이방인에 의해서 쓰인 사례가 왕하 18:32에 나온다. 앗수르의 관료 랍사게가 유다 백성들을 회유하면서 자기의 말을 들으면 곡식과 포도주와 기름이 나는 곳에서 살게 되리라고 했다. 이방인이 보기에도 유다 백성들은 하나님이 주시는 복을 곡식과 포도주와 기름으로 표현하고 있음에 대한 반증이다.

에 하나님은 "곡식과 포도주와 기름은 내가 그에게 준 것이요 그들이 바알을 위하여 쓴 은과 금도 내가 그에게 더하여 준 것이거늘 그들이 알지 못 하도다"(호2:8)라고 질책하신다.

곡식과 포도주와 기름은 하나님의 백성에게 어떻게 주어지는가?

> **여호와께서 이르시되 그 날에 내가 응답하리라 나는 하늘에 응답하고 하늘은 땅에 응답하고 땅은 곡식과 포도주와 기름에 응답하고 또 이것들은 이스르엘에 응답하리라**(호 2:21-22).

이를 역순으로 이해하자면, 사람들이 곡식과 포도주와 기름을 얻기 위해 씨앗을 땅에 심으면서 땅에게 요청하고, 땅은 발아시키고 결실하기 위하여 하늘에 요청하고, 하늘은 만유의 주재이신 하나님께 요청한다. 그때 하나님이 응답하심으로써, 곡식과 포도주와 기름이 애초에 파종한 자들에게 축복으로 주어진다. 우리가 받는 곡식과 포도주와 기름이 우리 손에 오기까지의 이치이다.

그럼에도 미혹에 빠진 이스라엘은 먹어도 배부를 리 없는 바람을 먹으며, 동풍을 따라가서 종일토록 거짓과 포학을 더하여 앗수르와 계약을 맺고 기름을 애굽에 보낸다(호 12:1). 이렇게 꾸짖어도 몰이해하는 이스라엘에게 하나님은 그 행실대로 심판한다(호 12:2).

이 주제는 요엘서에도 이어진다. 곡식과 포도주와 기름의 순환 고리를 모르고 하나님 아닌 우상에게 기름을 바치면서 구했던 백성에게 "밭이 황무하고 토지가 마르니 곡식이 떨어지며 새 포도주가 말랐고 기름이 다 하였도다"(욜 1:10). 그래서 곤경에 빠진 백성들은 다시 하나님을 부를 것이며, 하나님은 이때도 외면하지 않고 응답한다.

여호와께서 그들에게 응답하여 이르시기를 내가 너희에게 곡식과 새 포도주와 기름을 주리니 너희가 이로 말미암아 흡족하리라 내가 다시는 너희가 나라들 가운데서 욕을 당하지 않게 할 것이며(욜 2:19).

마당에는 밀이 가득하고 독에는 새 포도주와 기름이 넘치리로다(욜 2:24).

요엘서의 메시지에서 하나님은 종국적으로 자기의 기름부음 받은 자로 하여금 이 모든 섭리를 이루실 것을 예고한다.

아모스 6장에서는 북조 이스라엘의 멸망이 멀지 않음에도 지도자들이 타락하고 부패하여 깨닫지 못함을 꾸짖는 대목에서 "대접으로 포도주를 마시며 귀한 기름을 몸에 바르면서 요셉의 환난에 대하여는 근심하지 아니하는 자로다"(암 6:6)라고 했는데, 이 대목도 '곡식과 포도주와 기름'이라는 관용구의 인용이다. 이스라엘이 곡식으로는 자기 배만 불리고, 기쁨으로 누려야 할 포도주를 향락에 쓰며, 하나님께 드려야 할 기름을 자기들의 쾌락 욕구를 채우는 데 쓰고 있다는 하나님의 준엄한 책망이다.

곡식과 포도주와 기름의 관용구는 미가에서도 계속된다. 하나님은 자기 백성에게 곡식과 포도주와 기름을 주시고, 받은 자는 그 중에서 일부를 구별하여 하나님께 제사한다. 이때 기름으로 하나님을 기쁘게 할 수 있다. 그러나 제단에 올리는 기름보다 더 중요한 것이 있으니 그것은 하나님 앞에서의 순종이다. 이미 사무엘상 15장 22절에서 드러났지만, 미가 선지자를 통하여 다시 한 번 강조된다.

미가서는 이스라엘 백성과 하나님과의 쟁변 형식으로 전개된다. 이스라엘 백성들이 "내가 무엇으로 하나님 앞에"(미 6:6a) 나아갈까 하면서 나름대로 좋은 것을 거론한다. 일 년된 송아지, 천천의 숫양, 만만의 강물 같은 기름, 내 맏아들? 하고 묻는다(미 6:7). 이에 하나님은 대답한다. "오직 정의를 행하며 인자를 사랑하며 겸손하게 하나님과 행하는 것이 아니냐"(미 6:8) 하면서 너의 교만한 생각대로 했다가는 "네가 씨를 뿌려도 추수하지 못할 것이며 감람 열매를 밟아도 기름을 네 몸에 바르지 못할 것이며, 포도를 밟아도 술을 마시지 못하리라"(미 6:15). 기름으로 질문하자, 하나님도 기름으로 대답했다.

호세아 2장에서 이미 밝혔듯이 파종하는 자가 땅에게, 땅은 하늘에게, 하늘은 하나님께 요청하면 하나님은 파종 자에게 응답하심으로 곡식과 포도주와 기름을 주신다. 그런데 바벨론에서 귀환한 이스라엘 백성들은 무너진 성전의 재건축이 난항을 겪게 되자 쉽게 포기해 버렸다. 학개 선지자는 그들에게 하나님의 말씀을 전한다.

> **내가 이 땅과 산과 곡물과 새 포도주와 기름과 땅의 모든 소산과 사람과 가축과 손으로 수고하는 모든 일에 한재를 들게 하였느니라**(학 1:11).

하나님이 귀환한 백성들의 파종과 결실 곧, '곡식과 포도주와 기름'의 요청을 거부했다는 뜻이다. 학개는 성전을 재축함으로써 하나님의 응답을 받아야 한다고 총독 스룹바벨과 대제사장 여호수아와 백성들에게 깨우친다. 학개는 또한 "거룩은 전이 되지 않지만 부정은 전이 된다"는 율법

의 원칙을 들어 작금의 이스라엘 백성의 부정을 지적한다(학 2:12-15).[13]

곡식과 포도주와 기름이라는 상징어는 성경을 관통하여 요한계시록에까지 도달한다. 계시록 18장에서 바벨론은 교회를 대적하는 세력의 상징이다. 그 바벨론이 종말의 때에는 철저히 패망한다. 바벨론 패망에 대한 숱한 징조로서 곡식과 포도주와 기름의 고갈이 선포된다(13절).

제물(민하 מִנְחָה)의 기름은 사람들이 하나님께 올려드리는 제의에 쓰였다. 이에 반해 축복(베라카 בְּרָכָה)은 하나님이 사람들에게 내려주시는 하나님의 선물이다. 그러나 베라카(בְּרָכָה)를 사람들이 하나님께 하게 되면 송축이 된다.

> **너희는 마땅히 일어나 영원부터 영원까지 계신 너희 하나님 여호와를 송축할지어다 주여 주의 영화로운 이름을 송축하올 것은 주의 이름이 존귀하여 모든 송축이나 찬양에서 뛰어남이니이다**(느 9:5b).

하나님과 사람 사이에는 주고받음을 되풀이함으로써 교제가 이루어진다. 주고 받은 것 중에서 '기름'과 '축복'은 묘한 대조를 이룬다. 창조시 하나님은 피조물 가운데에 기름을 주셨고, 사람들은 그 기름을 제물로써 하나님께 올려 드린다. 그러나 이스라엘 백성들은 하나님께 기름을 제물로 드리는 제의에서 성공적이지 못했다. 진정성이 결여된 형식과 겉치레의 기름으로 드렸기 때문이다. 이에 하나님은 다시 '기름부음'

---

[13] 제물로 드리는 거룩한 고기를 싼 옷자락은 거룩하지만 그 옷자락에 닿았다고 모든 것이 거룩해지지는 않는다(레 6:27). 그러나 시체를 만져서 부정한 자의 손에 닿은 모든 물건은 부정해진다(레 11:28; 22:4-7).

으로써 메시아를 보내신다. 그 메시아를 통하여 다시 기름부음을 받은 (요일 4:20, 27) 자들이 비로소 하나님의 신실한 백성이 된다.

복을 받고 드림에 있어서도 하나님이 먼저 사람들을 축복하신다. '곡식과 포도주와 기름'으로 상징되는 하나님의 축복을 받은 이들은 그것으로 다시 하나님께 드린다. 복을 받은 자들이 받은 바 복을 다시 하나님께 돌려드리면 그것은 찬양이 되며 송축이 된다.

3) 사람들이 다양하게 사용하는 기름

기름은 사람들에게 먹는 음식으로 가장 먼저 다가온다. 모든 음식 중에서도 맛있는 음식으로 기름이 첫손가락에 꼽힌다. 족장들의 시대에도 기름의 맛은 모든 음식 중에서 으뜸으로 여겨졌다. 이스라엘 백성들이 광야 생활 중에 먹은 만나의 맛에 대한 평가를 "기름 섞은 과자 맛"(민 11:8)이라고 했다. 물론 이는 출애굽기 16장 31절에서 "꿀 섞은 과자 맛"으로 만나를 비유한 것과 대비가 되지만, 어쨌든 여기서 기름이란 맛의 원천이며 최고의 맛이라는 데에는 이론의 여지가 없다.

한편 제사장이 먹을 수 있는 음식을 규정한 소금언약(민 18:19)에서도 성소에 드려진 예물 중에서 불에 태워지지 않는 모든 것을 제사장이 먹도록 했다. 그 중에는 기름이 있다. 고래로부터 현대에 이르기까지 기름이 맛 중의 진미라는 진리는 변함이 없다.

예레미야는 기름을 비상식량으로 준비할 것을 당부한다. 유다 총독 그다랴[14]는 바벨론의 총공격으로 예루살렘 성벽이 뚫리자 성안 백성

---

14   왕하 25:22에서는 그달리야.

들에게 "너희는 포도주와 여름 과일과 기름(헬레브 חלב)을 모아 그릇에 저장하라"(렘 40:10)고 당부한다. 생명을 위해서는 기름이 필수적이다. 또한 유다가 바벨론으로부터 멸망해 가던 혼란한 시기, 바벨론이 유다의 총독으로 임명한 그다랴를 유다의 반란군 지도자 이스마엘이 암살했다. 이후 이스마엘은 백성들을 무차별 살상한다. 이때 이스마엘에게 "우리가 밀과 보리와 기름과 꿀을 밭에 감추어 둔 것이 있다"(렘 40:8)면서, 그것을 이스마엘에게 내어주고 생명을 구한 열 사람이 있었다. 절체절명의 순간에도 기름은 생명을 구하는 물품이다.[15]

그러나 종종 기름을 과다 섭취함으로써 오는 비만의 문제도 성서에는 여지없이 등장한다. 사사기 3장에서 모압 왕 애글론은 탐욕과 나태함으로 체내에 필요 이상의 기름기가 쌓여 비만이 된 인물이지만, 하나님은 모압을 강성하게 하여 악을 행하는 이스라엘을 대적하게 하셨다. 이에 이스라엘이 하나님께 부르짖으매 한 구원자를 세우시니 그가 왼손잡이 사사 에훗이다. 에훗은 애글론 왕에게 공물을 바치러 가면서 좌우에 날 선 칼을 품었다가 애글론을 찔렀다. 이때 칼자루까지 애글론의 몸에 들어가 기름이 칼날에 엉겼다(삿 3:12-23).

기름이 인간의 탐욕을 드러낸다는 성서의 기록이 의미심장하다. 이러한 비둔의 기름은 이후로도 종종 등장하여 인간이 기름을 과도하게 섭취하려는 탐욕을 상징하는 기호가 된다. 현대인의 건강을 위협하는 가장 큰 요인이 기름의 오남용이라는 현실을 반영한다.

기름은 고대로부터 치료의 용도로 널리 쓰이기 시작했다.[16] 이사야서

---

15 마 25:1-13의 '열 처녀 비유'에서의 기름과 같다.
16 "기름," 『기독교대백과사전』(1996년).

와 예레미야서는 기름을 치유용 의약품으로 사용한 근거를 제공한다. 이사야 1장 6절은 상처를 기름으로 부드럽게 한다고 언급한다. 예레미야 8장 21-22절에서 유다의 우상 숭배로 인하여 백성이 상했다는 의미로, 선지자가 "길르앗에는 유향이 있지 아니 한가 딸 내 백성이 치료를 받지 못함은 어찌 됨인고"(22절) 하면서 탄식한다. 여기서 유향(체리 צֳרִי)은 길르앗에 많이 나는 발삼나무에서 채취한 수지 또는 농축한 방향성 수지로서 식물성 기름이다. 예레미야 46장 11절은 "처녀 딸 애굽이여 길르앗으로 올라가서 유향을 취하라 네가 치료를 많이 받아도 효력이 없어 낫지 못하리라." 예레미야 51장 8절은 "바벨론이 갑자기 넘어져 파멸되니 이로 말미암아 울라 그 상처를 위하여 유향을 구하라 혹 나으리로다"고 기록하는데, 세 번 모두 유향이 쓰였다.

여기서는 개인의 상처가 아닌 국가의 부패를 언급하면서 기름으로 치유함을 받아야 하리라고 수사적으로 표현했다. 이로 보아 개인의 질병에 다양한 기름이 개발되어 사용되었을 것으로 보는데 무리가 없다.

사람들은 기름을 몸단장하는 용품으로도 사용했다. 룻기에서 나오미는 며느리 룻을 보아스의 타작마당으로 보내면서 "목욕하고 기름(수크 סוּךְ)을 바르고"(룻 3:3) 가라고 권한다. 이와 같이 몸에 기름을 바르는 관습의 단서는 신명기 28장으로 소급이 되는데, 신명기 28장에서는 불순종으로 인한 저주의 선포에서 "네 모든 경내에 감람나무가 있을지라도 그 열매가 떨어지므로 그 기름을 네 몸에 바르지 못할 것"(신 28:40)이라고 했다.

목욕 후에 몸에 감람유를 바르는 단장은 여성만 하는 것이 아니었다. 다윗도 하나님 전에 들어가기 전에 목욕 후 몸에 기름을 발랐다(삼하

12:20). 다니엘서는 다니엘이 계시를 받을 준비를 하는 세 이레 동안 기름을 바르지 않았다고 기록했다(단 10:3). 이로보아 남성들도 기름을 사용한 사실을 입증한다. 고래로부터 오늘에 이르기까지 기름은 얼굴과 몸을 단장하는데 쓰이고 있다. 한편 구약에서는 금식할 때, 특히 금식하며 기도할 때에는 슬픔과 애통을 겉으로까지 드러내려고 기름을 바르지 않는 전통을 세우고 지켰다. 그러나 신약에서 예수님은 금식할 때에 기름을 바르라 했다(마 6:17). 기름이 일상생활에서뿐 아니라 하나님과의 관계 안에서도 다양하게 쓰였다.

전도서와 아가서에서는 사람들이 사용하는 기름의 향기로움을 드러낸다.

네 의복을 항상 희게 하며 네 머리에 향 기름을 그치지 아니하도록 할지니라(전 9:8).

네 기름이 향기로워 아름답고 네 이름이 쏟은 향기름 같으므로 처녀들이 너를 사랑하는구나(아 1:3).

왕이 침상에 앉았을 때에 나의 나도 기름이 향기를 뿜어냈구나(아 1:12).

내 누이, 내 신부야 네 사랑이 어찌 그리 아름다운지 네 사랑은 포도주보다 진하고 네 기름의 향기는 각양 향품보다 향기롭구나(아 4:10).

위의 네 구절 중 세 곳은 모두 히브리어로 기름을 뜻하는 셰멘(שֶׁמֶן)이 쓰이고, 아가서 1장 12절의 '나도 기름'은 네르드(נֵרְדְּ)인데, 네르드는 나드향을 뜻한다. 기름은 향기를 발하는 물질 중에서도 으뜸가는 향의 발원물질이다.[17]

사람들이 사용한 기름의 용도 중에는 어떤 사물의 기능을 회복시키는 일에도 쓰고 있음을 본다. 이사야는 바벨론의 멸망에 관한 묵시에서 "너희 고관들아 일어나 방패에 기름(마쉬아흐 מָשִׁיחַ)을 바를지어다"(사 21:5)라고 했다. 방패에 기름을 바르는 일은 전쟁에 나가기 전에 해야 할 일이다. 특히 방패가 가죽으로 만들어졌을 경우 기름 바르는 일은 필수다. 평화 시에는 안 쓰고 보관했던 방패를 전쟁에 가지고 나가기 위해서는 반드시 기름을 발라서 기능을 극대화해야 한다.

한편 이와 관련하여 다윗이 사울과 요나단의 죽음을 애도하는 대목에서 방패의 기름을 인용하여 지은 노래가 있다(삼하 1:17-18). 이 노래에서 다윗은 사울의 죽음을, "거기서 두 용사의 방패가 버린바 됨이니라 곧 사울의 방패가 기름부음을 받지 아니함같이 됨이로다"(삼하 1:21)라고 했다. 이어서 "요나단의 활이 뒤로 물러가지 아니하였으며 사울의 칼이 헛되이 돌아오지 아니하였도다"(삼하 1:22)라고 함으로써 사울과 요나단은 살아생전에도 죽을 때에도 추하거나 비겁함이 없었다. 그들은 빠르고 강했다(삼하 1:23). 이스라엘은 그의 공로로 말미암아 충분히 애도하여야 한다(삼하 1:23). 사울이 망한 것이 아니라 싸우는 무기가 망한 것이다(삼하 1:27)라고 함으로써 사울과 요나단의 죽음을 무기가 제 기능을

---

17 "향기, 향품," 바이블렉스 9.0.

상실한 탓으로 돌린다.[18]

사람들이 사용하는 기름의 용도가 식용, 장식용, 기능 회복용은 물론 조명을 위한 용도에 쓰였음은 구약성서에 다양하게 드러난다. 그만큼 기름의 종류도 다양한데, 식물성 동물성 기름은 물론 광물성 기름도 언급이 된다. 모세가 이스라엘 총회에서 읽어 들려준 노래에서 "여호와께서 그가 땅의 높은 곳을 타고 다니게 하시며 밭의 소산을 먹게 하시며 반석에서 꿀을, 굳은 반석에서 기름(셰멘 שֶׁמֶן)을 빨게 하시며"(신 32:13)라고 했다. 하나님은 반석에서 물을 내듯이 기름도 내신다.[19]

이 반석의 기름은 고대에서 현대로 역사가 진행되면서 인류가 식물성 기름이나 동물성 기름보다 광물성 기름의 사용량을 급격히 늘려 왔다는 점에서 모세의 반석의 기름 언급이 시사하는 바가 많다. 오늘날 세계의 모든 산업 중에서 기름 산업이 가장 크며, 세계의 경제를 기름 산업이 지탱하고 있음을 유의해볼 때 구약성서에서 이미 광물성 기름에 관한 기록이 있음은 기름에 대한 외연을 확장하는 주요한 근거가 된다.

하나님의 피조물 기름은 영이신 하나님과 육적으로 존재하는 인간과의 사이에서 주고받는 물질이라는 차원에서 먼저 그 의미를 찾았다.

첫째, 제물(민하 מִנְחָה)로 드리는 기름(헬레브 חֵלֶב),

둘째, 축복(베라카 בְּרָכָה)으로 받는 기름으로 규명하고,

셋째, 사람들이 다양하게 사용하는 기름으로 의미를 정리했다.

---

18 고대의 전쟁에서는 방패에 기름을 바르는 관습이 있었다. 방패에 기름을 바르라는 명령은 곧 전쟁을 준비하라는 의미로 쓰인다. 기름을 바르지 않은 방패는 전장에서 방패로서의 가치가 전혀 없다. 사울의 죽음은 그의 방패가 기름부음을 받지 않음 같이 된 것이다.

19 반석의 기름을 현대적 개념으로 수용하자면 광물성 기름이라 할 수 있다. 광물성 기름은 대표적으로 석유가 있다. 석유(石油)는 말 그대로 돌의 기름이다.

2. 기름부음

구약에 드러나는 '기름'에 대한 성서적 접근에 이어 '기름부음'을 볼 차례다. 고대 근동에서는 일찍부터 어떤 사물이나 사람에게 기름을 붓는 행습이 널리 퍼져 있었음을 구약성서는 자체적으로 증명한다. 이는 물론 고증학적으로도 이미 증명된 역사적 사실이다. 그러나 구약성서에서는 이 기름부음의 행위가 여호와 하나님과 밀접하게 연관되어 드러나기 시작한다.

하나님과 하나님의 백성과의 관계 속에서 행해지는 기름부음이라는 종교적 제의는 역사적 흐름에 맞추어 여러 곳에서, 또한 여러 사람들에 의해서 반복적으로 행해진다. 하나님이 펼치시는 기름부음의 경륜이 사람들에게 어떻게 드러나는지를 파악하고, 그 경륜을 통해 우리에게 감지되는 하나님의 속성을 알기 위해서는 구약성서의 기록을 차분하게 정리해볼 필요가 있다. 여기서는 기름부음을 행하는 인물로 거명되는 자들을 한 사람 한 사람 짚어보고자 한다.

1) 야곱의 기름부음

'기름을 붓는 행위'에 대한 성서의 첫 번째 기록은 창세기 28장이다. 야곱이 아버지 이삭을 속여 형 에서가 받아야 할 축복을 가로챈 일로 인하여, 어머니 리브가는 야곱을 외가로 피신시킨다. 야곱은 부모의 권유대로 외가가 있는 하란으로 가는 도중 벧엘에서 노숙하는데, 꿈에 나타난 하나님의 사자들이 야곱을 축복해준다. 잠에서 깬 야곱은 감격하여 베개로 삼았던 돌을 기둥처럼 세우고 그 위에 기름을 붓고, 꿈에서 축복하신 대로 해주신다면 여호와가 나의 하나님이 될 것이며, 기둥으로 세운 돌은 하나님의 집이 될 것이며 그 이후부터는 십일조를 드리겠다고 서원했다(창 18:10-22).

야곱이 이렇게 돌을 세운 일은 그 당시의 관습에 따른 것으로써, 자기가 베고 잘 때 자기의 머리를 지켜 준 돌을 거룩한 기둥으로 세우고, 하란으로 가는 여행길에 소지했던 것 중에서 귀한 기름을 부음으로써 그 돌을 신성하게 여기고 서원했음을 의미한다.[20] 야곱이 돌을 기둥으로 세우고 거기에 기름을 부은 행위는 이 연구의 주제와 관련하여 대단히 중요한 단서를 제공한다. 하나님이 기름부음을 종교적 제의로서 채택하시기 이전에 이미 족장 시대부터 근동지역에 신적 임재를 상징하는 사물에 기름을 붓는 일들이 행해지고 있었음을 드러내기 때문이다.

이후 야곱은 외삼촌 라반의 집에서 떠나려고 두 아내를 설득할 때, '벧엘의 하나님'이 꿈을 통하여 자기에게 유리하도록 양들이 새끼를 생산케 하셨으며, 지금 자기에게 외가를 떠나 고향으로 돌아가라 했다고 말한다(창 31:10-13). 이에 설복 당한 두 아내를 거느리고, 야곱은 외삼촌 라반의 수하에서 벗어난다. 이후 귀향길에서 야곱은 외동딸 디나로 인한 세겜과의 전쟁을 치르고 벧엘에 당도하여 하나님의 축복 약속을 재확인하고, 다시 한 번 그 자리에 돌기둥을 세우고 그 위에 전제물과 기름을 붓는다(창 35:1-15).

야곱이 하란으로 갈 때와 올 때, 두 번에 걸쳐서 주상에 기름을 부었는데 두 번 모두 야곱이 부은 기름은 히브리어 셰멘(שֶׁמֶן)을 썼는데 셰멘은 기름짐, 기름(oil)을 뜻하며, 이 단어가 기름을 뜻할 때는 대체로 감람

---

[20] Wenham, 『WBC 주석: 창세기 1-15』, 399-413.

유를 지칭한다. 감람유는 여러 용도로 쓰이지만 빵을 구울 때 밀가루 반죽에 쓰이는 점에 비추어 볼 때, 당시의 여행자들에게는 필수적 비상식량이었다. 물론 구약성서에서 셰멘은 등유로서 성전을 밝힐 때, 상처의 치료를 위한 의약은 물론 기름부음에도 쓰이는 등 기록이 다양하게 나타난다. 특히 이 단어가 비유 및 상징적으로 사용될 때는 번영을 나타낸다. 신명기 33장 24절에서 모세는 아셀지파를 축복하면서 "아셀은 아들들 중에 더 복을 받으며 그의 형제에게 기쁨이 되며 그의 발이 기름에 잠길지로다"라고 했는데, 여기서도 셰멘이 쓰였다.[21]

야곱이 기둥으로 세운 돌에 기름을 부은 신앙의 전례는 나중에 이스라엘이 여호와께 예배하는 신앙의 제의에서 배제된다. 모세는 "너는 그들의 신을 경배하지 말며 섬기지 말며 그들의 행위를 본받지 말고 그것들을 다 깨뜨리며 그들의 주상을 부수고"(출 23:24)라고 명함으로써 '주상' 즉, 세운 돌 자체를 부수도록 한다. 모세는 거듭하여 "너희는 도리어 그들의 제단을 헐고 그들의 주상을 깨뜨리고 그들의 아세라 상을 찍을지어다"(출 34:13)라고 강조한다. 이외에도 여러 곳(레 26:1; 신 7:5; 16:21-22)에서 주상에 기름을 붓는 일을 금지함으로써, 야곱이 주상에 기름을 부은 것은 해당되지 않을지라도, 모세 이후 이러한 행위는 우상숭배에 해당하는 금지법이 된다.

그럼에도 이스라엘 백성들 사이에서는 주상에 기름을 붓는 우상의 숭배가 근절되지 않았음을 알 수 있다. 미가 선지자는 심판을 선포하기에 이른다.

---

21 "기름," 바이블렉스 9.0.

> **내가 네가 새긴 우상과 주상을 너희 가운데에서 멸절하리니
> 네가 네 손으로 만든 것을 다시는 섬기지 아니하리라**(미 5:13).

어떤 사물을 신적인 임재와 연관 지어 기름을 붓는 행위는 고대 근동 족장 시대의 보편적 종교행위로서 야곱이 답습했다. 그러나 그의 후손들이 여호와 하나님께 예배하는 신앙의 제의에서는 배제되면서, 기름을 붓는 제의는 엄격해지기 시작한다.

2) 모세의 기름부음

야곱의 기름부음 이후 구약성서에서 이어지는 기름부음은 모세가 아론에게 행한 기름부음이다. 야곱이 당시의 보편적인 관행에 따라 자신이 간밤에 꾼 꿈속에 현현하신 하나님의 임재를 의식하면서 베고 잔 돌 위에 기름을 부었다면, 모세는 전적으로 하나님의 명령에 의한 기름부음을 행한다. 출애굽 도중 시내 산에서 하나님으로부터 율법을 수여받을 때, 하나님은 제사장이 입어야 할 옷을 세세하게 일러주고 "너는 그것들로 네 형 아론과 그와 함께 한 그의 아들들에게 입히고 그들에게 기름을 부어 위임하고 거룩하게 하여 그들이 제사장 직분을 내게 행하게 할지며"(출 28:41)라고 명한다. 이 명령의 요지는 두 가지이다.

첫째, 기름부음으로 위임하라.

둘째, 위임하고 거룩하게 하여 제사장 직분을 행하게 하라.

여기서 쓰인 '기름을 붓다'는 히브리어 마샤흐(מָשַׁח)이다. 마샤흐는 동사로서 기본어근이며 '기름을 칠하다, 기름을 바르다, 기름을 붓다'는 뜻을 가진다. 구약성서에 이 단어는 약 70회 나온다. 마샤흐가 일상적인 용법으로

쓰일 때는 건축물에 색칠하다(렘 22:14), 방패에 기름을 바르다(사 21:5), 몸에 기름을 바르다(암 6:6), 음식에 기름을 바르다(출 29:2) 등이 있다. 그러나 향후 마샤흐는 어떤 직분에 대한 위임의 의전으로도 쓰이게 된다.

위임하다는 '말레'(מָלֵא)로서 어디에 놓아두다, 보석 세공 시 잘 박아서 물려두다(setting)는 뜻으로 쓰이는 단어다. 이 단어가 이제는 '위임식을 하다'는 뜻을 가지게 되며, 기름 부어(מָשַׁח) 위임함으로서 거룩(카다쉬, קָדַשׁ)하게 되어, 하나님께 제사장 직분을 행하게 된다. 카다쉬는 거룩, 봉헌, 성별, 성화, 성결의 뜻을 가지는 동사이다.[22] 하나님이 모세에게 명령함으로써 기름을 붓는 의전이 하나님을 예배하는 신앙의 중요한 절차로 채택됨에 있어서 이 모든 의미들이 기름부음의 함의가 된다.

시내 산에서의 명령에 따라 모세는 실제적으로 아론과 그의 아들들에게 제사장 위임식을 거행하는데, 이때 이들의 머리 위에 붓는 기름은 관유이다(레 8:12). 관유는 출애굽기 30장에서 세세하게 언급이 된다. 하나님은 모세에게 "너는 상등 향품을 가지되 액체 몰약 오백 세겔과 그 반수의 향기로운 육계 이백오십 세겔과 향기로운 창포 이백오십 세겔과 계피 오백 세겔을 성소의 세겔로 하고 감람기름 한 힌을 가지고"(출 30:23-24) 그것으로 거룩한 관유를 만들라고 명하셨다. 여기서 '관유'는 히브리어 셰멘 마쉬아흐(שֶׁמֶן מִשְׁחָה, an oil of anointed)의 번역어이다.

하나님의 명령에 따라 모세는 아론과 그의 아들들에게 제사장으로 위임식을 거행한다(레 8장). 모세는 아론의 머리에 관유를 붓고 또한 바르기도 했다. 이렇게 절차를 마쳐 제사장이 된 아론과 그의 아들들은 비로소 제사를 집전할 수 있게 되었다. 이들이 집전하는 첫 제사가 레위기 9장에 묘사되는데, 정해진 순서

---

[22] "기름, 위임, 거룩," 바이블렉스 9.0.

를 마치고 회막을 나와 모세와 아론이 함께 백성에게 축복할 때, 불이 여호와 앞에서 나와 번제단 위의 번제물과 기름을 태웠다(22-24절). 이로써 하나님은 제사장 위임식에 대한 정통성을 부여했다.[23]

하나님은 "그들에게 기름을 부어 위임하고 거룩하게 하여 하나님께 제사장 직분을 행하게 할지며"(출 28:41)라고 모세에게 명령하고 모세가 순종하여 행함으로써, 이후부터 하나님을 신앙하는 제의에서 기름부음이라는 절차는 대단히 중요한 의미를 가지게 되었다.

3) 사무엘의 기름부음

고대 근동지역의 일반적인 기름부음의 관례가 하나님을 신앙하는 의전으로서, 가장 먼저 하나님이 모세에게 명령하여 기름 부어 제사장을 세우는 관행이 시작이 되었다. 구약성서의 두 번째 기름부음 사건 기록은 사무엘이 사울과 다윗에게 기름을 부어 왕으로 세운 일이다. 사무엘이 사울에게 기름 붓는 기록을 보기에 앞서서 살펴봐야 할 것이 두 가지 있다. 사울이 기름부음을 받고 왕이 되기 이전에 이방지역에서는 기름부음으로써 왕을 추대하는 관행이 행해지고 있음을 시사하는 기록이 있기 때문이다.

---

[23] 제사장 위임식은 대단히 복잡한 절차로 진행되었다. 이러한 절차를 필함으로써 제사장 직임을 수행하게 되는데, 위임식의 복잡한 절차가 사람들의 의식에 각인되기 위하여는 단순화, 상징화가 불가피했다. 제사장 위임식에서 기름과 비슷하게 뿌리고, 바르고, 태워진 것으로써 희생제물의 피가 있다. '피 뿌림,' '피 바름' 및 '피를 태움'은 '기름뿌림,' '기름부음' 및 '기름바름'에 비하여 결코 소홀히 다루어지지 않았다. 그러나 시간이 흐르면서 제사장 위임식은 여러 절차 중의 하나인 '기름부음'으로 상징화가 진행된다. 레 16:32에서 '기름부음을 받고 위임되어 자기의 아버지를 대신하여 제사장의 직분을 행하는 제사장은…'으로 서술됨을 볼 때 성경 자체에서도 제사장 위임식은 '기름부음'으로 상징화되고 있다.

먼저 사사기 9장에서 사사 기드온의 서자 아비멜렉이 배다른 형제들 70명을 몰사시키고 스스로 왕이 되고자 했을 때, 구사일생으로 목숨을 건진 기드온의 막내아들 요담이 그리심 산 꼭대기에 올라가서 세겜 사람들에게 아비멜렉의 왕 됨이 부당하다고 설파한다. 그때 요담은 나무들의 세계에 빗대어 가시나무가 왕이 되려는 우화를 들려준다. 하루는 나무들이 모여 자신들 위에 왕을 세우고자 하여 감람나무에게 왕이 되어달라고 했으나 감람나무가 고사하자, 포도나무를 찾아갔지만 포도나무도 역시 고사했다. 그러자 이번에는 가시나무를 찾아갔다. 그때 가시나무가 이르기를 "만일 너희가 참으로 내게 기름을 부어 너희 위에 왕으로 삼겠거든 와서 내 그늘에 피하라"(삿 9:15)면서 수락한다. 요담이 예로 든 이 우화 속에서 왕위에 오르기 위한 기름부음의 예식이 등장하는데, 이 당시에는 이스라엘에는 아직 왕이 없었던 시대이며, 기름 부어 세우는 직임은 제사장이 있을 뿐이었다.

다음으로 한나의 기도가 있다. 한나는 하나님께 서원하여 사무엘을 낳아, 사무엘을 엘리 대제사장에게 의탁하면서 성전에서 간절히 기도하는데, 기도 중 하나님을 찬양하는 대목에서 "여호와를 대적하는 자는 산산이 깨어질 것이라 하늘에서 우레로 그들을 치리시로다 여호와께서 땅 끝까지 심판을 내리시고 자기 왕에게 힘을 주시며 자기의 기름부음을 받은 자(마쉬아흐 מָשִׁיחַ)의 뿔을 높이시리로다"(삼상 2:10)라고 했다. 요담의 가시나무 우화와 마찬가지로 이스라엘에는 아직 왕이 없던 시대임에도 한나가 이렇게 기도했음을 주목한다. 이를 통해서 우리가 알 수 있는 것은 그 당시 근동지역의 이방 나라들은 이미 기름을 부어 왕으로 추대하는 왕의 제도가 있었다는 것과, 왕의 보편적 권위를 이스라엘도 인정하고 있었다는 것이다. 머지않아 이스라엘에서도 제사장에 이어 왕도 기름을 부어 세우게 되리라고 짐작할 수 있게 하는 대목이다.

기드온의 아들 요담이 세겜 족속들에게 그리심 산에서 외친 예화 속에서 기름부음으로 세워지는 왕과 한나의 예언적인 기도 속에서 기름부음으로 세워지는 왕 언급은 이스라엘 백성들의 왕 제도에 대한 열망으로 드러나, 하나님과 이스라엘 백성 사이에서 치열한 논쟁(삼상 8:4-22)을 촉발하고, 급기야 이스라엘에도 왕의 제도가 도입되었다. 하나님은 사무엘에게 베냐민 지파 출신 사울에게 기름을 부어 왕으로 세우도록 허락한다. 이에 따른 첫 번째 이스라엘의 왕으로 사울이 지명을 받아(삼상 9:16) 사무엘을 통하여 사울이 기름부음을 받는다(삼상 10:1).

사울은 기름부음을 받은 이후 신적 능력을 더불어 받는다. 사무엘은 사울이 기름부음 받은 이후 일어날 일들을 예고하는데, 사울에게 여호와의 영이 크게 임하고 예언을 하게 될 것이니 변하여 새 사람이 되라(삼상 10:6)고 말한다. 사울이 사무엘과 헤어질 때 하나님은 그에게 새 마음을 주시고 사무엘의 말이 다 응하게 하셨다(삼상 10:9). 이에 따라 "사울도 선지자 중에 있느냐"는 속담이 생긴다(삼상 10:12). 하나님은 사울이 기름부음을 받음에 따라 사울에게 왕의 지위와 더불어 선지자의 권능을 함께 허락하셨다. 향후 선지자직도 기름부음으로 세워지리라는 복선으로 이해되는 대목이다.

그러나 나중에 하나님은 사울을 이스라엘의 왕으로 삼으신 것을 후회하고(삼상 15:35), 새로운 인물에게 기름 부어 이스라엘의 왕으로 삼고자 하여 사무엘에게 다시 명령한다. 이에 따라 사무엘이 이새의 아들 다윗에게 기름을 붓는다(삼상 16:12-13). 기름부음을 받은 다윗은 하나님의 영에 크게 감동이 되었으며, 반면에 사울로부터는 하나님의 영이 떠

난다(삼상 16:13-14).[24]

4) 이스라엘 백성들의 기름부음

이스라엘에서는 모세가 처음으로 아론과 그의 아들들에게 기름 부어 제사장으로 위임한 이후 사무엘이 사울과 다윗에게 기름을 부었다. 이어서 기름을 붓는 주체로서 이스라엘의 유다지파 사람들이 등장한다. 다윗은 처음에는 사무엘로부터 기름부음을 받은 이후 두 차례 더 받게 되는데, 길보아 전쟁에서 사울과 그의 아들들의 전사 이후 헤브론으로 와서 유다 족속의 왕이 될 때, "유다 사람들"(삼하 2:4)이 그에게 기름을 부어 왕으로 세웠다.[25]

세 번째는 두 번째 기름부음을 받고 칠년 반이 지난 이후, 다윗이 이스라엘 전체의 왕으로 세워질 때 "이스라엘 모든 장로들"(삼하 5:3)로부터 기름부음을 받았다. 이렇게 해서 이스라엘 전체의 왕이 된 다윗은 헤브론에서 예루살렘으로 올라가 여부스를 물리치고 시온산성을 정복하여 수도를 삼고, 왕으로서 아들과 딸들을 낳아 왕조를 굳건히 한 후에, 블레셋과의 전쟁을 필두로 하여 외적을 차례로 제압하고 나라를 굳건히

---

[24] 기름을 부어 왕으로 세우는 일에는 단순히 왕의 직위만을 허락하는 것이 아니라 하나님의 영으로 감동케 하시며, 신적 권능도 아울러 받아 하나님이 함께 하시며 변하여 새 사람이 되게 하심으로써 하나님의 말씀에 순종하도록 하나님은 의도하셨다.

[25] 다윗이 두 번째 기름부음을 받기 이전에 하나님의 기름부음을 대행한 인물은 모세와 사무엘 두 사람이었으나 이후로는 하나님과 특수한 관계에 있지 아니한 복수의 사람들이 기름부음의 주체로 등장한다. 다윗은 두 번째의 기름부음에 순응할 뿐 아니라 두 번째의 기름부음에도 처음과 동일하게 수용한다. 다윗이 길르앗 야베스 사람들에게 사신을 보낼 때 자기를 지칭하기를 "유다 족속이 내게 기름을 부어 그들의 왕으로 삼았음이니라"(삼하 2:7)고 했다.

세워갔다. 다윗이 세 번 기름부음을 받음에 있어서 기름부음을 행하는 자들이 어떻게 변하는지 유의해볼 필요가 있다.

이스라엘에서 왕을 추대하면서 백성들이 기름을 부은 사례는 압살롬이 반역할 때에도 있었다. 다윗은 아들 압살롬이 반역을 하여 예루살렘 성을 향해 쳐들어올 때 왕궁을 비우고 파천했다(삼하 15:13-18). 뒤이어 왕궁에 입성한 압살롬에게 이스라엘 백성들은 기름을 부었다(삼하 19:10). 다윗이 있음에도 압살롬에게 기름을 부은 것은 다윗의 왕권이 중단되었기 때문이다.[26] 그러나 압살롬의 기름부음 받음은 왕위 계승에 성공하지 못했다.

5) 제사장, 선지자의 기름부음

모세로부터 다윗에 이르기까지 기름부음을 행하는 자는 모세, 사무엘, 이스라엘 장로 및 백성들로 내려온다. 이스라엘 백성들은 다윗에게 기름 부어 왕으로 세운 이후 압살롬을 왕으로 추대하여 기름을 부었지만, 압살롬의 반역은 실패로 돌아갔다. 다시 다윗이 예루살렘으로 복귀하는데, 성서에 기록은 없지만, 이때 또 한 번 다윗이 백성들로부터 기름부음을 받았을 개연성을 부인할 수는 없다고 보는 견해가 있다.[27] 다윗은 말년에 자기의 후계자로서 솔로몬을 지명하면서 제사장 사독과 선지자 나단에게 솔로몬에게 "기름을 부어 이스라엘 왕으로"(왕상 1:34) 삼도록 명한다. 이에 따라 사독과 나단이 압살롬에게 기름 부어 왕위를 계승

---

[26] A. A. Anderson, 『WBC 주석: 사무엘 하』, 박영호 역 (서울: 도서출판 솔로몬, 2001), 396.

[27] Ibid., 396.

하도록 했다(왕상 1:38-39).

제사장이 행하는 기름부음 사역은 왕위를 계승하도록 하는 일 외에도 정결례의 기름부음이 있다(레 14:1-32). 나병 환자가 완치되었을 때, 정결례를 집례하여 사회로 복귀시키는 과정에서 제사장은 기름(שֶׁמֶן)을 사용한다. 이때의 정결례는 속건제와 더불어 집례를 하는데, 제사장은 속건제물의 피를 정결함을 받을 자의 오른쪽 귓부리와 오른쪽 엄지손가락과 오른쪽 엄지발가락에 바른다.

제사장은 이어서 기름을 왼손바닥에 따르고 오른손 손가락으로 왼손의 기름을 찍어 여호와 앞에 일곱 번 뿌리고, 정결함을 받을 자에게 속건제물의 피가 묻혀진 오른쪽 귓부리, 오른손 엄지손가락, 오른쪽 엄지발가락에 바르고, 왼손바닥에 남은 기름으로 정결함을 받는 자의 머리에 발라야 한다. 이어서 제사장은 속죄제를 지내야 하는데, 이 모든 절차를 마침으로써 나병에서 나은 자가 정결하게 된다. 제사장이 회복된 자의 머리에 바르는 기름은 완치확인 절차에 쓰이는 정결의 기름이다.

6) 엘리야의 기름부음

구약성서에는 하나님이 엘리야에게 명령한 기름부음의 기사가 있다. 하나님은 엘리야에게 세 번의 기름부음을 명하시는데, 이때 하나님은 기름부음 받은 자의 사명도 아울러 명시하신다.

첫째, 다메섹의 하사엘에게 가서 기름 부어 그가 아람의 왕이 되게 하되, 하사엘이 왕이 되어 행해야 할 사명은 이스라엘을 징치하는 것이다.[28]

---

[28] 아람 사람 하사엘의 기름부음 받음은 이스라엘 출신이 이방인에게 기름을 부어 왕으로 세우는 첫 번째 사건이다.

둘째, 예후에게 기름 부어 이스라엘의 왕이 되게 하되, 예후의 사명은 아합 왕가를 치는 것이다.

셋째, 엘리사에게 기름 부어 엘리야의 후계자가 되게 하되, 엘리사의 사명은 선지자로서의 직임도 있지만 이스라엘의 징계를 돕는 일이다.

이 세 사람의 사명이 "하사엘의 칼을 피하는 자를 예후가 죽일 것이요 예후의 칼을 피하는 자를 엘리사가 죽이리라"(왕상 19:17)는 대목으로 압축된다. 기름부음 받은 자의 사명은 하나님의 뜻을 행하는 것이 되는데, 이에는 이방 나라의 왕을 통한 이스라엘의 징계는 물론 이스라엘 내 역성혁명[29]도 있을 뿐 아니라 선지자로 하여금 범죄자들의 살상까지도 기름부음 받은 자의 임무에 포함이 된다.

하나님의 기름부음에는 이처럼 언제나 사명이 수반된다. 기름부음을 받는 자는 사명을 함께 받는다. 제사장은 백성을 대표하여 하나님 앞에 제사를 집전하는 사명을, 왕은 하나님 앞에서 낮아져 하나님의 음성에 순종하면서 백성을 하나님의 뜻에 맞게 다스리는 사명을, 선지자는 하나님의 말씀을 받아서 백성에게 전하는 사명을 기름부음을 통해서 받는다. 기름부음이 이렇듯 사명부여이기도 하다는 대목을, 하나님이 엘리야에게 세 사람에게 찾아가서 기름을 부으라는 명령에서 명징하게 볼 수 있다(왕상 19:15-18).

---

[29] 엘리사의 제자가 예후를 찾아가 기름 부어 줌으로써, 예후는 아합 왕조를 척결하라는 기름부음 받은 자로서의 사명을 감당하고 자기의 왕조 시대를 열었다(왕상 19:16; 왕하 9:1-13).

3. 기름부음 받은 자

　기름, 기름부음에 이어서 기름부음 받은 자는 누구인가를 살펴보기 위해서는 구약성서의 기자들이 "기름부음 받았다"고 기록하는 자들이 누구인가를 유심히 보는 작업이 필요하다. 익히 드러난 바와 같이 구약성서에서 제사장, 왕, 선지자라는 삼중직은 당연히 기름부음을 받았을 거라는 개연성으로 지레짐작하고 관심을 덮어두기보다는, 굳이 기름부음과 관련하여 언급이 되는 인물을 먼저 찾아보면서 기름부음의 신앙적 제의가 어떻게 변천하는지와 함께, 기름부음과 기름부음 받음이 신학적으로 어떤 의미를 가지는지 규명하고자 한다.

　기름부음 받음이 세세하게 기록되는 경우와 기름부음에 대한 기록이 전혀 없었음에도 나중에 어떤 결정적인 사건을 묘사하면서 "그는 기름부음 받은 자다" 하는 경우가 구약성서에는 뚜렷이 드러난다. 이 점에 착안하여 하나님의 기름부음을 통한 경륜의 일단이 드러날 것으로 기대하고, 로버트 알터(Robert Alter)의 견해에 따라 성서 안에서 역사의 흐름에 따라, 때로는 되풀이되어 언급되면서 드러나는 기름과 기름부음과 기름부음 받은 자 주제에 접근하고자 한다.[30]

1) 구약에 거명된 기름부음 받은 자

　하나님께서 모세에게, 사무엘에게, 엘리야에게 기름부음을 명령하면서 여호와 하나님을 신앙하는 일에 기름부음은 대단히 중요한 의전으로

30　Alter, 『성서의 이야기 기술』, 28.

자리 잡는다. 세 사람이 각기 제사장, 왕, 선지자 등을 기름 부어 세움으로써 이후로는 이스라엘의 모든 제사장, 왕, 선지자는 기름부음을 받았을 것이라고 짐작하게 한다. 그러나 구약성서의 기자들은 기름부음에 대한 기록에 크게 유념하지 않는 듯하다. 구약성서에 기름부음 받았다는 사실이 명시된 인물은 의외로 많지 않다.

모세는 아론과 그의 아들들에게 기름을 부어 제사장으로 세웠다(레 8:12). 사무엘은 사울(삼상 10:1)과 다윗(삼상 16:12-13)에게 기름을 부어 왕으로 세웠다. 이후 이스라엘 백성들은 다윗(삼하 2:4; 5:3), 압살롬(삼하 19:10)에게 기름을 부었다. 제사장 사독과 선지자 나단은 솔로몬에게 기름을 부었다(왕상 1:34).[31]

엘리야는 하나님으로부터 하사엘, 예후, 엘리사 세 사람에게 각각 기름을 부어 하사엘은 아람의 왕으로, 예후는 이스라엘의 왕으로, 엘리사는 후계 선지자로 세우라는 명령을 받는다(왕상 19:15-16). 그러나 엘리야가 후계자 엘리사에게 기름을 부었다는 기록은 없는 상태에서 엘리사가 후계자가 된다. 또한 하사엘과 예후에게 기름 붓는 사명은 후계자인 엘리사에게 일임된다. 이후 엘리사는 하사엘과 직접 만나서 장차 아람의 왕이 되리라고 말해주지만 그때 기름을 부었다는 기록은 없다(왕하 8:7-15). 예후에 대한 기름부음은 엘리사의 제자가 시행한다(왕하 9:1-10). 분명히 기름부음을 받았을 것으로 예상할 수 있는 엘리야의 후계자 엘리사, 아람의 왕 하사엘에 대한 기름부음 기사는 생략되어 있다.

---

31 솔로몬에게 기름 부어 다윗의 후계자로 삼은 일의 병행구절 대상 29:22에서는 사독과 나단 선지자가 아니라 백성의 무리가 기름을 부었다고 기록한다. 또 이때 제사장 사독에게도 기름을 부어 제사장이 되게 했다고 한글 개역개정판 성경은 기록했다.

이와 연관하여 주목할 것은 유다의 마지막 왕 시드기야에 대한 기름부음이다. 그가 유다의 왕이 된 것은 침략국 바벨론의 일방적 전횡에 따른 것이다. 바벨론의 느부갓네살 왕은 당시 유다의 왕이던 여호야긴을 폐위하고 자의적으로 시드기야를 유다의 왕으로 세웠다. 이때 기름부음 의전이 행해졌다는 기록은 어디에도 없다. 기름부음 의식 없이 침략국에 의해 자의적으로 패망국의 왕을 교체했기 때문이다. 그리고 바벨론은 전쟁 패전국의 왕에게 관행적으로 행하는 잔혹한 처사를 시드기야에게 자행한다(왕하 24:17-18; 대하 36:10).[32]

망해가는 유다의 백성들이 이러한 시드기야를 언급한 대목이 있다. "야훼께서 기름 부어 세우신 왕, 우리의 숨결, 만국 가운데서 그 그늘 아래 깃들어 살리라 했는데 그마저 원수들의 함정에 빠져 잡히고 말았구나"(애 4:20 공동번역)라고 탄식한다. 여러 정황으로 볼 때 실제로 기름부음 의식은 없었지만 유다 백성은 시드기야를 하나님이 기름 부어 세운 왕으로 인정하고 있음을 보게 된다.[33]

괄목할 만한 일은 바사의 왕 고레스가 하나님의 기름부음 받은 자로 분명하게 밝혀진다는 점이다(사 45:1). 바사는 유다를 정복한 바벨론 제국의 후속 제국으로서 고레스는 이를테면 유다 정복국의 제왕이라 할 수도 있는 인물이다. 그럼에도 하나님은 그를 '나의 기름부음 받은 자'(마쉬아흐 מָשִׁיחַ)로 말씀하셨다. 하나님이 이렇게 선포하셨다고 이사야는 기록했으나, 지금까지의 전례에 따른 이스라엘의 기름부음 의전이 고레스

---

32 바벨론은 시드기야의 아들을 그의 목전에서 살해하고, 그의 두 눈을 뽑고, 사슬에 묶어 죽을 때까지 감옥에 가두었다. 시드기야가 이렇게 참혹한 일을 당한 것은, 선지자 예레미야가 바벨론에게 고분고분 하라는 충고를 무시한 것이 주된 원인이었다. 이는 결국 하나님께 불순종한 것이다.

33 G. E. Ladd, 『신약신학』, 신성종, 이한수 역 (서울: 대한기독교서회, 1984), 168.

에게 그대로 거행되었을 것이라고 예단하기는 어렵다.[34]

이외에도 성서의 기록상 기름부음 받은 자로 천명되는 인물은 두로의 왕(겔 28:14), 포로귀환을 이끈 스룹바벨과 당시의 대제사장 여호수아(슥 4:14)가 있다. 스룹바벨이나 여호수아에 대한 실제적 기름부음에 대해서도, 이쯤에서는 시드기야와 고레스의 경우를 상정하면서 그들의 기름부음 받음을 유추하는 것이 맞을 것이다. 이스라엘의 여호와 하나님 신앙의 역사에서 기름부음으로 세워지는 제사장, 왕, 선지자들은 무수히 많다. 구약성서는 이들이 모두 기름부음을 받음으로써 세워지는 직임이기 때문에 그렇게 했을 것이라는 개연성은 갖게 하지만, 실제 기름부음의 기록은 이들 몇몇의 인물들로 국한하고 있음은 장래에 기름부음의 관행이 어떻게 진전될 것인지에 대하여 숙고하게 한다.[35]

2) 기름부음 받은 자에 대한 인식

구약성서는 기름부음 받은 자들에 대한 이스라엘 사람들의 인식이 어떠했는지 잘 드러낸다. 제사장, 왕, 선지지로 기름부음을 받은 자에 대하여 이스라엘과 유다 사람들은 그 권위를 인정했다. 기름부음 받은 자의 정체성이나 지위와 관련하여 특별히 유의할 부분이, 왕과 달리 제사장, 선지자에 대한 언급은 구약성서에서 찾아보기 어렵다. 그러나 기름

---

34 하나님이 "기름부음 받은 고레스"(사 45:1)라고 선포하심은 모세로부터 시작된 이스라엘의 기름부음 의전에 대한 새로운 상황을 상정하게 한다. 관유나 감람유를 준비하여 뿔에 채워서 행하는 기름부음과 더불어 가시적인 기름부음은 없었지만 하나님이 인정하는 기름부음 받은 자가 가능한 시대의 도래를 수긍하게 한다.

35 초기의 가시적 기름부음이 후기로 가면서 영적으로 개념화하리라는 복선으로 이해할 수 있을 것이다.

부음 받은 왕의 예우나 그가 하나님으로부터 받은 신적 위상에 대한 서술은 다윗에 의해서 풍성하게 드러난다.

가장 먼저 사울이 다윗을 죽이기 위하여 추격하는 과정에서 다윗의 말을 통해서 드러난다. 다윗은 사울로부터 쫓기면서 사울에게 역습할 기회가 있었지만 그때마다, 하나님의 기름부음을 받은 자가 누려야 할 생명과 권한을 언급하면서 사울을 살려준다. 그리고 "여호와의 기름부음을 받은 내 주를 치는 것은 여호와께서 금하시는 것"(삼상 24:6)이라고 말한다. 여기서 하나님의 기름부음을 받은 자는 '기름부음을 받은 내 주'(라도니 리므쉬아흐, לאדני למשׁיח)로 격상된다. '내 주' 즉, 아돈(אדון)은 주, 주님(Lord), 주인(master), 소유주(owner)를 일컫는 단어로서 구약성서에 약 350여 회가 나오는 단어다.[36]

다윗은 기름부음 받은 자의 생명이 자기 손에 달렸을지라도 기름부음 받은 자의 생명을 아끼는 것이 옳다(삼상 24:10)고까지 말함으로써 기름부음 받은 자가 누려야 할 생명과 지위와 권한을 정의한다. 그리고 기름부음 받은 자의 생사여탈권은 전적으로 하나님께 있다고 선언한다(삼상 26:10-11).[37] 다윗은 선언할 뿐 아니라 행동으로도 보여준다. 사울이 길보아 전투에서 요나단을 비롯한 왕자들과 함께 전사한 이후 그 정보가 다윗에게 제보될 때, 한 아말렉 청년이 사울의 전사소식을 전한다. 그때 이 청년이 사울의 전사과정에 거짓을 보탠다. 적의 화살을 맞고 죽어가는 사울이 자신에게 목숨을 끊어달라고 부탁을 하기에 자신이 사울의 최후를 편안히 해 줬다고 말한다.

---

36 "주," 바이블렉스 9.0.
37 하나님은 기름부음 받은 자가 누리는 생명, 지위, 권한에 대하여 직접 말씀하지 않고 다윗의 신앙을 통하여 드러나도록 섭리하셨다.

다윗은 이 보고를 받고, "네가 어찌하여 손을 들어 여호와의 기름부음 받은 자 죽이기를 두려워하지 아니하였느냐"(삼하 1:14)고 힐책하면서 즉시 사형에 처했다. 다윗의 생각에 하나님의 기름부음을 받은 자의 생명은 전적으로 하나님께 맡겨야 한다는 것이었다. 이후 다윗은 자신이 하나님의 기름부음을 받아 이스라엘의 왕이 된 입장에서 기름부음 받은 자는 누구인가를 시편의 노래로서 대단히 풍성하게 드러낸다. 다윗의 시편은 하나님의 기름부음을 받은 자는 누구인지 신적인 개념을 잡을 수 있는 단서가 된다. 다윗은 기름부음을 받음이 무엇을 의미하는지 알고 있는 인물이었다.[38]

'기름부음 받은 자'를 이제 시로써 노래할 수 있게 되었다는 것은 '기름부음 받은 자'의 의미가 충분히 무르익었기 때문이다. 다윗은 자기가 받은 모든 은총이 기름부음 받은 자에게 하나님이 내리시는 은혜의 '기름부음'으로 집약하여 담대하게 노래하기 시작했다. 하나님은 기름 부어 자기 백성을 삼으시고, 그 기름부음 받은 자기 백성에게 은혜의 기름을 부어주신다. 이것이 기름부음의 시편이다. 기름부음 받지 못한 자는 감히 기름부음 받은 자에게 맞서 이기지 못한다.[39]

> **어찌하여 이방 나라들이 분노하며 민족들이 헛된 일을 꾸미는가 세상의 군왕들이 나서며 관원들이 서로 꾀하여 여호와와 그의 기름부음 받은 자를 대적하며**(시 2:1-2).

---

[38] Gerard Van Groningen, 『구약의 메시야 사상』, 유재원, 류호준 역 (서울: CLC, 1999), 331.
[39] 세상에서는 기름부음 받은 자들이 승리하지 못하는 듯해도 그것은 하나님 앞에서의 승부와는 무관하다.

이기지 못할 이방의 기름부음 없는 자들이 무익한 분노와 헛된 계략으로 기름부음 받은 자를 대적하니, 하나님이 비웃으신다.[40]

다윗은 스스로 기름부음 받은 자로서 평생을 사는 동안 자기의 잔(시 23:5)에 복이 넘치도록 부어주신 하나님을 노래했다. 이어서 시편 28편에서는 기름 부어 주시는 하나님을 나의 반석(1절), 나의 힘, 나의 방패(7절), 구원의 요새(8절), 영원토록 인도하시는 목자(9절)로 표현한다. 한편 8절에서는 "여호와는 그들의 힘이시오"라고 함으로써 해석상 기름부음 받은 자가 한 개인이라는 단수에서 복수가 된다. 여기서 '그들'은 택함을 받은 이스라엘 백성이다.[41]

사무엘하 22장과 병행을 이루는 시편 18편에서 다윗은 "여호와께서 그 왕에게 큰 구원을 주시며 기름부음 받은 자에게 인자를 베푸심이여 영원토록 다윗과 그 후손에게로다"(50절)라고 노래한다. 다윗은 '내가 기름부음 받은 자'라고 드러내면서 하나님이 기름부음 받은 자에게 베푸시는 많은 은총을 열거했다. 그리고 기름부음 받은 자에게 베푸시는 그 은혜가 "나와 내 자손에게 영원하기를 기원한다"는 간구를 "다윗과 그 후손에게로다"라고 읊었다. 이 대목에서 기름부음 받은 당사자 다윗이 시의 형식을 빌어 자신이 기름부음 받은 자라고 자기 이름을 밝히고, 그 다음에 기름부음 받은 나에게는 이러이러한 은혜를 누리게 된다고 노래한다. 또 한편 "다윗과 그 후손에게로다"라는 대목에서, 하나님은 기름부음 받은 다윗과 그 후손에게도 기름을 부어 기름부음 받은 자가 누릴

---

40 이 구절은 예수님의 사도들에게 의해서 "어찌하여 열방이 분노하며 족속들이 허사를 경영 하는고 세상의 군왕들이 나서며 관리들이 함께 모여 주와 그의 그리스도를 대적하도다"(행 4:25-26)로 인용되면서 기름부음 받은 자의 승전의 근원이 밝혀진다.

41 Geerhardus Vos, 『예수님의 자기 계시』, 이승구 역 (김포: 그나라 출판사, 2014), 140. 이 해석은 신약 시대에 가서 기름부음이 예수님뿐 아니라 성도에게 적용된다.

복을 주실 것이라고 다윗이 인지하고 노래한다.

여기서 하나님이 '인자를 베푸심'이 완벽하게 성취되는 때는 언제이며 그 후손은 누가 될까 하는 시적 소망의 관점이 있다. 기름부음을 받은 자에게 하나님이 베푸시는 인자(헤세드 חֶסֶד)는 다윗에게도 솔로몬에게도 완전하지 않았다. 그러나 하나님의 경륜에서는 전지전능함으로 인한 완전한 베푸심이 있을 것이라는 기대를 시적 여운으로 천명하고 있다.

기름부음 받은 자 다윗은 전쟁을 앞두고 기도를 빠뜨리지 않았다(삼하 7:5; 13:9; 대하 14:11). 시편에는 그 기도가 시가 되어 수록된다.

> 여호와께서 자기에게 기름부음 받은 자를 구원하시는 줄 이제 내가 아노니 그의 오른손의 구원하는 힘으로 그의 거룩한 하늘에서 그에게 응답하시리로다(시 20:6).[42]

기름부음을 받지 않은 세상 사람들은 전쟁에서 병거와 말을 의지하나 기름부음 받은 자는 하나님의 이름을 자랑한다. 무기에 의지하는 자들은 비틀거리며 엎드러지나 기름부음 받은 자는 여호와의 구원으로 언제나 바로 선다(시 20:7-8). 기름부음 받은 자는 전적으로 하나님을 의지한다.

다음은 유명한 안식의 시로 불리는 시편 23편의 말씀이다.

> 주께서 내 원수의 목전에서 내게 상을 차려 주시고 기름을 내

---

[42] 기름부음에서 기름을 부어주는 주체는 다윗에게 있어서 하나님이시다. 첫 번째는 사무엘, 두 번째는 유다지파 사람들, 세 번째는 이스라엘의 장로들이 자기에게 기름을 부었지만 궁극적으로 기름부음은 하나님이 행하시는 일이라는 것이 다윗의 믿음이었다.

머리에 부으셨으니 내 잔이 넘치나이다(시 23:5).

이 구절에서 문맥상으로 보면 "하나님이 내 머리에 부어주신 기름이 흘러내려 내 잔을 채우고 넘쳤다"고 볼 수 있다. 그러나 머리에 붓는 기름과 잔에 채워지는 기름은 같은 기름이 아니다. 머리에 붓는 기름은 셰멘(שֶׁמֶן)이고, 잔에 채워지는 기름은 하나님의 축복으로 상징되는 세 가지 곧, '곡식과 포도주와 기름'에서의 '축복의 기름'으로서 이츠하르(יִצְהָר)이다. 머리에 기름부음을 받음으로써 하나님의 백성에게는 삶이라는 잔 속에 축복의 기름이 채워진다. 이 두 기름의 차이를 엄격히 구별함에 실익이 크지 않다고 할 수도 있으나, 구별 없이 수용할 경우에는 기름부음이 자칫 오남용 될 여지가 있다.[43]

시편 18편에서 다윗이 "내가 기름부음 받은 자입니다!"라고 은총에 대한 확신을 선언했다면 시편 45편에서는 백성들이 기름부음 받은 왕 다윗을 칭송한다.

왕은 정의를 사랑하고 악을 미워하시니 그러므로 하나님 곧 왕의 하나님이 즐거움의 기름을 왕에게 부어 왕의 동료보다 뛰어나게 하셨나이다(시 45:7).

히브리서 기자는 여기서의 왕을 예수님으로 이해한다(히 1:8-9). 한편 포로귀환 이후부터는 시편 45편의 왕은 메시아, 신부는 이스라엘이라는

---

43 본서 제6장에서 보게 되겠지만, 오순절 운동에서 즐겨 사용하는 '성령의 기름부음'이라는 조어는 이에 대한 구분의 모호성으로 드러난다.

해석이 시작되었다.[44]

한편 기름부음 받은 자에게는 무조건적인 하나님의 은총으로 가득하기만 한 것은 아니다. 아무리 기름부음 받은 자라도 잘못에 대해서는 그에 상응하는 책임을 감당해야 한다. 다윗이 우리야의 아내 밧세바를 취했을 때, 하나님은 나단 선지자를 시켜 다윗을 책망함으로써 다윗이 회개하지만, 죄에 대한 책임은 준엄하게 묻는다(삼하 12:1-15). 다윗은 그 죄로 말미암은 하나님의 징계를 평생 동안 감당해야 했다. 기름부음 받은 자가 하나님 앞에 특별한 것은 맞지만, 특혜를 기대해서는 아니 됨을 보여준다.

3) 기름부음 받은 자로 올 자

구약성서에는 대단히 많은 기름, 기름부음, 기름부음 받은 자에 대한 기록이 있다. 그 가운데 기름부음 받아 하나님의 특별한 은총으로 하나님께 쓰임 받는 인물들이 등장하여 기름부음 받은 자의 삶을 보여주기도 한다. 그러나 구약성서에는 기름부음 받은 자들이 하나님의 뜻에 온전히 부합하지 못하고 실책과 죄악에 빠지기도 한다. 이런 현실에 대한 탄식의 시편이 있다.

시편 89편의 저자는 에스라인 에단이다. 그는 사무엘하 7장의 다윗 언약을 다윗이 기름부음을 받은 결과물로 해석한다. 하나님은 다윗을 찾아내어 자기의 거룩한 기름을 부으셨고(시 89:20), 그에게 언약의 축복을 선물로 주셨다고 기록한다. 하나님은 기름을 부어 주고 나서 "그가

---

[44] 오픈성경편찬위원회 편, 『오픈성경』 (서울: 아가페출판사, 1988), 834. 한편 포로기 이후의 묵시 사상은 본서 제2장을 참조하라.

내게 부르기를 주는 나의 아버지시요 나의 하나님이시요"(26절), "내가 또 그를 장자로 삼고"(27절), "그를 위하여 나의 인자함을 영원히 지키고 그와 맺은 언약을 굳게 세우며"(28절)를 열거하면서 다윗 언약 내용을 되새기고 있다. 그러나 시편의 저자가 생존한 당대의 현실은 기대와는 달리, 주께서 주의 기름부음 받은 자에게 노하사 물리치셔서 버리셨으며(38절), 주의 종의 언약을 미워하사 그의 관을 땅에 던져 욕되게 하셨으며(39절), 그의 모든 울타리를 파괴하시며 그 요새를 무너뜨리셨다(40절).

시인은 자신이 처한 현실을 위와 같이 해석하면서 탄식했다. 이로 인해 주의 기름부음 받은 자가 세상으로부터 비방을 받고 있다고 밝힌다(51절). 이를 두고 기름부음을 받은 다윗의 후손들이 쇠락하여 기름부음 받지 못한 자같이 되었는데 "주의 성실하심으로 다윗에게 맹세하신 그 전의 인자하심이 어디 있나이까"(49절)라고 부르짖으면서도 "여호와를 영원히 찬송할지어다 아멘 아멘"(52절)으로써 시를 맺는다.

사무엘하 9장 1-13절에서 다윗이 "은총을 베풀리라"는 말을 세 번 반복하면서 요나단의 아들 므비보셋에게 은총을 베푸는 장면, 특히 3절에서는 "내가 그 사람에게 하나님의 은총을 베풀고자 하노라"고 하는 대목에서 기름부음 받은 자는 기름부음 받음의 모든 것을 다하여 은혜 베풂의 자리로 나아가야 함의 단서를 보았지만[45] 다윗 역시 인간으로서의 한계를 벗어날 수는 없었다. 더욱이 그의 후손으로 이어지는 왕들의 죄악과 타락상은 백성들의 삶을 피폐하게 만들었다. 하나님은 기름부음을 통하여 획기적인 은혜를 주시고자 하나 다윗의 후손들은 하나님의 섭리와 경륜을 온전히 깨닫지 못할 뿐더러, 그로 인해 하나님이 주시는 풍성

---

[45] 기름부음 받음은 기름 부어 줌으로 나아가야 한다.

함을 누리지도 못한다.

　이런 현실은 이스라엘 자손들로 하여금 진정한 기름부음 받은 자에 대한 새로운 소망을 품도록 했다. 구약성서에서는 기름부음 받은 자들이 하나님으로부터 쓰임을 받기는 하지만, 백성들의 삶의 자리는 여전히 구원을 희구하는 자리에서 벗어나지 못했다. 기름부음 받은 자들이 다스리는 중에도 하나님의 백성들에게 필요한 것은 여전히 구원이었다. 이런 현실을 바탕으로 선지자들이 구원의 날을 예고하면서 진정한 기름부음 받은 자에 대한 새 소망 즉, '구약의 메시아 사상'의 싹을 틔워나 간다.[46]

　구약에서의 메시아 사상은 오경에서부터 언급이 되어져 왔다(창 3:15; 신 18:15). 이후 기름부음이 여호와 하나님 신앙의 제의에 정식으로 채택이 되고, 사무엘이 사울에게 기름을 붓기 이전의 언급(삿 9:7-15; 삼상 2:10)에 이어 왕과 선지자도 기름부음으로 세워졌다. 그러나 이렇게 언급된 구약의 메시아 사상과 구약의 역사 속에서 실제 기름부음을 받고 제사장, 왕, 선지자로 세워진 인물들과의 괴리는 여전히 존재하고 있었다.

　구약에서 실제 기름부음을 받은 자들과 '구약의 메시아 사상'이 지향하는 '메시아' 사이에는 간극이 있기 때문에 구약에서 실제 기름부음을 받은 자들은 메시아 사상이 지향하는 '메시아'의 예표로서의 의미에 머물게 된다. 이는 구약성서 안에서 기름부음 받은 자를 지칭하는 단어 마쉬아흐(מָשִׁיחַ)가 오늘날 우리가 인식하는 메시아를 지칭하는 뜻으로 쓰인

---

[46] 이 주제는 구약신학에 있어서 대단히 큰 물줄기이다. 신학자들이 이 소망을 '구약의 기독론'(E. W. Hengstenberg), '구약의 메시아 사상'(G. V. Groningen)이라는 주제로서 저술했다.

경우가 한 번도 없다[47]는 사실과 무관하지 않아 보인다.

이런 정황 가운데 구약에 드러난 메시아 사상을 선지서를 중심으로 살펴봄으로써, 기름부음 받은 자들의 사역의 실상과 함께 '기름부음 받고 올 자'에 대하여 더욱 자세히 짚어보고자 한다. 자기 활동을 정경으로 남긴 선지자들 대부분은 오실 메시아에 대한 언급을 했지만, 여기서는 이사야와 다니엘의 메시아 언급을 보고자 한다.

이사야는 전편에 걸쳐서 기름부음 받음으로 올 자에 대한 예언들이 대단히 풍성하다. 그 중에도 61장 1절로 3절에서 기름부음 받은 자에 대한 언설은 절정을 이룬다.

> 주 여호와의 영이 내게 내리셨으니 이는 여호와께서 내게 기름을 부으사(사 61:1a).

여기서는 두 가지에 주목할 필요가 있다. 이 연구의 주제로서 '기름부음 받음'이 여기에서 하나님의 영이 내림으로 확장되고 있음을 보게 된다. 그래서 존 왓츠(John D. W. Watts)는 이 대목의 기름은 지금까지의 종교 의식에 사용되는 실제적 기름보다는 성령과 더 관계가 있다고 주장한다.[48]

이사야는 가시적이며 물리적인 기름부음이 여호와 하나님을 신앙함에 있어서 새로운 차원으로 넓혀가고 있음을 시사한다. 이는 이사야 11장 1-2절에서의 선포와 자연스럽게 연관을 짓게 한다.

---

47 Groningen, 『구약의 메시야 사상』, 16-23.
48 John D. W. Watts, 『WBC 주석: 이사야 34-66』, 강철성 역 (서울: 도서출판 솔로몬, 2002), 482.

> **이새의 줄기에서 한 싹이 나며 그 뿌리에서 한 가지가 나서 결실할 것이요 그의 위에 여호와의 영 곧 지혜와 총명의 영이요 모략과 재능의 영이요 지식과 여호와를 경외하는 영이 강림하시리니**(사 11:1-2).

물론 사울과 다윗이 기름부음을 받을 때에도 하나님의 영이 임하였지만(삼상 10:10; 16:13), 이사야는 그 영의 실체를 보다 분명히 한다.[49]

이사야의 이 선포는 기름부음 받음으로서 행하게 되는 지금까지의 제사장, 왕, 선지자의 직무를 재고하도록 요청한다. "가난한 자에게 아름다운 소식을 전하게 하려 하심이라 나를 보내사 마음이 상한 자를 고치며 포로된 자에게 자유를, 갇힌 자에게 놓임을 선포하며"(사 61:1b)라는 수사적 표현은 기존의 기름부음 삼중직에 해당하는 직책의 임무 수행을 뛰어넘는 것이기 때문이다. 역시 이사야 11장 6-9절에서 '이리가 어린 양과 함께 살고, 젖 먹이가 독사의 구멍에서 장난하는 세상'은 기존의 제사장, 왕, 선지자의 직무를 초월한다.

> **무릇 슬퍼하는 자에게 화관을 주어 그 재를 대신하며 기쁨의 기름으로 그 슬픔을 대신하며**(사 61:3a).

여기에서는 이스라엘의 장례 풍습을 연상하게 한다. 극한 슬픔을 당했을 때 이스라엘 사람들은 옷을 찢고 티끌과 재를 머리 위로 집어던져

---

49 이 연구에서는 기름부음이 성령강림일 수 있다는 주제에까지 나가는 것은 연구의 범위를 벗어나는 것으로 보고, 기름, 기름부음, 기름부음 받은 자로 한정하면서 연구를 진행하고자 한다.

서 뒤집어썼다. 그러나 여기서는 기름부음 받은 자는 기쁨의 기름으로 재를 대신하여 그의 머리 위에 붓는다. 이 일을 능히 할 자가 '기름부음 받음으로 올 자'이다.

다니엘서는 포로기 이후에 쓰여진 책이라는 점을 감안했을 때, 다니엘이 활동한 때는 시기적으로 예수 그리스도의 탄생에 매우 근접해 있는 때였다. 다니엘은 9장에서 통회하고 자복하면서(단 9:40) 기도하는데, 환상 중에 천사 가브리엘이 현현하여 다니엘에게 가르치며 지혜와 총명으로 깨닫게 한다(단 9:21-23).

> 네 백성과 네 거룩한 성을 위하여 일흔 이레를 기한으로 정하였나니 허물이 그치며 죄가 끝나며 죄악이 용서되며 영원한 의가 드러나며 환상과 예언이 응하며 또 지극히 거룩한 이가 기름부음을 받으리라(단 9:24).

포로기 이후 예루살렘은 피폐한 상태였다. 그러나 하나님이 정한 것이 소진될 때까지는 파괴가 계속 이어질 것이었다.[50] 이렇게 암울한 상태에서 다니엘이 기도할 때에 천사 가브리엘이 나타났다.[51] 가브리엘은 다니엘이 보았던 이상을 해석해준다. 이때 가브리엘이 '기름부음 받은 자'를 언급한다.

천사 가브리엘은 '기름부음 받은 자'로 올 메시아의 멀지않은 도래에

---

[50] John E. Goldingay, 『WBC 주석: 다니엘』, 채천석 역 (서울: 도서출판 솔로몬, 2008), 446.

[51] 가브리엘 천사는 머잖아 예수님의 모친 마리아에 현현하여 수태고지를 한다(눅 1:26-38).

대해서 말하는데, 그가 말하는 "일흔 이레"(단 9:24), "일곱이레와 예순두 이레"(단 9:25-26)는 포로기 이후 다니엘의 시대로부터 예수 그리스도의 탄생에 이르는 기간을 지칭할 가능성이 많지만, 이에 대한 해석은 논란이 적지 않다. 이사야가 기름부음 받은 자의 사명을 선포함으로써 오실 메시아의 성격을 고지하였다면(사 61:1-3), 가브리엘은 다니엘 9장에서 "지극히 거룩한 이가 기름부음을 받으리라"(단 9:24)고 함으로써, "지극히 거룩한 자"로 확정한다. 구약성서에 나오는 인물로서 지금까지 기름부음을 받은 자들은 '지극히 거룩한 자'는 아니었다. 단지 지도력을 갖추었거나 제사장 가문 출신이거나 혹은 왕의 후손이었기 때문에, 그리고 하나님이 특별히 지목하여 자기의 말씀을 대언할 자로 세워진 자들이 기름부음을 받아왔다. 이에 견준다면 가브리엘 천사가 말하는 '지극히 거룩한 자'에 대한 기대는 지금까지와는 차원을 달리한다. 하나님의 기름부음의 경륜은 이 거룩한 자로서 정점에 달할 것이다.

이후부터는 기름을 붓거나 기름부음을 받는 일에 대한 새로운 이해와 새로운 해석이 필요하리라는 것이 자명해졌다. 이후로 이사야를 비롯한 많은 선지자들이 선포했던 기름부음 받은 자, 다니엘에게 가브리엘 천사가 가르친 거룩한 기름부음 받은 자가 정작 어떻게 도래하는지 구약성서와 함께 이스라엘의 역사는 '메시아'에 대한 기대를 품게 한다.

제3장

이스라엘의 메시아 사상

앞에서 구약성서의 기름, 기름부음, 기름부음 받은 자 그리고 기름부음 받음으로 올 자를 주제로 하여 구약성서를 탐구했다. 구약성서의 연대기에 따르면 먼저 피조물로서의 기름이 등장하고, 기름부음 문화가 생성하여 정착한 다음, 이스라엘의 여호와 하나님 신앙에 기름부음 받은 자가 중요하게 등장한다.

이러한 시대의 흐름을 게라르드 반 그로닝겐(Gerard Van Groningen)이 구분한 선지자들의 활동 시기[1]와 맞추어 볼 때, 기름부음 받은 자에 대한 개념은 '비정경 시대'를 통하여 시가서 기자와 비정경 선지자들에 의해서 보다 확고히 정립이 되고, 기름부음 받음으로 올 자 즉, 메시아 사상은 정경 시대 정경 선지자들의 선포에 의해서 뚜렷하게 윤곽을 드러냈다.

앞 장에서는 이사야와 다니엘을 중심으로 메시아 사상이 보다 구체적

---

[1] Groningen, 『구약의 메시야 사상』, 492. Groningen은 선지자들의 활동시기를 첫째, 모세 이전 시대, 둘째, 모세 시대, 셋째, 비정경 시대, 넷째, 정경 시대로 구분한다.

으로 드러남을 보았다. 이러한 메시아 사상은 이 연구와 결부되어 나타나는 가장 중요한 사상이다. 메시아 사상은 하나님이 자기의 기름부음 받은 자 즉, 메시아로 하여금 궁극적인 구원을 성취하신다는 사상이기 때문이다. 히브리어 메시아(מָשִׁיחַ 마쉬아흐)는 형용사로서 '기름부음을 받은'이라는 뜻이다. 마쉬아흐(מָשִׁיחַ)의 동사형은 마샤흐(מָשַׁח)로서 구약성서에서는 '기름 따위를 붓다' 또는 '바르다'로 두루 쓰였지만, 구약에서 마쉬아흐(מָשִׁיחַ)는 오늘날 우리가 이해하는 메시아를 지칭하는 의미로 처음부터 쓰인 단어는 아니었다. 그러나 구약성서가 기록되는 역사의 흐름 속에서 점차 메시아 개념으로 발전해 오다가, 마쉬아흐(מָשִׁיחַ)라는 용어가 '기름부음 받은 자'와 '기름부음 받은 자의 사역'을 지칭하게 되었다.[2]

'메시아'의 어원이 단순하지 않듯이, 메시아 사상 역시 어느 한 시점에서 완결되어 그 사상이 점차 실현되는 예언의 모습으로 이해되지는 않는다. 메시아 사상은 이스라엘 역사에 노정되는 혼란과 핍박의 역사적 기간을 거치면서 복잡다기한 양상을 드러내는 가운데 발전된 개념이다.[3] 어쨌든 메시아 사상에서 '메시아'는 '기름부음 받은 자' 및 '기름부음 받은 자의 사역'으로써 이 연구에서 가장 중요하게 취급되어야 할 사상이다. 이 장에서는 하나님이 기름부음 받은 자로서 구원의 경륜을 펼쳐나가는 과정을 소상히 살펴보면서 주제에 접근을 시도한다.

하나님은 사람들의 죄 문제 해결을 통한 구원의 과업을 위하여 언젠가는 염소와 송아지의 피로 하지 아니하고 '어떤 한 사람'의 피로 영원한 속죄를 이루도록 하여 단번에 하나님의 처소에 들어올 수 있도록 하

---

2 Ibid., 16–23.
3 엄원식, 『구약신학』 (대전: 침례신학대학교출판부, 2002), 307.

려는 계획을 갖고 계셨다(히 9:12). 여기서 '어떤 한 사람'을 하나님은 '기름부음 받은 자' 곧, 메시아로서 보내고자 하셨다. 하나님의 이 계획에서 가장 중요한 것은 하나님이 기름 부어 보낸 자와 대면하게 될 이 땅의 사람들이 그를, 하나님이 온당하게 보내신 참 구원의 주로 믿고 영접할 것인가이다.

하나님이 뜻을 펴시는데, 그 뜻을 하나님의 의도에 적합하게 해석하고 하나님이 원하시는 바대로 수용하여 진리로 믿고 순종하여야 할 대상인 사람들은 절대자의 조작에 따른 기계적 속성을 가진 피조물이 아니고, 자유의지를 가진 인격체로서 창조주와 인격적으로 교제할 수 있는 유일한 피조물이다. 하나님은 이들을 향한 모든 통치에 있어서 결코 강압하지 않는다. 자기가 부여한 자유의지를 통하여 대화하기를 바라고 기다리신다.

하나의 완전한 인격체인 사람들에게 하나님은 자기를 드러내고 자기의 계획을 시행함에 있어서 하나님이 구사하는 방식의 특성 중 한 가지가 사람들의 사고와 행동 양식이라 할 수 있는 문화를 존중하면서 접근하신다는 점이다. 다시 말해 하나님이 발신하는 하나님의 의중이 도달하고자 하는 수신자들의 문화에 호소한다는 뜻이다. 정리하자면 하나님은 수신자 문화에 어긋나지 않도록 자기의 뜻을 수신자에게 발신하신다.

하나님이 수신자 문화를 대단히 존중하는 모습은 성경 전편에 두루 나타난다. 성경 속의 특정한 인물들에게 하나님이 계시하여 하시는 말씀을 듣는 자들은 그 뜻을 대부분 이해할 수 있었다. 이를테면 하나님이 노아에게 방주를 만들라고 명하실 때 노아는 방주에 대해 이미 알고 있

었고, 당시 사람들은 물 위에 방주를 띄우는 문화를 갖고 있었다.[4]

하나님이 시내 산에서 모세에게 율법을 수여하실 때 모세는 이미 율법이 무엇인지 알고 있었다.[5] 그는 고대 근동 여러 민족 공동체들 가운데 있는 여러 가지 법들에 대해 익히 알고 있었으며 특별히 애굽의 문화와 법에 정통했기 때문에 하나님이 율법을 주실 때, 법을 하사하시는 하나님과 하나님이 새겨 주시는 율법 조문의 뜻을 능히 이해하고, 하나님이 말씀하시는 바를 헤아릴 수 있었다.[6]

하나님이 인간의 죄 문제를 "한 번의 제사로 영원히 온전하게"(히 10:14) 하기 위하여 메시아 곧, 기름부음 받은 자로서 경륜을 펼치시겠다는 계획은 여러 가지 문화적인 문제를 야기할 수 있다. 기름이 뜻하는 바 그 의미로부터 시작하여 기름을 사람이나 물체 위에 붓고, 바르고, 뿌리는 양식의 문화적 바탕이 없는 발신자의 메시지가 수신자에게 충분히 전달되기 어려울 것이다. 기름을 붓고 바르고 뿌리는 행습이 워낙 독특하기 때문이다. 그럼에도 하나님은 그 방식으로 하셨기 때문에 이 연구의 주제인 성서적 기름부음의 신학적 재고와 현대 목회적 적용에의 접근법은 수신자 문화와 발신자로서 수신자 문화를 존중하는 하나님의 속성 차원으로 다가가는 것이 가장 합리적이라고 여긴다.[7] 기름부음 받은 자 섭리가 오늘날 죄인 구원의 유일한 길임이 증명되기 위해서도 이

---

4 Wenham, 『WBC 주석 창세기 1–15』, 342.

5 "율법,"『아가페 성경사전』.

6 하나님은 이 땅에 없는 전혀 생소한 것을 새롭게 시작함으로써 자기 경륜을 펴시지 않고, 인류가 이미 형성하고 있는 여러 문화 가운데서 구별하여 자기 백성에게 추천하고 그것을 지키도록 하는 방법으로써 경륜을 펴신다. 성경에 나타나는 하나님이 구별하여 지키도록 한 것들은 '세계 최초의 것'이 아니다. 이미 있는 문화 중에서 하나님이 구별하여 주신 것들이다. 곧 거룩한 것들이 성서 안에 있다.

7 Krafft, 『기독교와 문화』, 27–8.

러한 접근법이 타당하다고 할 것이다.

기름부음 받은 자는 히브리어로 메시아(마쉬아흐 מָשִׁיחַ)[8]이다. 이 장에서는 메시아 사상의 태동, 메시아 사상의 발전, 묵시적 관점, 구약 속의 메시아 그리고 메시아 사상의 한계와 메시아 예수를 주제로 연구를 전개할 터인데, 이는 발신자 하나님이 보내신 메시지가 수신자에게 도달하는 경로가 수신자 문화에 의지하여 수신자에게 도달하게 되는 하나님의 전달법 중에서도 가장 큰 사건이라는 관점을 지니면서 연구하려는 입장이다.

1. 메시아 사상의 전조

메시아 사상을 창조주 하나님이 수신자인 인간들에게 발신한 때에 대한 기록은 하나님께서 아담과 하와의 타락을 부추긴 뱀에게 "여자의 후손은 네 머리를 상하게 할 것이요 너는 그의 발꿈치를 상하게 할 것이니라"(창 3:15)고 하심에서 처음 드러난다. 이 말씀은 하나님께서 '여자의 후손'으로 메시아를 보낼 것을 천명하신 것이다. 하나님의 이 메시지가 수신자인 사람들에게 어떻게 어떤 경로를 거쳐서 어느 때에 도달하는지는 대단히 흥미롭다.

하나님이 발신한 여자의 후손(창 3:15)을 필두로 하여 구약에 나타나는 일련의 메시지[9]가 수신자인 인류에게 "아 이것이 하나님의 기름부음 받

---

[8] "메시아," 바이블렉스 9.0.

[9] E. W. Hengstenberg, 『구약의 기독론』, 원광연 역 (서울: 크리스챤 다이제스트, 1997); Gerard Van Groningen, 『구약의 메시야 사상』, 유재원, 류호준 역 (서울: CLC, 1999) 외

은 자 곧, 메시아에 대한 기호였다"라고 확인한 시기를 가장 빠르게 잡아도 B.C. 6세기의 바벨론 유수 이후로 보는 것이 옳다고 생각한다. 고든 웬함(Gorden J. Wenham)은 B.C. 3세기의 칠십인역, 팔레스틴 탈굼들과 탈굼 옹켈로스에서, 창세기 3장의 뱀을 사탄의 상징으로 받아들이고 메시아의 날들에 있을 사탄에 대한 승리로 해석하고 있는데, 바로 이 B.C. 3세기의 해석이, 유대인들이 여자의 후손을 메시아로 이해한 가장 오래된 기록이라고 주장한다.[10]

B.C. 586년 유다가 멸망하기 이전에는 이스라엘 민족에게서 메시아 사상 혹은 메시아 대망을 발견하기는 쉽지 않다. 물론 이사야나 미가 아모스 등 8세기 선지자들이 메시아 대망을 이미 선포했지만 그 선포들을 오늘날 우리가 이해하는 실질적인 메시아 사상으로 이스라엘 백성들이 인식하기까지에는 B.C. 6세기의 바벨론 유수라는 역사적 사건이 그들 앞에 가로놓여 있었기 때문이다.

바벨론 유수 이전 유다는 당시 근동지역의 이방민족들과 다를 바 없이 이 땅에서의 평안을 얻고자, 하나님께 왕의 제도를 강력히 주청하여 허락을 받고, 다른 나라들처럼 하나님이 아닌 인간 왕을 세워서 안녕을 도모했다(삼상 8:4-22). 아직 그들에게는 종말론적 개념도 없었다. 평강의 하나님이 역할을 해주심에 있어서 단지 현세에서 하나님이 지도자를 세우고, 하나님께서 그 지도자가 백성을 다스리는 나라를 꿈꾸며 실현하고자 했을 뿐이다. 그러한 차원에서 사무엘을 통하여 왕의 제도를 허락받은 이스라엘은, 기름부음을 받은 제사장과 왕과 선지자들이 이끌어

오늘날 '구약의 기독론'이라는 신학적 주제로 밝혀지는 모든 내용은 사실상 하나님이 발신한 메시아의 메시지들이다.

10 Wenham, 『WBC 주석: 창세기 1-15』, 203.

가는 나라로 발전해간다.

　기름 부어 세워지는 세 직위는 제사장, 왕, 선지자로서 제사장은 백성을 대표하여 하나님 앞에 나아가 제사를 집전하는 임무를 맡았다. 왕은 하나님의 기름 부으심으로 세워진 권위로써 백성을 통치하고 외적을 막아내며 나라를 이끌었다. 이스라엘에서 왕이라는 존재는 백성의 진정한 목자가 되고, 하나님을 대신하여 행동하는 존재로 인식되었다.[11] 선지자는 하나님의 말씀을 듣고 하나님을 대신하여 백성들에게 하나님의 말씀을 전하는 사자로서 수임을 했다. 이스라엘 백성은 이러한 체계 속에서 안정을 추구함이 곧, 하나님이 자기 백성에게 주시는 평안이라고 여겼다.

　이러한 중에 이스라엘의 첫 번째 왕 사울에 이은 두 번째 왕으로 다윗이 재임할 때, 하나님은 이른 바 '다윗 언약'으로 지칭되는 왕조계약을 다윗에게 해주신다.[12] 이 언약에 대하여 이스라엘 민족은 하나님이 주시는 평안은 오직 다윗 계통의 왕국만이 유일하다는 지상적 낙원의 개념으로 해석했다. 이들에게 메시아 사상 혹은 메시아 대망이란 개념이 아직은 성숙하지 않았다. 단지 다윗과 솔로몬 이후 분열된 왕국의 현실에서 남조 유다 백성들은, 하나님의 기름부음을 받은 왕으로서 이상적인 모형 즉, 백성의 진정한 목자가 되며 하나님을 대신하여 행동하는 왕이라는 모델이 실현되지 못함을 안타까워하며 통탄할 뿐이었다.

　왕들은 말과 아내를 많이 두었고 백성들 위에 교만하게 군림하였으며, 하나님의 계명으로부터 이탈하기 일쑤였다.[13] 어떤 왕이라 할지라도

---

[11] "메시아," 『기독교대백과사전』, 20. 참조 렘 23:2, 5; 사 40:11.
[12] 삼하 7:8-17(병행구절, 대상 17:7-15).
[13] "메시아," 『기독교대백과사전』, 20.

그가 인간인 한에 있어서는 유다 백성의 뇌리에 이미 새겨진 이상적인 왕의 상에 부합할 수 없음을 확인하게 되면서, 하나님이 발신한 메시아 사상은 서서히 다가오고 있었다.

인간 왕들의 어리석음과 폭정 아래 메시아 사상에 서서히 눈 뜨기 시작하는 유다 백성들이 각골난망하여 주목할 수밖에 없는 것이 사무엘하 7장 14-15절의 다윗 언약이었다. 하나님께서는 다윗의 후손이 영원히 왕위에 앉게 될 것이며 그 후손 중 일부가 설혹 충성되지 못하더라도 하나님께서는 결코 이 계약을 취소하지 않으실 것을 언약해주셨기 때문이다. 이 공약은 아모스, 호세아, 미가, 이사야의 일부 구절에 의해 근본적으로 새로운 의미를 갖게 되었다. 이 예언자들은 평화로운 미래에 이스라엘을 다스릴 온전하고 의로운 왕을 꿈꾸고 고대했다.

현실에서는 하나님께 대한 왕들의 불충이 만연했고, 경제적 사회적 불평등으로 인한 고난이 극에 달하고, 외부의 침입자들은 백성을 포로로 끌어가고 나라를 황폐화시키는 제국주의의 위협에 직면하고 있었다. 그럼에도 유다 백성들은 완전한 왕, 완전한 사회, 국제간의 완전한 평화와 하나님과 피조물 사이의 온전한 조화에 대한 꿈을 놓지 않았다.[14]

선지자들과 백성들의 이 꿈은 점차 메시아 사상으로 발전하게 된다. 그러므로 구약 속에는 메시아 신학은 있을지라도 유다 백성들의 메시아 신앙을 발견하기는 쉽지 않다. 『기독교대백과사전』은 오경에서는 메시아 신앙을 전혀 발견할 수 없고, 역사서, 예언서, 성문서들에서 암시될

---

14 Ibid., 32. 이사야와 아모스, 예레미야와 에스겔 선지자는 이러한 이상향을 칼은 쳐서 보습이 되고, 사자가 새끼 양과 함께 누우며 공평, 의, 자비와 여호와를 아는 지식이 온 누리에 가득할 것이며 이새의 줄기에서 나온 한 싹이 기묘자, 모사, 전능하신 하나님, 영존하시는 아버지, 평강의 왕으로 오실 것으로 선포했다(사 2:1-4; 9:2-7; 11:1-9; 암 9:11; 렘 33:14-22; 겔 37:24-28).

뿐이며 "이 사상은 하스모네 왕가 시대까지 유대교 기록에서 동면상태에 있다가 헤롯의 죽음(BC 4년) 이후 로마 통치 하의 격동기에 만발했을 뿐이다"라고 적절하게 서술하고 있다.[15]

하나님은 죄를 지닌 인간 왕에 의한 통치로서는 하나님의 나라가 이루어질 수 없음을 알고 계셨지만 사람들은 그렇지 않았다. 이스라엘 백성들 눈에는 이방 나라 왕들이 자기 왕국을 지켜내는 듯한 겉모습만을 보고 부러워했다. 그리고 자기들의 힘과 노력으로 평안을 쟁취하고 누릴 수 있다고 자신만만했다. 이런 인간의 교만이 있는 한 그들에게 '하나님의 기름부음 받은 자' 메시지는 도달할 수 없었다. 하나님의 메시지는 수취인의 교만의 꺼풀이 벗겨진 뒤에라야 수신될 수 있었다. 인간의 교만이 벗겨지기 위해서는 엄청난 역사의 소용돌이를 경험하지 않으면 안 되었다. 하나님의 발신 기호가 인류에게 바르게 도착하려면 필연적으로 인류가 질곡과 고난으로 점철되는 역사의 수레바퀴 궤적을 따르지 않고는 불가능했다.

그 역사의 궤적은 왕은 부패하고 외적은 날로 강해지며 관리는 착취하여 백성의 삶이 피폐해질 대로 피폐해져 나중에는 제국에 흡수되어 나라는 풍비박산이 나고, 백성은 포로로 잡혀가는 철저한 깨어짐의 역사였다. 그 역사 이후에야 하나님의 '메시아 편지'는 수취인에게 바르게 도착할 수 있다.

이스라엘은 철저한 파산과 함께 자칫하면 하나님을 향한 신학은 물론 신앙까지도 사라질 위기를 경험한다. B.C. 722년 북조 이스라엘의 멸망에 이어 B.C. 586년 남조 유다가 바벨론 제국에 의해 멸망을 당하고

---

15 "메시아," 『기독교대백과사전』, 32.

말았다. 대개 그러한 경험을 한 민족들은 산산히 부서져 역사의 뒤안길로 민족 자체가 이름과 함께 사라지곤 했다. 그러나 이스라엘은 살아남았다.

바벨론 유수를 경험하면서까지 이스라엘과 이스라엘 신학, 이스라엘의 신앙이 명맥을 이어나가고, 이런 정황에서 하나님의 메시아 메시지가 비로소 이스라엘 민족의 품에 안착하는데, 그렇게 되기까지에는 상당한 이유가 있었다. 그것은 바벨론의 이스라엘 정복에 스며있는 하나님의 뜻을 예레미야와 에스겔이 정확하게 선포했기 때문이다. 바벨론의 유다 정복은 하나님의 유다 유기가 아니라 바벨론을 정죄의 도구로 사용하여 유다의 죄를 심판하는 것이라는 두 선지자의 선언이 있었다.[16]

예레미야는 유다의 파멸이 예정되어 있다는 것과 그 파멸은 유다가 하나님을 거역한 불순종에 대한 심판이라는 것을 온 생애에 걸쳐서 갖은 핍박 속에서 선포했다. 제사장 가문에서 태어난 예레미야는 유다가 여호와를 버림에 대한 통절한 심판의 도구가 바벨론이며 이는 유다가 자초한 일이라는 하나님의 말씀을 전했다. 예레미야의 직설적인 이 선포는 유다 왕은 물론 온 백성의 미움을 샀다. 멸시와 조롱을 당하고 추방되기도 했으며 살해의 위험도 겪었다. 통상의 신학적 관점에서 보면 하나님이 지정한 시온의 파멸을 공공연하게 거론한다는 것은 역설적으로 신성 모독죄가 된다.

예레미야의 독설에 의하면 하나님은 다윗 언약을 스스로 파기한 셈이 된다. 선지자만이 아는 하나님의 섭리요 하나님의 음성이라지만, 정작 파멸되어 가는 조국의 현실 앞에서 이렇게 망하는 것이 하나님의 뜻

---

16 John Bright, 『이스라엘의 역사』, 엄성옥 역 (서울: 도서출판 은성, 2002), 421.

이라고 외치는 예레미야 자신도 그 외침을 당장 그만두고 싶었지만 속에서 꿈틀거리며 치솟아 오르는 하나님의 말씀을 발설하지 않고는 견딜 수 없었다. 그의 이러한 선포는 적국인 바벨론에게는 이롭게 보였다. 그 때문에 바벨론은 토굴 속에 갇힌 예레미야를 자기편으로 인정하여 구해 주고 유다에 남든지 바벨론으로 가든지 택일할 수 있도록 배려하기도 했다(렘 39:11-14).

예레미야와 동시대에 활동한 에스겔도 포로로 붙잡혀간 바벨론 땅에서 예레미야와 일맥상통하는 메시지를 선포했다. 유다의 파멸은 하나님의 공의로운 심판이므로 받아들이고 유배지에서 적응하며 살아남기를 주문했다. 예레미야와 에스겔의 활동으로 패망한 나라의 패잔병이요 포로가 된 이스라엘 백성들은 하나님 신학과 하나님 신앙의 끈을 놓치지 않을 수 있었다. 민족의 재난을 여호와의 주권적이고 공의로운 심판이라고 선언함으로써, 나라가 파멸에 이르렀음에도 포로로 쫓겨 간 지역에서 백성의 신앙이 파괴되는 것을 막을 수 있었다.

예레미야와 에스겔의 선포는 국가를 향한 것이었지만 이에 귀 기울인 사람들로 하여금 국가의 제도와 정책을 공박하는 하나님의 말씀을 지지하도록 함으로써 이러한 부류의 사람들로 이루어지는 새로운 성격의 공동체를 낳게 했다.[17] 바로 이 공동체에 주목할 필요가 있다. 북조 이스라엘의 멸망에 이어 남조 유다가 멸망당한 이후 하스몬 왕조가 발흥하기까지 대략 400여 년 동안 유다 민족은 유랑민으로 지내게 되는데, 이 긴 세월에도 하나님의 신앙 공동체로 유다 민족이 명맥을 이어간다.

이스라엘이 모세와 같은 걸출한 지도자도 없고, 하나님이 기름 부어

---

[17] Ibid., 421-7.

세운 왕도 없이 공동체가 지속되는데, 이렇게 될 수 있었던 원인은 예레미야와 에스겔의 지대한 공로라고 할 수 있지만, 나라 없이도 하나님의 말씀을 지지하는 새로운 공동체의 탄생이라는 관점으로 역사를 읽어낼 수 있다. 이 공동체 앞에 놓인 암울한 시대가 메시아 사상이 발아하고 자라가는 토양이 되었음은 이채롭다.

2. 메시아 사상의 태동

이 논문의 주제는 기름부음 받은 자이다. 여기서 이 주제를 상기하는 것은 바벨론 포로기 이후 기름부음 받은 자들의 삶에 극적인 전환이 기다리고 있었기 때문이다. 기름부음으로 세워지는 직위는 제사장, 왕, 선지자의 삼중직이었다. 이 삼중직의 운명은 유다의 멸망 이후 어떻게 변하게 되었을까. 이 변화를 발전이라고 정의할 수 있을지 의문이라고 할 수도 있겠지만, 메시아 사상은 분명히 이 기간 동안에 발전을 거듭한다.

삼중직 중에서 먼저 선지자의 직임을 보면, 구약 시대 선지자는 하나님의 말씀을 받아 하나님을 대신하여 이스라엘에게 선포하는 직임이었다. 그런데 그동안 선지자의 선포는 주로 이스라엘의 왕을 향한 것이었다. 왕의 도덕성을 질타하고 왕의 정책을 비판하는 한편 하나님이 원하시는 방향을 왕을 위시한 지도층에게 제시했다. 사무엘은 사울 왕에게, 나단은 다윗 왕에게, 엘리야는 아합 왕에게, 이사야는 아하스 왕에게 예레미야는 여호야김을 비롯한 시드기야에게 하나님의 말씀을 전했다. 하나님이 선지자를 보내시는 일은 백성들 개개인의 신앙을 위해서라기보다는 이스라엘의 왕과 정책을 담당하는 지도자들의 타락과 우상 숭배를 꾸짖는 일에 주로 할애하셨다.[18]

그런데 이제 나라가 없어졌다. 왕이 없다. 선지자의 선포를 들어야 할 왕과 지도자가 사라져 버렸다. 이 시기에 하나님의 말씀이 없었다는 말 (삼상 28:6 참조)의 의미는 바로 이런 정황이 바탕이 되었다. 하나님은 이제 선지자를 기름 부어 세우거나 파송할 일이 거의 없게 되었다.[19] 하나님이 기름 부어 세웠던 왕은 굳이 거론할 필요조차 없다. 나라가 파멸되었으니 왕이 있을 리 없다.

기름부음의 신학은 커다란 전기를 맞이했다. 제사장은 포로로 쫓겨간 장소이니 예루살렘 성전에서 지내던 제사 의례를 집전할 일이 없어졌다. 하나님께서도 기름 부어 제사장을 세워야 할 일이 없게 되었다. 이렇게 전혀 새로워진 환경에서 기름부음의 신학과 신앙 곧, 메시아 사상은 전면적인 변화를 겪을 수밖에 없었다.

바벨론에 포로로 붙들려가 전혀 새로운 환경 속에서 종전과는 판이하게 달라진 이들 공동체에게도 나름대로 그들을 대표하는 이들은 필요했다. 무엇보다도 정복자인 바벨론 제국은 유대인 포로들을 효과적으로 통제하기 위해서 포로 집단의 대표를 선임하여야 했다. 바벨론 제국은 포로들 가운데에서 제사장들을 포로들의 대표로 지명하고, 그들로 하여금 조공을 비롯한 각종의 납세를 관장토록 했다. 이 일이 계기가 되었다고 단정할 수는 없지만 기름부음의 삼중직에서 제사장은 포로지에서도 명색을 유지하게 되었다. 포로 공동체 안에는 물론 장로들로 구성된 의

---

18   Ibid., 427.
19   박정수, 『기독교 신학의 뿌리』 (서울: 대한기독교서회, 2008), 61-2.

회도 있었지만 이 장로회에는 반드시 제사장이 포함되었던 것으로 보인다.[20]

역설적이게도 이런 시대, 역사의 수레바퀴 아래서 정복지의 새로운 제국의 황제 고레스를 하나님은 '내 목자'라 하시며(사 44:28) 하나님의 "기름부음을 받은 고레스"(사 45:1)라고 말씀한다. 바벨론 제국을 무너뜨리고 바사 제국을 일으킨 고레스는 식민지와 포로들의 종교에 대한 유화정책을 편다. 그 결과 이스라엘의 포로들은 최소한 세 차례 이상에 걸쳐서 예루살렘으로 귀환하게 된다. 포로귀환을 통해서 다시 한 번 주목을 받는 기름부음을 받는 삼중직 중의 하나가 왕이었다. 다윗 계열의 왕족 혈통을 이은 스룹바벨이 포로귀환을 주도하고 예루살렘에서 성전 건축을 추진하는 과정에서, 그를 통하여 삼중직 중의 하나인 왕으로서의 권위를 다소나마 회복하는 듯 보인다.

그러나 분명한 것은 포로귀환 공동체는 바사 제국의 식민지였으며, 스룹바벨은 바사 제국이 파견하여 식민들을 통괄하도록 한 총독에 불과했다. 그러나 이러한 제약적인 환경 속에서도 예루살렘의 스룹바벨 성전 공동체에는 잠시나마 기름부음으로 세워지는 삼중직이 다시 모습을 드러낸다. 성전 건축을 독려하는 학개 선지자가 나오고, 스가랴 선지자는 성벽 재건을 독려하기도 했다. 포로귀환 후 첫 번째 대제사장 여호수아도 활동하고 있었다.

그러나 또 한 번 이스라엘 포로 공동체는 부패로 흘러들었다. 물론 스룹바벨 성전이 솔로몬 성전에 비하여 초라했으며 여호와 하나님의 강권적인 섭리와 축복이 이전만 못한 면에 실망하였고, 포로로 붙들려 가지

---

20   Richard S. Hess, 『이스라엘의 종교』, 김구원 역 (서울: CLC, 2009), 417.

않고 본토에 남아 있던 토호들과의 마찰과 성전 건축 방해 등이 신실한 신앙의 길로 나아가는 길목에서 어려움을 주기도 했지만, 이 상황 아래서 제사장과 다윗 자손 간에 극심한 권력 투쟁이 벌어지고 있었다. 스가랴는 이러한 투쟁을 한탄하면서도 그들을 판결하고 개선시키려고 노력하였다(슥 3:1-4:10).[21]

이런 안팎의 어려움 속에서도 예레미야와 에스겔의 공헌에 힘입은 유다 공동체는, 대개의 이방 민족들이 그러했듯이 역사의 뒷장으로 흐지부지 사라지는 전철을 따르지 않고 유대교라는 이름의 새로운 공동체로 탄생했는데, 유대교(Judaism/Judentum)라는 어휘는 마카베오하 2장 21절(참조 8:1; 14:38)에 처음 등장한다.[22] 이 공동체는 나라도 잃고, 제사장과 왕과 선지자도 잃었지만 하나님의 자비에 대한 감사의 신앙을 붙든 공동체이다.

옛 왕국 유다에서의 삶은 와해되고 신학적으로 신앙적으로 절체절명의 위기에 봉착했지만, 그들은 예레미야와 에스겔의 공로로 말미암아 국가적 제의적 공동체에서 그동안의 전통과 율법에 대한 집념을 특색으로 하는 새로운 공동체로 거듭나기 시작했다. 두 선지자가 바벨론 제국에 의한 유다의 멸망에 대하여, 이는 유다가 하나님 언약의 율법을 어긴 데 대한 징벌이라고 선포했다. 그렇기 때문에 포로들 중에서 신실한 사람들은, 율법에 다시 한 번 주목하여 율법적 안식일과 할례를 다시 강조함으로써 유대인의 정체성을 세워나가게 되었다. 이들이 이렇게 일어서고 있을 무렵 고레스 칙령이 고국으로의 귀환이라는 꿈을 실현시켰다.

---

21 "메시아," 『기독교대백과사전』, 32.
22 Bright, 『이스라엘의 역사』, 433; 박정수, 『기독교신학의 뿌리』 (서울: 대한기독교서회, 2008), 24-5.

하나님의 언약대로 젖과 꿀이 흐르는 가나안에 정착한 이스라엘이 이토록 급격한 격랑을 넘어야 하는데, 이는 여호와 하나님을 신앙하는 백성에게 메시아 사상은 물론 신앙의 여러 관점에서 시사하는 바가 적지 않다. 아브라함으로 시작된 이스라엘의 역사적 대장정은 종종 기독교 신앙인으로서 믿음이 자라가는 단계별 유형을 나타내는 지표로 제공되기도 한다. 이를테면 야곱일족이 기근을 피해 애굽으로 갔다가 거기서 눌러앉아 노예로 살려는 나태함에서 모세의 인도로 출애굽하여 광야 사십년의 방황을 마치고 요단강을 건너 가나안으로 입성한 것을 두고, 개인의 신앙 성장 단계를 애굽에 머물고 있느냐, 아니면 출애굽했느냐, 광야에서 방황중이냐, 끝내 요단을 건너 가나안에 입성했느냐로 진단하는 유형론을 제공한다.

애굽, 출애굽, 광야, 가나안 입성으로 신앙의 성숙을 가늠하는 이 유형은 그럴 듯하지만 여기에는 미흡함이 있다. 신앙은 가나안에서 정착하는 것이 아니었다. 그들에게는 바벨론 유수가 기다리고 있었고 바벨론 유수라는 포로기를 거친 후에 다시 귀환의 여정이 이어진다.

애굽, 출애굽, 광야, 가나안, 바벨론 유수, 포로귀환이라는 여정은 여호와 하나님 신앙의 더 긴 유형론적[23] 궤적이 된다. 그렇다고 포로귀환으로 평안의 땅에 안착한 것도 아니다. 거기에는 새로운 신앙의 형태가 기다리고 있었다. 거기서는 역사를 새로 정의해야 하고, 아무리 뛰어난 기름부음 받은 지도자라도 죄로부터 자유로울 수 없는 인간의 한계를 벗어날 수 없음을 새롭게 인지하고, 하나님의 백성들은 유다의 포로기

---

[23] 강성열 외 2인, 『성서해석학입문』 (서울: 대한기독교서회, 2002), 326-7.

처럼 전환점을 통과하여 종말론적인 소망[24]을 가져야 함을 깨닫게 된다. 이 땅에서 이루어지는 신앙의 결실이 아니라, 진정한 메시아로 말미암아 하나님의 나라로 완성되는 메시아 신앙으로 거듭나는 신앙의 행로로 나아가야 한다. 메시아 사상의 태동은 유다의 역사에만 필요한 것이 아니다.

유대인들의 역사가 이렇게 거듭거듭 새로운 모습으로 환골탈태하는 근저에는 간과할 수 없는 동인이 있음을 보게 된다. 변화된 상황들은 텍스트를 새롭게 해석하기를 요청한다는 경험칙이다. 이방인 나라들과 달리 이스라엘 민족에게는 상황이 바뀔 때마다 다시 해석해야 하는 텍스트 즉, 경전이 있었다. 바벨론 유수는 유대인들이 가지고 있던 경전을 가장 극적으로 재해석하는 기틀을 제공했다. 그 중에서도 특히 하나님이 다윗에게 해주신 언약은 물론, 포로기 이전까지의 모든 예언서들은 새로운 관점으로 다시 해석되어야 했다. 그렇게 함으로써 메시아 사상은 발아할 수 있다.

바로 이 시대 곧 포로기는 어떤 시기였으며 그 당시 경전의 재해석에 적용된 틀은 어떤 것일까?

---

[24] 오택현, 김호경, 『성서 묵시 문학 연구』(양평: 크리스천 헤럴드, 1999), 43-7. 종말론에 대한 논란은 모빙켈(S. Mowinckel)이 포로기 이전 예언자들에게는 종말론이 없었다고 주장함으로써 시작되었으나, 이후 예언적 종말론과 묵시적 종말론으로 정리되었다. 본고에서 말하는 '종말론적 소망'은 묵시적 종말론이다.

3. 메시아 사상과 묵시

국가의 삼 요소는 영토와 주권과 국민이다. 이 세 가지 요소 중 어느 것 하나만 결여되어도 국가라고 할 수 없다. 인류 역사를 통해서 셋 중의 하나를 잃으면 그 나라는 이내 역사의 뒷장으로 사라져 버렸다. B.C. 586년 팔레스타인의 유다는 바벨론 제국에게 패전하여 주권과 영토를 상실했다. 국민의 일부는 제국의 수도인 바벨론으로 유수되었고 하층민들만 본토에 남았으며 그곳에는 주변의 이민족들이 유입되었다. 바벨론 제국은 국가의 삼 요소에 해당하는 모든 것을 파멸시켰다. 그러나 패전국 유다의 국민들은 포로로 끌려간 바벨론 지역에서 민족의 정체성을 잃지 않고 소망의 끈을 놓지 않았다. 이들이 그렇게 할 수 있었던 가장 큰 원인이 있었다.

당시 유대인은 경전을 소유한 세계 유일의 민족 공동체였다. 이들이 주권과 영토는 잃었지만 이들에게는 읽고 해석해야 하는 경전이 있었다. 그 경전 안에는 다윗 언약[25]이 들어 있었다. 다윗 언약의 핵심 요지는 하나님이 이스라엘 민족에게 성전과 왕조와 국가의 영속성을 보장한다는 것이었다.[26] 그러나 B.C. 586년에 영토와 주권은 사라졌고, 여기에 다윗의 후손으로 이어주시겠다는 왕조의 영속성도 물거품이 되었으며, 성전도 파괴되고 말았다. 남은 것이라고는 이리저리 흩어진 사람들과 경전뿐이었다.

유다가 바벨론 제국에 의해 완전히 멸망을 당할 때까지 유다 사람들

---

25 삼하 7:9-17(병행구절, 대상 17:4-15).
26 Bright, 『이스라엘의 역사』, 409.

은 여호와 하나님으로부터 받은 경전의 해석에 있어서 지극히 보편적인 관점의 테두리 안에서 동시대의 이방인들과 똑같은 방법론에 입각한 해석을 했다. 성전과 왕조와 국가의 개념도 이방인과 다를 것이 없었다. 이방인들에게도 성전과 왕조와 국가는 있었으며 그들이 갖는 개념과 유대인들이 갖는 개념에 있어서 큰 차이가 없었다. 부연해서 설명하자면 모든 것이 역사라는 테두리 안에서 이해되며, 사람이 주인으로서 이끌어 가며 기록하는 역사적 관점으로는 이스라엘이라는 나라는 지구상에서 영원히 사라졌다. 성전과 왕조와 영토와 주권이 사라졌기 때문이다. 삼차원으로 접근하는 일반적인 역사적 관점에서 볼 때 하나님이 이들에게 해주신 다윗 언약은 헛된 약속이 되고 말았다.

성급한 결과론적 입장이지만 이스라엘은 그때 결코 사라지지 않았음을 우리 모두는 알고 있다. 유다의 멸망 이후 유대인 공동체의 정체성이 명맥을 상실한 시기는 단 한 때도 없었고, 더욱이 이십세기 중반 이후부터는 그 자리에 그들의 나라가 복원되어 현대 국가의 모습을 갖추고 있다. B.C. 6세기에 바벨론 포로들은 어떻게 하여 사라진 나라, 사라진 하나님의 언약을 되살려 냈는가. 그들이 부활한 결정적 원인은 무엇인가. 이들은 하나님이 주신 언약이 헛것이 될 수 없다는 믿음으로 경전 해석에 새로운 관점을 채용했다. 그때의 독특하면서 새로운 관점을 후대의 신학은 묵시 사상으로 부른다.

묵시의 뜻풀이를 한글 사전에는 '은연중에 뜻을 나타내어 보임,' '[기] 하나님이 계시를 통해 그의 뜻이나 진리를 알게 해 줌'의 두 가지가 나온다.[27] 대단히 잘된 설명이라고 생각된다. 하나님은 은연중에 뜻을 나

---

[27] "묵시," 『민중 엣센스 국어사전』, 864.

타내어 보이시는 분이다. 여기서 은연중이라는 말은 '남이 모르는 가운데'라는 뜻이다. 그러니 하나님의 의중을 섣불리 이해하려고 해서는 안 된다. 모든 사람들이 다 아는 것으로는 하나님의 의중을 알 수 없다. 인류가 기록하는 역사의 관점으로는 그분의 뜻을 알지 못한다.

유대인들도 포로기 이전에는 남들도 다 아는 방식으로 하나님의 메시지를 해석하려고 했다. 인류의 보편적 역사 관점으로써 하나님이 다윗과 맺은 약속을 이해하고 해석해왔다. 그러므로 유다의 멸망은 역사적 관점으로 볼 때 다윗 언약의 파기를 의미했다. 그러나 포로기 유대인들은 세속의 역사적 관점에서 떠나 경전을 다른 시각에서 해석하기 시작했으니 그것이 곧 묵시적 관점의 해석이다.

유대인이 이러한 묵시적 관점으로 역사 현장을 해석하게 된 배경은 요시야의 통치(B.C. 640-609년) 기간으로 거슬러 올라간다. 당시 요시야 왕은 국가의 개혁을 강력하게 추진하고 있었는데 마침 성전을 수리하다가 율법 책 사본을 발견했다(왕하 22:3). 이 율법 책을 읽고 요시야 왕은 몹시 경악했으며 하나님 앞에서 그 율법에 순종하겠다는 엄숙한 언약을 맺었다. 이 일이 계기가 되어 선지자들의 예언 운동이 새로운 전기를 맞이했다. 그때부터 선지자들은 이스라엘이 회개하지 않으면 심판을 받고 여호와의 진노를 면치 못할 것이라고 선포하기 시작했다. 스바냐와 예레미야가 이에 앞장섰다. 심판의 결과로써 다윗 언약의 내용 중 성전과 왕조와 국가의 영속성이 훼손될 수 있음이 암시되기 시작한 것이다.[28]

이후 실제로 성전과 왕조와 국가가 멸망을 당했을 때, 유대인들은 이 모든 것이 다윗 언약의 파기가 아니라 자기들의 범죄에 대한 하나님의

---

28 Bright, 『이스라엘의 역사』, 401-7.

심판이며 다윗 언약을 비롯한 하나님의 모든 말씀들은 육안에 보이고 촉각으로 감지할 수 있는 삼차원의 물질세계관으로 해석할 것이 아니라 꿈과 환상과 하나님의 세미한 음성으로 감지되는 '묵시적 관점'으로 해석해야 함을 알게 되었다. 유대인들은 포로기를 겪으면서 이렇게 묵시 사상으로 경전을 재해석하고 삶에 적용하는 독특한 시대를 열었다. 그들은 성전과 왕조와 나라를 이방인들이 말하는 역사적 관점이 아닌 묵시적 관점의 성전과 왕조, 묵시적 관점에서 이해되는 나라를 대망하기 시작했다.

사람들이 돌을 쌓아올려 짓는 성전이 아닌 새로운 성전, 다윗의 후손으로 오는 왕으로서, 어느 한 나라만의 왕이 아닌 새로운 왕, 무기와 병마로 확장하는 나라가 아닌 새로운 공동체로서 다윗 언약을 해석했다. 묵시적 관점이 아니고는 결코 감지할 수 없는 새로운 하나님과의 언약으로 재해석이 되었다. 이러한 묵시적 관점은 묵시 사상으로 번지고 묵시 문학이라는 결과물을 양산하면서 포로기 이후 시대를 열어갔다.

묵시 사상은 포로기 이후 중간기로 일컬어지는 기간 동안 만개하면서 유대인들의 새로운 행동 규범이 되며 신앙의 지표가 되고 삼차원을 벗어난 묵시가 결과물을 얻어 다시 세상의 삼차원 역사 속으로 파고들어가 새로운 역사의 동인이 된다.[29]

묵시 사상으로 새롭게 해석된 다윗 언약으로 유대인들은 세상과 새로운 방식으로 접합해나갔다. B.C. 4세기와 3세기의 헬레니즘 시대에 유대인들은 옹색한 가나안에 틀어박히지 않고 전 세계로 진출하게 된다. 성서의 정경화 작업이 시작되고 그동안 예언으로 집적이 되어 신앙의

---

29 하나님의 메시지는 이스라엘의 역사 속에 작용하여 묵시를 일깨우고 묵시의 시대를 열어 묵시가 다시 역사를 이끌도록 하신다.

자양분이 되었던 선지자들의 예언들 중에서 필요한 부분은 묵시 사상 혹은 묵시 문학으로 재해석이 되었는데, 구약의 다니엘 7-12장, 신약에서는 계시록을 묵시로 규정했다.[30] 물론 묵시 사상이 이스라엘 특유의 것은 아니다. 묵시 사상은 구약의 예언서에서 이미 언뜻언뜻 비치기도 했었지만 고대 근동 및 서아시아 지역에서 그 전형을 찾아볼 수 있다.

여기서 한 가지 짚어볼 것은, 신학자들이 신학적인 주제에 접근할 때 그 주제와 관련된 행습이나 문화 혹은 사상에 있어서 그것이 성서만이 가지는 특유한 것으로 증명하고자 하는 욕심을 낸다는 것이다. 이는 자기의 연구 결과물이 성서 특유의 것이라고 입증함으로써 의심의 여지없이 하나님의 경륜에 해당한다고 여기는 신학계의 풍조가 있음에 주목해 볼 필요가 있다. 많은 필자들이 이러한 관점에서 자기 연구의 결과물을 도출함으로써 권위를 획득코자 하는 풍토가 있음을 부인할 수 없다. 그러다보니 오직 성서 속에서만 발견할 수 있는 것이 아니면 폄하하려고 한다.

이에 대해 스티븐 쿡(Stephen L. Cook)이 자기의 저작인 『묵시 문학』에서 적절하게 짚어낸다. 스티븐 쿡은 오랫동안 성서해석가들이 묵시적 세계가 성서 안의 세계 속에 있다고 시인하는 것은 부적절한 것으로 여겨왔다면서, 묵시 사상을 억압받고 힘없는 자들의 종교라고 폄하하는 견해가 있었다고 지적한다. 묵시 사상을 압도적인 절망의 상황에 대응하기 위한 무모한 방식으로 치부하면서 묵시 사상을 성서의 주변부로 밀어내어 소외시켰다고 지적한다. 또한 묵시 사상을 외국으로부터 이식

---

30 Shaye J. Cohen, 『고대 유대교 역사』, 황승일 역 (서울: 도서출판 은성, 1994), 16; Stephen L. Cook, 『묵시 문학』, 차준희 옮김 (서울: 대한기독교서회, 2015), 32.

된 것으로 간주하려는 경향을 적시한다.[31]

스티븐 쿡의 지적에 의하면 노만 콘(Noman Cohn)이 1993년에 발표한 자신의 저서 『질서 혼돈 다가올 세계』에서 초자연적인 악, 부활, 초월적 메시아와 같은 묵시적 개념들은 분명히 외국에 기원을 두었다가 성서의 전통 안에 등장하게 된 혁신이라고 주장하고 유대교의 묵시 사상에 가장 큰 영향을 준 것은 페르시아의 조로아스터교라고 한다.[32]

스티븐 쿡은 노만 콘의 언급을 지적하면서 콘의 접근은, 우리에게 유대 묵시 문학이 진공상태에서 등장한 것이 아님을 일깨우고 대부분의 성서 본문들과 마찬가지로 묵시 본문들 역시 외국의 문화적 전통으로부터 영향을 받았다고 인정하면서, 학자들이 외래적(foregn) 혹은 이국적(alien)인 것을 '수상한'(susfect) 혹은 '가치 없는'(discountable)으로 잘못 이해한다고 지적한다. 외래적인 것을 수상한 것과 동일시하려는 학자들의 선입견을 날카롭게 지적하고 있다. 성서 본문에 등장하는 어떤 이데올로기가 외국으로부터 건너온 것이라 해서 그 이데올로기가 성서신학에서 주변적인 것에 불과하다는 주장은 불합리하다.[33]

이 대목에서도 하나님의 경륜에 있어서 하나님은 수신지의 문화를 존중하고 원용함으로써 자기 백성이 보다 용이하게 자기의 메시지를 수용할 수 있도록 배려하고 있다고 이해하는 것이 옳다. 묵시와 묵시적 관점, 그리고 묵시 사상이 전혀 낯선 것이라면 포로기 유대인들이 묵시시대를 열어갈 수 없었을 것이다. 하나님은 포로기 유대인들이 묵시시대

---

31 Cook, 『묵시 문학』, 32.

32 Noman Cohn, *Cosmos, Chaos and World to Come*; *The Ancient Roots of Apocalyptic Faith* (New Haven, Conn.: Yale University Press, 1993), 223, 221, Cook, 『묵시 문학』, 41-2에서 재인용.

33 Cook, 『묵시 문학』, 41-9.

를 활짝 맞이할 수 있도록 배려하신 것이다. 그러한 차원에서 노만 콘(Noman Cohn)의 지적처럼 페르시아의 조로아스터교가 보여주는 묵시적 성향이 포로기 유대인들에게 묵시적 관점을 갖게 하고 경전의 새로운 해석으로 묵시 사상을 촉발하는 계기가 되었다는 견해는 적절한 지적이라고 볼 수 있다.

이 연구의 주제는 성서적 기름부음에 대한 것이다. 이 연구의 접근 방법 중의 중요한 틀 중의 하나로써, 하나님은 왜 구원자를 기름부음 받은 자로 이 땅에 보내시는가에 천착하면서 하나님의 기름부음 받은 자라는 구세주 메시아 개념이 이 땅의 하나님 백성들에게 어떻게 전달이 되는가 하는 관점에서 하나님은 자기의 메시지를 수신하게 될 수신자가 용이하게 하나님의 메시지를 이해할 수 있도록 수신지역 및 수신자의 문화를 이용한다는 관점을 가지고 있다. 하나님은 포로기 유대 공동체가 하나님이 계획하시는 묵시 사상을 그들이 수용할 수 있도록 사전에 유대 공동체 지근거리에 묵시 사상이라는 문화적 혹은 종교적 현상을 심어두어 유대인들이 묵시적 관점을 가질 수 있도록 해 두었다는 관점을 이 연구에서는 지지한다.

북조 이스라엘이 앗수르에게 멸망을 당하고 150년도 안 되어 유다가 바벨론 제국에게 멸망당할 때까지도 유다 백성은, 하나님의 가호는 이 땅의 세계 안에 한정된 것으로만 알고 있었다. 유대인들은 하나님이 신 중의 신이라서 하나님을 신앙하는 자기들은 이 땅에서 여타의 다른 신을 섬기는 그 어느 민족이나 국가에 비해서 우월한 지위를 누림이 당연하다고 여겼다. 그러나 하나님은 유다를 그들이 이해하는 세속적 번영의 나라가 아닌 하나님의 제사장 나라로서 특별한 사명을 수행토록 하실 계획으로, 하나님이 사무엘하 7장에서 다윗에게 주신 언약도 이 땅에서의 성취를 뛰어넘는 언약으로 이루어지게 하시려 한다.

하나님은 이 섭리를 어떻게 자기 백성에게 전달을 하시려는가. 다윗 언약 이후 400여 년이 흘렀다. 그 세월 동안 이스라엘 백성은 인간 왕을 세워 다스림을 받는 백성으로서의 한계를 절절히 겪어야 했다. 그러다가 끝내 나라는 망하고 백성들은 포로로 끌려갔다.[34] 나라 잃은 설움과 정복자의 나라로 소개되어 사는 아픔 가운데서 이들은 하나님의 말씀을 새롭게 해석하지 않으면 안 되었다. 이때 유다 사람들이 하나님과 하나님의 말씀을 새롭게 바라보는 틀이 묵시적 관점이었다.

이후 유대인들이 전개한 묵시 운동은 그리스 로마시대 가장 중요한 신학 운동이 되었고 초기 기독교 태동에 결정적 역할을 담당했다는 데 이의를 다는 사람은 없다. 포로기의 묵시 사상에서 비롯한 묵시 문학을 케제만은 기독교 신학의 어머니라고 선언했으며,[35] 묵시 사상이 유대사회의 예언 전통에 근거하면서 성장하여 예수님과 그의 제자들에게 유산으로 남겨졌다는 점에서 묵시 사상은 구약과 신약 사이의 가교 역할을 하는 다리로 평가되기도 한다.[36]

왕대일도 묵시 문학이 창조와 새 창조를 잇고 구약과 신약을 연결하며, 묵시를 알고 묵시 사상을 파악할 때 메시아의 오심을 기대하던 역

---

[34] 구약성서는 이런 질곡의 이스라엘 역사를 가감 없이 기록하는데, 시편의 기자들은 이런 역사 앞에서 탄식한다. 특히 시편 89편은 기름부음 받은 자들이 다스리는 중에도 도탄에 빠진 현실을 탄원한다.

[35] E. Kasemann, *New Testament Questions of Today* (London: SCM Press, 1969), 왕대일, 『묵시 문학과 종말론』(서울: 대한기독교서회, 2004), 17에서 재인용.

[36] "묵시 사상과 지혜 전통," 네이버 지식백과, http://terms.naver.com/entry.nhn?docId=1007469&cid=43010&categoryId=43010, 2016년 8월 2일 접속.

사의 지평이 비로소 열린다고 매우 적절하게 말한다.[37] 나중에 메시아로 오신 예수 그리스도는 이에 화답이라도 하려는 듯 스스로를 지칭하는 용어로서 묵시 문학의 대표적인 언어인 '인자'(Son of Man)를 즐겨 사용한다.[38]

메시아 사상이 태동하고 발전하여 대단히 중요한 기독교 신앙의 교의가 됨에 있어서 묵시 사상은 가장 중요한 역할을 한다. 그러나 이 묵시 사상에서 다윗의 후손으로 오는 진정한 왕은 필연적으로 종말론에 닿아 종말론적 메시아가 되면서 묵시 사상은 깊어지며 심오해진다. 종말론적 메시아라는 묵시 사상의 귀결은 쉽게 접근하고 쉽게 이해하기 어려워서 때로는 잘못 이해되고 적용될 소지가 농후한 신앙의 주제가 되었다. 신학자들 사이에서도 묵시가 마치 억압받고 힘없는 패배자들에게나 합당한 것으로 여겨 경시하는 풍조도 없지 않았음을 앞에서 지적했다.

포로기는 이스라엘이 당면했던 위기들 중에서도 가장 큰 위기였다. 하나님이 자기 백성을 그렇게 섭리하신 가장 큰 이유는 하나님이 계획하신 메시아의 속성 때문이었다. 하나님이 보내실 메시아의 사명은 인간이 교만에서 돌아서서 자기의 죄인 됨을 깨달아 회개함으로써 바라볼 수 있는 하나님 나라를 선포하는 것이다. 그런데 세상의 번영에 안주하는 자들은 교만을 깨달을 기미가 없었다. 하나님은 메시아를 세상의 번영에서 소외된 계층, 마치 포로기 이후 유다처럼 소외된 계층에게 그들의 이웃으로 보낸다. 그러니 성장의 결실들을 계속적으로 누리는 자들에게는 묵시의 시대가 도래하지 않으며, 그들은 메시아를 만나지 못한다.[39]

---

37 왕대일, 『묵시 문학과 종말론』, 5.
38 Ibid., 55.
39 Paul D. Hanson, 『묵시 문학의 기원』, 이무용, 김지은 역 (고양: 크리스챤 다이제스트,

하나님이 보내시는 메시아와 만나기 위해서 유다 공동체가 포로기를 거쳐야 했던 것처럼 삶의 질곡을 통한 메시아와의 만남이라는 묵시 사상의 독특한 면은 이 땅의 사람들에게 잘못 전해지는 사례도 많다. 한국 교회에서는 묵시 문학이 단순하게 미래에 일어날 종말의 시기를 알아맞히는 것으로 오해되어 교회안팎으로부터 외면받기도 하였으며, 아직도 신비주의를 선호하는 일부 편향된 이들에게 잘못 활용되고 있는 실정이다.[40]

묵시 사상은 포로기 전후에 발흥하여 어느 한 시점에서 끝나는 사상이 아니다. 묵시적 관점은 지금까지 이어지고 있으며 계속되어야 한다. 폴 핸슨의 지적처럼 성장의 결실만을 평생 계속적으로 누리면서 고난과 소외를 경험하지 못하는 자들 즉, 위기를 경험하지 못하는 자들에게는 묵시의 시대가 열리지 않겠지만, 삶의 굽이굽이에서 만나는 고난의 질곡에서 또는 소외의 고통 중에 저마다 가지고 있던 가치관의 혼란을 경험하면서 삼차원적 역사의 테두리 바깥에서 손을 내미는 절대자의 실재를 경험하게 되는 것이 곧 묵시적 관점이라야 가능하기 때문이다. 개인적으로나 국가적으로나 세계적으로 묵시적 관점이 아니고는 견딜 수 없고, 헤치고 나올 수 없는 삶의 현장을 경험함으로써 실존의 문제를 뛰어넘어 하나님과 만나게 된다.[41]

묵시적 관점으로 시작한 묵시 사상과 묵시 문학과 더불어 메시아 사

1996), 12.
40 오택현, 김호경, 『성서 묵시 문학 연구』, 5.
41 개인 신앙의 성숙도 묵시적 관점을 경험하면서 이루어지고, 국가도 재난과 위기를 경험하면서 통합을 이끌어내게 되며 세계의 역사도 유대인의 포로기와 같은 재앙을 겪으면서 새로운 가치관을 창출해 간다. 이렇게 거듭되는 갱신의 종국에 절대자 하나님이 계신다.

상은 비로소 모습을 드러내고 이제는 진정한 메시아가 도래할 날을 기다릴 수 있게 되었다. 메시아 사상의 태동과 발전은 유다의 포로기라는 암흑기를 통과하면서 공고해지고 유다 공동체에 전달이 되었다.

그렇다면 포로기 이전에 대부분이 기록된 고대 유대교의 경전이라 할 수 있는 구약성서 속에서 메시아는 어떻게 암시[42]되어 있었을까?

4. 구약성서 속의 메시아

구약성서 속에 암시되어 있는 메시아를 규명하는 일은 성서의 해석에 관한 문제로 귀결된다. 하나님은 우리에게 넌지시 알려주는데 그것을 깨달아야 하는 인간의 입장에서 보면 이는 결코 용이한 일이 아니다. 신약성서에서 예수님은 삼년에 걸쳐서 제자들을 가르치지만 제자들은 스승의 가르침을 도무지 알아듣지 못했다. 이 말은 예수님의 가르침을 제자들이 해석하지 못했다는 말이 된다. 제자들은 예수님이 십자가에서 사형을 당하고 사흘 만에 부활하여 사십 일간을 함께 있었으면서도 아직 모든 것을 깨닫지 못하다가 오순절 성령강림 사건 이후에야 밝히 알게 되었다. 그래서 성서의 해석에서 절대적인 요소는 성령의 조력이 있어야 한다는 점에 대해서는 아무도 이의를 제기하지 못하지만 그럼에도 베드로는 성서를 연구하고 부지런히 살펴야 할 것이라고 요구한다(벧전 1:10).[43]

---

42 암시는 '넌지시 깨우쳐 줌. 또는 그 내용'이다. 영이신 하나님은 계시함으로써 사람에게 알리지만, 육적으로 존재하는 인간의 입장에서 그것은 '암시'로 다가온다. 여기서 암시라는 단어를 씀은 그런 의미에서 적합하기 때문이다.

43 강성열 외 2인, 『성서해석학입문』, 329.

구약 속에 암시된 메시아를 우리가 알게 된 일은, 신약에서 예수님의 제자들이 예수님을 메시아로 깨달은 일보다 훨씬 더 장구한 곡절을 드러낸다. 창조 이후부터 하나님은 인류에게 말씀하고 그 말씀 속에 메시아를 암시하지만 인류가 그 메시아를 깨닫기 위해서는 오랜 시간이 흘러야 했다. 특히 위에서 본 것처럼 묵시의 시대를 거치고 나서야 비로소 역사 밖에서 뚫고 들어오는 메시아를 희미하게나마 바라볼 수 있게 되었다. 그동안 몰랐던 구약 속의 메시아를 묵시적 관점으로써 알게 되고 메시아를 대망하다가 드디어 오신 메시아를 영접하면서 교회의 시대가 열렸다. 그래서 에벨링은 교회의 역사를 해석의 역사라고 말했다.[44]

묵시의 시대는 해석의 시대를 연 셈이다. 포로기 이후 해석의 시대를 연 유대인들이 하나님의 말씀을 다시 해석했다고 했는데, 여기서 '해석'이라는 사유 행태는 그러면 어디서 비롯된 것인가의 문제가 있다. 영토와 주권과 성전과 왕권의 영속성을 한꺼번에 모두 잃어버린 절체절명의 위기 앞에서 유대인들이 찾은 돌파구가 하나님 말씀에 대한 새로운 해석이었다.

이렇게 해석하는 길을 그들은 어디서 배워왔을까?

아니면 그들의 '해석'이라는 행위양식이 그들의 역사 이전에는 없었던 전혀 새로운 것으로 했을까?

예레미야와 에스겔은 이스라엘과 유다 백성들이 하나님의 율법을 어겼기 때문에 나라가 망하는 것이 필연적이라는 선포는 했지만 폐허의 마당에서 경전의 새로운 해석을 방법론으로써 제시하며 가르치지는 않았다. 그럼에도 유다 공동체는 놀랍게도 새로운 해석을 했다.

---

44 Ibid., 324-5.

팔레스타인 지역에서 그리 멀지 않은 에게 해 건너 그리스에는 B.C. 8세기의 작품으로 호메로스가 쓴 것으로 전해지는 『오디세이』와 헤시오도스의 저작이 있었다. 그리스의 철학자들은 호메로스와 헤시오도스의 저작을 어떻게 해석할 것인가에 대한 논란을 벌이면서 문자적 산물에 대한 해석 방식을 다양하게 전개하고 있었다. 그리스 철학이 이미 문헌해석학으로써 해석의 전범을 보이고 있었다.[45] 그들의 해석학 방식 중에는 '알레고리적 해석 방법'도 있었다. 오늘날 그리스도인들 사이에서도 성경을 알레고리적으로 해석하는 경향이 남아 있으며, 예표론적 해석은 구약 속에서 메시아를 찾아내는 중요한 준거 틀이 되었다.

오늘날 기독교 진영에서는 필로(Philo, B.C. 25 – A.D. 40)를 '알레고리의 아버지'로 부르지만 필로의 알레고리적 해석 방식은 이미 그리스의 문헌해석학에서 시작된 것이었다.[46] 포로기 유대인들이 자기 앞에 놓여져 있는 하나님의 말씀들 즉 구약성서라는 경전을 자신들이 처한 상황에 비추어 새롭게 해석하는 길은 이미 닦여져 있었던 셈이다. 하나님은 메시아가 구세주라는 메시지를 자기 백성들이 잘 받아볼 수 있도록 세심하게 배려하고 있었다.

메시아로 오신 예수님도 신앙이 곧 성서의 해석이라는 것을 보여주신다. 갈릴리 지방의 여러 회당에서 가르치시던 중 어느 안식일에 나사렛의 한 회당에서 마침 이사야의 글(사 61:1-2)을 낭독한 후 책을 덮고 이르기를 "이 글이 오늘 너희 귀에 응하였다"(눅 4:16-23)고 선포한다. 여기

---

45   Ibid., 318.
46   Ibid., 121; Anthory C. Thiselton, 『성경해석학 개론』, 김동규 역 (서울: 새물결플러스, 2012), 121.

서 예수님이 인용한 이사야 61장 1절 2절은 하나님의 기름부음 받은 자에 대한 언설로써는 최고봉이라 할 수 있는 구절이다.

이후로도 예수님은 묵시의 시대 산물인 메시아 사상을 자신에게 적용하면서 구약이 자신에 대해서 말하고 있다는 해석을 이어간다. 예수님이 부활 후 예루살렘에서 엠마오로 가는 두 제자의 대화 속에 합류하여 "그리스도가 이런 고난을 받고 자기의 영광에 들어야 할 것이 아니냐"(눅 24:26) 하면서, "모세와 모든 선지자의 글로 시작하여 모든 성경에 쓴 바 자기에 관한 것을 자세히 설명하시니라"(눅 24:27)고 했는데, 여기서 '설명'은 곧 해석이었다.[47]

부활하신 예수님과 지낸 40일, 그리고 오순절 성령강림으로 예수님이 메시아이심을 믿게 된 초대교회는 그때부터 구약 속에서 메시아를 암시하는 구절에 대한 발굴을 활발하게 전개해 나간다. 초대교회에게 가장 중요하게 맡겨진 사명 중의 하나가 '예수는 그리스도이다.' 즉, '십자가에 달리고 사흘 만에 부활하고 감람산에서 들려 올라간 예수님이 하나님의 기름부음을 받은 그리스도, 메시아'라는 것을 입증하는 일이었다. 이를 입증하는 일은 구약에서 메시아를 암시하는 구절을 찾아 예수님이 그리스도라는 논증을 제시하는 것으로써 이런 해석적인 태도를 '그리스도론적 해석 방법'이라고 한다.[48]

그리스도론적 해석은 때로는 지나친 경향도 없지 않았다. 스펄전 목사는 '성서의 어디를 펴든지 간에 그 본문에서 예수님의 생애를 소개할 수 있는 설교자가 최고의 설교자'라고 말하기도 했다.[49] 이러한 열정은

47 　강성열 외 2인, 『성서해석학입문』, 315.
48 　이형원, 『구약성서해석의 원리와 실제』, 13-4.
49 　Ibid., 16-7.

오늘날도 드문드문 이어지고 있다.

'구약의 기독론'이라는 신학적 주제 연구는 이처럼 구약 속에서 이미 선포되어진 메시아에 대한 계시를 발굴하여 집적한 산물이다. 구약은 일관되게 오실 메시아에 대해서 쓰여진 책이라고 우리는 말한다. 이렇게 말할 때 우리가 무심결에 착각하는 것이 있는데, 그것은 선민 이스라엘 백성이 구약의 말씀을 받을 당시부터 그들이 이미 오실 메시아에 대한 말씀으로 받아들였을 것이라는 막연한 착각에 빠진다는 것이다. 구약 시대 하나님의 말씀이 주어질 때의 이스라엘 사람들은 메시아에 대해서 거의 알지 못했다.[50] 엄밀히 말하자면 구약성서의 기자들조차 자기가 기록하는 이 말씀이 오실 메시아를 의미한다는 사실을 몰랐다고 보는 것이 옳다. 그 증거가 구약성서 속에 오늘날 우리가 알고 있는 메시아를 의미하는 단어로서 '메시아'(마쉬아흐 מָשִׁיחַ)라는 단어가 단 한 차례도 나오지 않는다는 사실이다.[51]

메시아는 위에서 본 묵시의 시대를 거치면서 메시아 사상이 태동하고 발전하여 묵시 문학으로 집적되어 구약의 다니엘이 기록되면서 메시아 대망이 실체화 되고, 예수님이 메시아로서 오심에 따라 후대의 신학자들이 구약에서 밝혀낸 것이 '구약의 기독론'이다. 이에 대하여 게라르드 반 그로닝겐은 "구약의 메시아 개념에 대한 우리의 연구는 구약이 그에 관해 말하였다는 예수님의 말씀(눅24:27)을 진지하게 살펴보는 데서 시작했다"고 예리하게 지적하고, 하나님은 메시아 개념을 구약에서 계시

50　Hengstenberg, 『구약의 기독론』, 78–9.
51　G. E. Ladd, 『신약신학』, 169; Voss, 『예수님의 자기 계시』, 이승구 역 (김포: 그나라 출판사, 2014), 138.

하고 점진적으로 전개하셨다고 강조한다.[52]

잘 알려진 대로 구약에서 최초로 암시되는 메시아 계시는 창세기 3장이다. 인류의 타락으로 인하여 메시아의 사역이 불가피하게 되었고, 아담과 하와의 타락 직후 메시아는 선포된다.

> 내가 너로 여자와 원수가 되게 하고 네 후손도 여자의 후손과 원수가 되게 하리니 여자의 후손은 네 머리를 상하게 할 것이요 너는 그의 발꿈치를 상하게 할 것이니라(창 3:15).

여기에서 '여자의 후손'이 메시아를 지칭한다고 헹스텐베르크가 바르게 지적하면서 그러면 왜 영원 전부터 보내시기로 작정된 그 신적인 구속주(Divine Reedeemer)요 회복주(Restorer)께서 인간이 타락하자마자 곧바로 보냄을 받지 않으셨을까 하는 의문을 제기하면서 다음과 말한다.

"왜 중병에 걸린 인류가 사천 년이라는 오랜 세월동안 자신들을 치유시키려고 갖은 헛수고를 다 기울인 후에야… 그 신적인 의원(the divine Physician)께서 보내심을 받으셨을까?"[53]

헹스텐베르크는 자문자답하기를 인간의 지혜로써는 도무지 답할 수 없는 질문이라고 전제하면서 구속주의 강림이 지연된 이유가 인류에게 있다는 다소 모호한 답을 제시한다. 그러나 뒤이어 구속주가 오기 위해

---

52 Groningen, 『구약의 메시야 사상』, 1078-9.
53 Hengstenberg, 『구약의 기독론』, 22. 헹스텐베르크는 여기서 '사천 년'을 언급했다. 이는 창조 연대에 대한 다양한 학설 중에서 지구의 나이를 육천 년으로 보는 젊은 연대 창조설에 입각한 언급이다. 이 연구에서도 젊은 연대 창조설을 지지한다.

서는 그 길이 예비되어야 했었으며 길을 예비한다는 것은 하나님의 도우심이 베풀어질 때 그것을 받아들일 수 있는 준비가 필요했다고 깊이 숙고한 결과를 덧붙였다. 이는 상당히 적절한 설명으로써 이 연구에서 밝히는 '묵시적 관점의 시기'와 '경전의 해석' 그리고 수신지와 수신자의 문화와 연관지어 볼 때, 지연될 수밖에 없었던 원인을 알 수 있다. 하나님은 구약성서에서 단계적으로 메시아 계시를 드러낸다.[54]

구약의 첫 번째 메시아 계시라 할 수 있는 창세기 3장 15절은 첫 번째이니만큼 가장 막연하다. 여인의 후손이라는 정보와 그가 승리하리라는 것 외에는 아무것도 알 수가 없다. 그러나 노아 홍수 이후 여인의 후손은 셈의 계보에서 나오리라는 것이 드러나고, 셈의 후손 중 아브라함이 선택되어 야곱의 유언을 통하여 유다 지파로 특정되었다. 하나님의 기름부음을 받은 자는 열두 지파 중 유다지파에서 나올 것임이 분명해지고 메시아의 인격도 윤곽이 그려지기 시작한다. 이렇게 시대의 흐름에 따라 메시아의 족보와 메시아의 성품이 계시된다.

민수기에서는 발람의 언급을 통하여 메시아를 상징하는 언어로 '별'이 나온다(민 24:17).[55] 이어 신명기 18장에서는 메시아가 "모세와 같은 선지자"(15절, 18절)로 언명됨으로써 메시아가 하나님과 하나님의 백성 사이의 중재자가 될 것임을 드러낸다.[56]

---

54 Ibid., 22-56.
55 Ibid., 39-69. 헹스텐 베르크는 유대인들이 메시아를 '별'로 표현하는 사례의 하나로서 제2차 유대전쟁을 일으킨 시몬 바르 코크바를 거론했다. 바르 코크바(Bar-Chochba)는 별의 아들이라는 뜻이다. 이때의 유력한 랍비 아키바는 시몬 바르 코크바를 민 24:17에 나오는 메시아라고 선언하기도 했다.
56 Ibid., 74. 베드로는 이 구절을 그리스도에 대한 가장 결정적인 증거 구절로 제시하며(행 3:22-3), 스데반도 이 구절을 인용했다(행 7:36).

구약에서 결정적으로 메시아 사상을 드러내는 대목은 나단 선지자를 통하여 다윗 왕에게 들려주는 하나님의 언약 말씀이다(삼하 7:8-17). 이는 다윗 언약 혹은 왕조 계약으로 지칭이 되는데, 다윗 언약은 하나님이 계시는 성전과 다윗의 혈통으로 이어지는 왕조와 영원한 나라에 대한 하나님의 약속이다. 특이한 점은 사무엘하 7장은 물론 병행구절인 역대상 17장 1절로 15절에서도 역시 메시아라는 단어는 전혀 나타나지 않는다는 점이다. 그럼에도 불구하고 이 대목은 '언약'일 뿐 아니라 '메시아 사상'의 근거 본문이라는 것이다. 그렇게 해석될 수 있는 성경적 근거를 굳이 찾아내자면 사무엘하 23장 1-7절에 나오는 다윗의 기도이다. 여기서 다윗은 스스로를 칭하면서 하나님께로부터 기름부음 받은 자(1절)라 했고, '하나님이 나와 더불어 영원한 언약을 세우사'라고 함으로써 다윗 언약은 메시아 언약이 되었다.[57]

하나님의 메시아가 "여자의 후손"(창 3:15)에서 '셈족'으로, '아브라함의 후손'으로, 그리고 야곱의 열두 아들 중 '유다지파'로 좁혀지다가 '다윗 솔로몬 부자'로 드러났다. 이제 이 대목에서 중요한 것은 언약 당사자 다윗이 나단 선지자로부터 하나님 언약의 말씀을 듣고 그 말씀을 해석함에 있어서, 자신이 '하나님의 기름부음 받은 자'라는 자의식이 강하게 대두된 점이다.

다윗의 유언에 속하는 사무엘하 23장에서 다윗은 자신을 '하나님께로부터 기름부음 받은 자'로서 "하나님이 나와 더불어 영원한 언약을 세우셨다"라고 하면서 자기와 약속해주시는 하나님을 찬양했다. '여자의 후손'이 '하나님의 기름부음 받은 자'가 되는 역사적 순간이다. 이에 부응

---

57 Groningen, 『구약의 메시야 사상』, 370.

하여 이후의 시편 기자들과 선지자들이 일관되게 하나님의 기름 부으심의 의미와 하나님의 기름부음 받은 자의 성품과 및 그가 생애 동안에 받을 고난과 심지어 그의 외모까지(사 53:2) 묘사했다. 그러나 이 모든 메시지에 대한 해석이 당대에 이루어지지 않고 오백여 년이 흐른 다음 묵시의 시대를 당하여 예레미야와 에스겔의 선포에 힘입어 묵시적 관점을 가지고 묵시 문학[58]을 양산해 내면서 유대 공동체와 유대교가 비롯하고, 오실 메시아를 기다리면서 구약 속에 가려져 있던 메시아를 조명하게 되었다.

5. 메시아 사상의 한계와 예수

하나님의 구원 메시지 곧 '메시아 주제'가 포로기 이후 어느 정도 그 윤곽을 드러냈다고는 하지만 메시아 사상은 묵시시대의 산물인 만큼 아무나 쉽게 풀어 설명하기에는 어려워서, 유대인들의 마음속에 큰 혼란을 일으킨 것도 사실이다.[59] 유대인들은 빼앗긴 나라와 성전과 다윗 왕과 같은 걸출한 리더십에 대한 향수에서 벗어나지 못하고 정치적으로나 군사적으로 탁월한 지도자가 나타나 이스라엘 나라를 회복시켜주기를 바라는 욕망에서 자유롭지 못했다. 묵시의 시대를 거치면서 그러한 현실

---

[58] 묵시의 시대, 묵시적 관점, 묵시 문학은 엄연히 구분해야 할 개념들이다. 하나님의 백성인 유대인들에게 도래한 묵시의 시대와 그 시대에 적합한 묵시적 관점은 하나님의 의도일 수 있지만, 엄청나게 쏟아져 나온 묵시 문학이라는 이름의 저작들은 일괄적으로 취급할 수 없다. 묵시 문학이라는 이름으로 좌로나 우로나 치우친 것들이 많았고, 이는 정경화 과정에서 적절히 걸러지기도 했다.

[59] Paul Johnson, 『유대인의 역사 1』, 김한성 역 (파주: 살림출판사, 2005), 284.

적이면서 정치적인 문제를 해결해주는 능력자의 명칭이 '메시아'로 대치된 듯한 경향이 없지 않았다.

사도행전 5장에 의하면 바울의 스승이기도 한 바리새인 가말리엘은 당시 메시아로 자처했던 드다와 유다라는 두 사람의 사례를 들어 설명하는 대목이 나오는데 이 두 사람은 스스로 메시아로 칭했던 자들로 보인다.[60] 제2차 유대전쟁을 이끈 '시몬 바르 코크바'에 대하여 당시 유럽 최고의 랍비인 '아키바'는 그를 메시아로 선포하기도 했다. 그러나 그는 사이비 메시아(Pseudo-Messiah)로 판명이 났다.[61] 유대인들에게 메시아 사상은 아직도 진화[62]하고 있는 중이다. 그들의 메시아관은 몇 번의 시행착오를 거듭하면서 방향성을 잡지 못하고 세상의 역사 속에서 표류하고 있다.

유대인의 메시아 사상이 방향성을 가지려면, '이스라엘 역사의 신학적 목적지는 어디인가?' 이러한 질문을 해보아야 할 것이다. 이 질문은 구약의 이야기가 중도에 결론 없이 뭔가를 기다리는 듯이 끝나고 있기 때문이다. 그래서 유대교의 미래는 무엇이어야 하는가라는 질문이 제기된다.[63]

이스라엘이 누려야 할 행복에 소망을 걸었던 구약 시대의 꿈은, 예수님을 메시아로 인정하지 않는 유대 세계에서는 이루어진 것이 하나도

---

60 Ibid., 284.
61 Hengstenberg, 『구약의 기독론』, 69.
62 진화라는 말처럼 성경에 맞지 않는 단어도 드물다. 그러나 오늘날 진화는 불신 세상의 대세가 되어 있다. 진화는 방향성을 갖지 못하고 진전을 거듭하는 변화를 표현하기에 대단히 알맞은 단어이다. 얼른 보기에는 발전인 듯 보일 수도 있으나 진정한 방향성이 없기에 화려할 뿐 실속이 없는 변화이다. 유대인들의 메시아 사상의 진전을 표현하기에 적합한 단어가 '진화'라 하겠다.
63 Bright, 『이스라엘의 역사』, 585.

없다. 유대 사회는 복잡한 파벌을 드러내는 난맥상을 보이면서 그들이 추구하는 것들은 고작 오경의 율법 아래서 바리새파가 가리키는 길로서 규범적 유대교라 할 수 있는 미쉬나에 살을 더 붙여나가고, 탈무드로 이어지는 길인 듯하다. 이들은 묵시의 시대 묵시적 관점의 산물인 귀중한 부활 신앙과 죽음 저 편의 공동체에 대한 소망을 거부하고 마귀론, 천사론 등의 묵시 문학적 개념들을 거부했다.[64]

21세기 이스라엘과 전 세계 유대인들이 누리는 영광, 곧 노벨상의 다수를 획득하고, 세계의 문화를 주도하면서 실질적인 경제권을 장악한 듯한 모습이 묵시의 시대를 거쳐 메시아 사상을 주축으로 개시된 유대교의 열매라 할 수 있을까?

이 모습은 포로기를 경험하기 이전 이스라엘이 추구했던 목표물들이다. 눈에 보이고 손에 잡히는 인류 역사, 사람이 주인 되어 이끌어가는 그 역사에서의 선두주자는 묵시 사상과 부합하지 않는다. 창조의 주 하나님이 주인 되시는 역사 안에서, 하나님이 바라는 이스라엘의 모습은 아직도 이스라엘 중에서 찾아보기 어렵다. 포로기 유다 공동체는 사람들이 보고 만지며 이끌어가는 세속의 역사 속에서의 성전이나 왕조 그리고 나라가 다윗 언약의 진정한 내용이 아니라는 것을 확인했었다. 구약에서 계시된 메시아, 다윗 언약으로 구체화 된 메시아는 사람들이 기록하는 역사 밖으로부터 침투하여 뚫고 들어와야 함을 확인했었다. 역사 밖에서[65] 역사 안으로 뚫고 들어와 구원하는 '하나님의 기름부음 받은 자' 사상이 메시아 교의다.

64　Ibid., 587.
65　박정수, 『기독교신학의 뿌리』, 61-2.

그러나 그들은 여전히 지상의 성전과 세속적 나라에 집착하고 전 세계 모든 민족보다 탁월함을 드러내고 우월함을 확인할 때 만족하는 민족성으로 회귀했다. 이들 앞에 기다린 것은 다시 한 번 출애굽 이후 광야에서 방황하던 때처럼, 무려 이천 년 동안의 방랑이었다. 이 동안에 세기적인 대학살의 고난을 당하기도 했다.

분명한 것은 바벨론 유수에서 예레미야와 에스겔을 비롯한 선지자들의 선포에 힘입어 기사회생한 유다 공동체가 묵시의 시대를 열고, 묵시의 관점으로 묵시 문학을 꽃피우면서 다가선 '하나님의 기름부음 받은 자' 즉, 메시아 사상에 한 치의 어긋남 없이 역사 밖에서 뚫고 들어온 한 사람이 있었다. 그는 누구나 태어나는 방식이 아닌 오직 묵시적 관점으로 볼 때 납득이 가능한 방식으로 태어났다. 그야말로 역사 밖에서 역사 안으로 뚫고 들어 온 아이다. 그가 자라 요단에서 침례를 받을 때에도 오직 묵시가 아니면 들을 수 없는 음성을 듣게 하고, 묵시로만 볼 수 있는 비둘기 같은 성령을 보여주면서 이 땅의 역사 안으로 침투해 들어왔다.

그는 뜻밖에도 회개를 선포하면서 하나님 나라가 가까이 왔다고 했다. 회개는 역사 안에 있는 것이지만 하나님의 나라 천국은 역사 밖에 있다. 그 천국을 소망하라면서 또 그 천국을 침노하라 했다. 그가 역사를 뚫고 들어온 것처럼 그의 제자들은 역사를 뚫고 나가 천국을 침노해야 한다(마 11:12). 그는 역사 밖의 것으로써, 역사 안에 가지고 와서 다시 역사를 주관하는 대단히 묵시적인 신앙을 선포했다.

그는 하나님의 나라와 이 땅을 연결하면서 십자가를 지고, 스스로를 인자로 부르고, 보통의 역사 곧 포로기 이전의 역사적 개념으로는 이해할 수 없는 부활[66]을 보여주며 천국을 소개했다. 그가 이 땅에서 보여준 모든 것은 창조 이래 타락과 심판, 그리고 제사장 나라 이스라엘의 역사를 통해 점진적으로 진행된 가장 깊고 큰 울림이 있는 내러티브의 절정 곧 대단원이었다. 그 이름은 '메시아' 곧 하나님의 기름부음 받은 자, 그리스도이다. 그는 근본 하나님과 동등 된 본체이며 말씀으로 계신 분이었다(빌 2:6-11; 요 1:1-3).

그가 이 땅으로 비하하면서 어떤 모습으로 출발했는지에 대하여 우리는 여러 가지로 설명할 수 있을 것이다. 그러나 그가 역사 밖에서 역사 안으로 뚫고 들어 올 때의 가장 적확한 모습은 '메시아' 혹은 '그리스도'라는 데 다른 의견이 있을 수 없다. 성부 하나님은 성자 예수님을 이 땅에 '하나님의 기름부음 받은 자'로 보낸다. 이 연구는 여기에 주목한다. 하나님은 절대적 내러티브의 클라이막스를 기름부음 받은 자를 보내시는 것으로 정하셨다.

왜 기름부음 받은 자여야 하는가?

왜 기름을 부으시는가?

이제부터 해야 할 것은 신약성서를 텍스트로 하여 그 속에 있는 기름 및 기름부음의 사건들에 대한 목록을 작성하고, 그것으로 연구목록 접근 방식 기법[67]을 원용하고자 한다. 이 목록은 이 연구를 위한 자료로서 대단히 중요한 자료가 될 것이며 이 연구의 토대로서 이 연구를 지지해

---

[66] 오택현, 김호경, 『성서 묵시 문학 연구』, 38.

[67] Ibid., 29-30. 목록 접근 방식은 러셀(D. S. Russel)의 묵시 문학 연구 기법으로서 묵시 문학적 특징 목록에 자기의 것을 가미하여 목록을 만들고 이 목록에 따라 연구를 진행하는 방법이다. 이 연구에서는 그 방식을 그대로 따르지는 않을 것이다. 우선 성서에 나오는 기름부음 사건을 목록으로 작성하고 그에 따른 주제들에 착안하여 연구를 진행하고자 한다. 그 목록은 연구논문에 포함되지는 않는다.

줄 것이다. 이를 토대로 신약성서 안에서의 기름, 기름부음, 기름부음 받은 자에 대한 연구를 이어나가고자 함에 있어서, 기름과 관련된 제반의 주제들이 신약성서로 이어질 때 야기되는 문제가 있다. 그것은 구약성서와 신약성서 사이의 연속성과 불연속성의 문제이다. 구약에서의 기름부음에 관한 주제가 신약에까지 그대로 연속되기도 하지만, 어떤 경우에는 반전이 있을 수도 있다. 다음 장에서 신약성서의 기름 관련 주제들을 연구할 터인데, 이러한 관점에 유의하면서 볼 필요가 있다.

제4장

신약성서의 기름 및 예수 그리스도

이 연구의 주제인 기름, 기름부음, 기름부음 받은 자, 기름부음 받음으로 올 자에 대한 주제는 신약으로 계속 이어진다. 무릇 구약에서 신약으로 이어지는 과정에서 야기되는 중요한 문제 중의 하나로서 연속성과 불연속성이 있다. 구약의 하나님이 신약의 하나님이지만 인류에게 주어진 정경으로서의 구약과 신약 사이에는 자연스럽게 의미가 연결되는 주제도 있고, 전혀 상반되어 나타나는 주제들도 많다. 이것을 구약성서와 신약성서 사이의 연속성 혹은 불연속성이라고 지칭한다.[1]

예수님은 이러한 불연속성에 대하여 말씀하실 때는 "또 일렀으되 누구든지 아내를 버리려거든 이혼증서를 줄 것이라 하였으나 나는 너희에게 이르노니"(마 5:31-32)라는 형식으로 구약에서의 율법과 복음의 선포를 대비시킨다.[2] 그렇다면 기름, 기름부음, 기름부음 받은 자에 대한 주제들은 연속성에 해당하는가 혹은 불연속성에 해당하는가를 볼 필요가 있다.

---

1 Horst G. Pohlmann, 『교의학』, 이신건 역 (서울: 한국신학연구소, 1989), 80-5.
2 불연속성의 대표적 사례들로서는 이외에도 막 2:23 이하; 막 7:15; 마 5:21 등이 있다.

기름부음으로 하나님이 삼중직을 세우는 일이 신약에까지 연속되지 않는 것은 분명하다. 신약에서는 그릇에 기름을 담아 사람의 머리에 부어 삼중직으로 임명하는 사례가 전혀 나타나지 않기 때문이다. 그렇다고 해서 하나님의 기름부음의 섭리와 경륜이 단절된 것은 아니다. 하나님은 여전히 기름부음의 섭리와 경륜을 이어가신다.

구약과 신약 사이에는 시간적으로도 400여 년에 해당하는 중간기가 있었고, 구약성서의 기록만으로는 충분히 설명되지 않는 메시아 사상이 있음을 앞 장에서 보았다. 하나님의 기름부음 받은 자 섭리와 경륜에서 구약성서와 신약성서 사이의 불연속성을 Ⅲ장에서 본 메시아 사상이 어느 정도 해결해준다. 특히 메시아 사상에서 드러나는 묵시와 묵시 문학은 신약의 기독교 신앙으로 연결해주는 중요한 역할을 한다.[3] 이에 대해서 케제만(E. Kasemann)은 신약성서 정경은 구약으로부터 시작하여 전체적으로 하나의 통일성을 이루는 것이 아니라 묵시 문학적 유대교로부터 시작하여 초대교회로 이어지는 매우 복잡한 발전의 침전물이라고까지 주장한다.[4]

이러한 관점에서 기름부음의 불연속성 사례를 보면, 신약 시대에도 활동하는 이스라엘의 제사장들은 기름부음을 받는 의전을 치르지 않고 제사장으로 활동한다. 이들의 활동 또한 종교적인 제사장이 아니라 정치적인 제사장으로 그려진다. 구약에서 기름부음으로 세움 받던 선지자는 말라기 이후 중간시대를 거치는 동안 전혀 나타나지 않다가 침례 요한이 등장하여 활동하는데, 침례 요한도 구약 시대의 경우처럼 기름부

---

3 "묵시 사상과 지혜 전통," 네이버 지식백과.
4 Horst G. Pohlmann, 『교의학』, 80-5.

음을 받음으로써 선지자가 된 것이 아님에도, 요한은 선지자 중에서도 가장 큰 선지자로서 활동했다(눅 7:28).

삼중직의 하나였던 왕도 신약 시대에는 기름부음으로 세워지지 않는다. 신약 시대 예수님 당시의 왕은 헤롯이었다. 그는 다윗 언약과는 무관한 세속적이며 정치적인 왕이었다.

기름부음으로 세움 받던 삼중직의 전통이 어느 때부터 기름부음의 의전 없이 시행이 되었는지 성서는 명확하게 대답하지 않는다. 이 연구의 진행과정을 통해서 가늠해볼 수 있는 것은 포로기를 전후하여 기름부음의 예식이 생략되었을 가능성이 있다는 것이다. 그러나 이보다도 더 이른 시기부터 징후는 있었다. 존 와츠(John D. W. Watts)가 이사야 61장 1절을 주석하면서 이때의 기름은 종교의식에서 사용하는 기름이 아니라 하나님의 성령의 은사와 더 깊은 관련이 있다[5]고 한 지적은 깊게 음미해 볼만 하다. 어쨌든 기름부음의 종교적 의식이 성서의 불연속성에 해당하는 중요한 주제들 중의 하나임에는 틀림이 없다.

중간기가 끝나갈 무렵 이스라엘의 대제사장과 왕은 성서적 기름부음으로 세워진 것이 아니고, 세속의 정치적 현실의 역학관계에 의해서 세워졌다. 이러한 토양 속에서 예수 그리스도 한 사람에게 하나님이 기름부어 세우는 제사장, 왕, 선지자의 직임이 집중되는 양상이 신약 시대에 드러난다. 앞 장에서 본 메시아 사상이 예수님 한 분으로 모든 초점이 모아지며, 하나님의 기름부음의 섭리가 완결됨을 보게 된다. 그리고 놀랍게도 기름부음의 삼중직은 모든 성도에게로 이어진다(벧전 2:9).

이 장에서는 신약에 나오는 기름과 관련한 주제들을 일별하면서 구약

---

[5] Watts, 『WBC 주석: 이사야 34-66』, 482.

으로부터 연속적인 것은 무엇인가, 불연속적인 것은 무엇인가 하는 관점을 가지고, 복음서를 중심으로 규명한다. 이어서 기름부음 받은 자 즉, 그리스도로 오신 예수님의 행적을 중심으로 주제와 관련된 연구를 이어간다.

1. 복음서의 기름, 기름부음 주제들

1) 마태복음

신약성서에서 가장 먼저 등장하는 기름은 예수께서 제자들에게 기도를 가르쳐 주고 나서, 금식할 때의 태도에 대하여 "너희는 금식할 때에 머리에 기름을 바르고 얼굴을 씻으라"(마 6:17)는 언급이다. 여기서 '기름을 바르다'는 헬라어 동사 알레이포(ἀλείφω)가 쓰였는데, 이는 기름을 바르다 혹은 기름을 붓다는 뜻으로 히브리어 수크(סוך)의 역어이다.[6]

예수님의 이 말씀은 구약에서 금식할 때는 얼굴에 기름 바르지 않는 것이 관행(단 10:3)이었다는 점을 떠올리게 한다. 예수님도 그것을 의식하고 금식할 때 슬픈 기색을 하고 사람에게 보이려고 얼굴을 흉하게 하는 태도는 "자기 상을 이미 받은 것"(마 6:16)이라고 언급한다. 그동안의 유대인들의 금식에서 기름을 바르지 않음으로써 신실함을 강조했던 관행을 새롭게 재해석하며 예수님은 혁신적인 주문을 했다. 예수님은 구약 시대에서 신약 시대로 연결하는 과정에서 연속, 불연속의 차원으로

---

6 "기름," 바이블렉스 9.0.

자기 사역을 펼쳐나간다.

마태복음에는 구약에서 하나님으로부터 받는 축복의 상징어로서 '곡식과 포도주와 기름'의 주제가 언뜻 나온다. '곡식과 포도주와 기름'이라는 직설적 표현의 관용구는 등장하지 않으나, 예수께서 스스로를 '먹기를 탐하고 포도주를 즐기는 사람'으로 자기를 드러낸다(마 11:19; 눅 7:34). 하나님이 베푸시는 곡식의 소산인 떡을 탐하고, 하나님이 허락한 기쁨을 상징했던 포도주를 충분히 즐긴다고 예수님은 스스럼없이 말한다. 이는 독한 포도주나 술을 마시지 아니하며(눅 1:15), 낙타 털 옷을 입고, 음식은 메뚜기와 석청으로써 한정하면서 주의 길을 예비하는 침례 요한의 금욕적인 태도와 달리, 하나님이 주신 것을 마음껏 풍성하게 누린다는 예수님의 선포인데, '먹기를 탐하고 포도주를 즐기는 사람'에서 먹는 것은 당연히 곡식이고 포도주는 하나님이 인간에게 허락하신 기쁨의 누림이다.[7]

성서의 독자들은 여기서, 그렇다면 셋 중 나머지 하나인 기름에 대한 예수님의 인식은 무엇인가 하는 질문을 가지게 된다. 예수님은 나중에 잡히시기 전날 밤 유월절 식사에서 자신의 살과 피를 떡과 포도주로 말씀한다. 예수님이 기름을 언급하지 않음으로써 이에 대한 궁금증이 신학적 과제로 유예되었으나 '곡식과 포도주와 기름'으로 베푸시는 하나님의 축복은 연속된다고 봄이 타당하다.

기름이 빛을 밝히는 등불의 기름으로 사용되는 구약에서의 사례는 마태복음에서도 계속 이어진다. 모세는 이스라엘 백성들로부터 성막을 짓기 위한 예물을 받을 때 기름(셰멘, שֶׁמֶן)을 명시했다. 이 기름은 성소를 밝

---

[7] "포도주," 『아가페 성경사전』.

히는 등불의 기름으로 사용되었다(레 24:2-3). 이 기름은 마태복음 25장에서 신랑을 맞으러 나가는 처녀들의 기름 준비 비유의 이야기로 이어진다. 여기서의 기름은 엘라이온(ἔλαιον)이다. 엘라이온은 감람기름으로 식용을 비롯한 다양한 용도로 쓰였다.[8]

슬기 있는 다섯 처녀는 기름을 준비했고, 미련한 다섯 처녀는 기름을 준비하지 않았다. 그 결과 신랑의 행차가 지체되었을 때 슬기로운 다섯 처녀는 신랑을 맞이할 수 있었으나 기름이 떨어진 다섯 처녀는 신랑을 맞이할 수 없었다. 예수님이 밝음 즉, 광명을 천국과 비유했다. 고대시대부터 등불을 켜기 위한 기름의 사용은 계속되며, 어둠을 축출하는 등불의 의미는 진리를 밝히는 기름부음 받은 자의 사역과 부합되는 주제다.

복음서에 예수님이 물리적인 기름부음을 받은 에피소드는 두 번 나온다. 그중 마태복음 26장에 예수님이 베다니 나병환자 시몬의 집에 있을 때 한 여자가 매우 귀한 향유(뮈론, μύρον)를 가져와 식사하는 예수님의 머리에 부었다는 기록이 나온다(6-7절). 뮈론은 향료가 섞인 식물성 기름으로 B.C. 3천 년경부터 애굽에서 몸에 바르는 사치품으로도 쓰였고 약이나 방부제로도 사용되었으며 때로는 제사 의식이나 마술에 쓰이기도 했다.[9]

이때 예수님에게 기름 부은 여인의 행동에 대한 해석은 제자들과 예수님이 서로 달랐다. 제자들은 비싼 향유의 낭비로 보고 비난했지만, 예수님은 이 기름부음 사건에 대하여 세 가지 의미를 부여한다.

---

[8] "기름," 바이블렉스 9.0.

[9] "향유," 바이블렉스 9.0.

첫째, "가난한 자들은 항상 있지만 나는 항상 있지 아니하다"(11절).

둘째, "이 여자가 내 몸에 이 향유를 부은 것은 내 장례를 위하여 함이다"(12절).

셋째, "이 사건이 복음의 내용 속의 일부가 되어 후대에 기억되리라"(13절)는 것이다.

도날드 헤그너(Donald A. Hagner)는 이 대목에서 기름을 부은 여인의 의도나 예수님의 해석으로 볼 때, 이 기름부음이 영화로운 왕권적인 기름부음 받음이라는 어떤 암시도 없다고 주장한다.[10] 구약에서 행해지는 기름부음이 아니라는 뜻이다. 가시적인 기름부음의 불연속성 차원에서 헤그너의 지적은 적절하다고 볼 수도 있다. 그러나 성서에서 기름을 붓는 주체가 확장된다는 차원에서는 생각해볼 여지가 없지 않다.

성서의 기록에서 최초로 기름부음을 행한 사람은 모세이다. 이후 사무엘이 부었고, 유다 사람들(삼하 2:4)과 이스라엘의 장로들(삼하 5:3)이 다윗에게 기름을 부었으며, 이후로 제사장과 선지자 등이 기름 붓는 일을 해왔다. 그리고 기름부음에 대한 기록은 생략되었지만 "그가 기름부음을 받았다"고 언급하는 예들이 있는데 이 중에는 기름부음을 행한 이가 누구인지 가늠할 수 없는 경우도 있다.

고레스(사 45:1)와 유다의 마지막 왕 시드기야(애 4:20)는 누구로부터 기름부음을 받았는지 추측이 어렵지만 그들이 기름부음을 받았다고 구약은 기록했다. 신약에서 예수님에게 기름 부은 사람은 비천한 신분의 여인이다. 이 여인은 예수님으로부터 받은 은혜에 감동하여 자기 옥합을 깨뜨리고 향유를 예수님의 머리 위에 부었다. 한편 이 사건은 마가복음

---

10 Donald A. Hagner, 『WBC 주석: 마태복음 14-28』, 채천석 역 (서울: 도서출판 솔로몬, 2000), 1153.

14장, 요한복음 12장에서도 기록하고 있다. 누가복음 7장의 기름부음 기사는 이와는 별개의 사건이다.[11]

2) 마가복음

마가복음 6장에는 예수님이 파송한 열두 제자들이 예수님으로부터 귀신을 제어하는 권능을 받고 나아가 많은 병자에게 기름을 발라 고친 기사가 나온다(막 6:7-13). 고대시대에는 물론 구약에서도 기름으로 병자를 고쳤으리라는 단서를 볼 수 있다(사 1:6; 렘 8:21-22; 46:11; 51:8). 또한 제사장이 나병환자의 완치를 확인하고 사회에 복귀시키는 정결 예식에서 기름을 사용했다(레 14:1-32).

상처의 치유제로서 기름이 오래 전부터 사용되었음은 익히 알려져 왔다.[12] 그러나 파송된 제자들이 귀신을 제어하는 권능을 부여받고 나가서 기름을 발라 병을 고쳤다는 기사는, 기름이 병을 고치는 약이기도 하지만 여기서는 하나님의 치유 권능을 드러내는 초대교회의 신앙(참조. 약 5:14-15)과도 밀접한 관련이 있을 것으로 본다.[13]

상처에 기름을 발라 상처 부위를 부드럽게 하거나 치유하는 일은 신약에 와서도 계속 이어진다. 한편 예수님이 파송한 제자들이 기름을 사용하여 병자를 고쳤다는 기사(막 6:13)로 비추어 볼 때, 예수님이 개인의 장애나 질고를 치유할 때 기름을 사용했다는 분명한 기록은 없지만 예

---

11   이 사건은 다음 페이지에서 이어지는 "3) 누가복음"에서 다룬다.
12   "기름," 『기독교대백과사전』.
13   Robert Guelich, 『WBC 주석: 마가복음 1-8:26』, 김철 역 (서울: 도서출판 솔로몬, 2001), 520.

수님도 기름을 사용하여 병자를 치유했을 개연성은 충분하다.[14]

3) 누가복음

예수님이 공생애를 시작하면서 고향 나사렛의 한 회당에서 이사야 61장 1-2절을 읽었다. 그 내용을 누가는 다음과 같이 옮겼다.

> **주의 성령이 내게 임하였으니 이는 가난한 자에게 복음을 전하게 하시려고 내게 기름을 부으시고 나를 보내사 포로된 자에게 자유를, 눈 먼 자에게 다시 보게 함을 전파하며 눌린 자에게 자유롭게 하고**(눅 4:18).

예수님이 인용하여 읽은 구약의 대목에서 "기름을 부으시고"는 히브리어 동사 마샤흐(מָשַׁח)이다. 이 단어를 헬라어 크리오(χρίω)로 번역했다. 크리오는 고전 헬라어 용법에서 자기 신체에 무언가를 '문질러 바르다' 혹은 '어루만지다'를 의미한다. 그러나 크리오가 기름과 관련하여 사용될 때는 '기름을 붓다,' '기름을 바르다'를 의미한다.[15] 예수님은 이 부분을 읽고 나서 "이 글이 오늘 너희 귀에 응하였느니라"(눅 4:21)고 선포했다.

구약에서 기름부음 받은 자 주제는 창세기로부터 시작하여 끊임없이

---

14 누가복음에서 예수님이 비유로 들려주신 선한 사마리아인 비유에서 사마리아인이 강도 당한 자에게 "기름과 포도주를 그 상처에 붓고 싸매며"(눅 10:34)라고 한 점에 비추어 보면 예수님도 기름을 사용했을 것으로 미루어 짐작할 수 있다.

15 "기름붓다," 바이블렉스 9.0.

되풀이 되고 반복되면서 그 의미가 확장을 거듭해 오다가, 시가서에서 시로써 의미가 뚜렷해지고, 이사야 61장에서 분명해지며, 다니엘 9장에서 메시아가 올 기한의 윤곽이 드러났다. 이제 남은 것은 과연 누가 그인가 하는 것이었다. 누가 하나님의 기름부음을 받고, 기름부음 받은 자로서의 사명을 완결 지을 것이냐가 남았다. 그런데 나사렛 회당에서 예수라는 한 청년에 의해 밝혀지고 선포되었다.

하나님의 기름부음 받은 자의 주제는 이제 본격적으로 이 세상을 무대로 펼쳐진다. 그러나 기름부음의 형식은 가시적 형태에서 보이지 않는 기름부음으로, 불연속의 속성으로 드러난다. 그러나 복음서에는 예수님에게 물리적으로 기름을 붓는 두 번의 기사가 마태복음에 이어 누가복음에도 나온다.

예수님이 여인으로부터 기름부음을 받는 두 번째 사건이 누가에 의해서 서술되는데, 마태복음 26장에서는 나병환자 시몬의 집이었고 그때는 예수님의 머리에 기름을 부었다. 두 번째의 무대는 바리새인의 집이다. 바리새인 중 한 명이 예수님을 식사에 초대했다. 그때 그 동네에 사는 한 여인[16]이 향유를 가지고 와서 이번에는 예수님의 발에 기름을 부었다. 예수님의 머리에 향유를 부었던 마태복음의 사건에서와 같이, 여인의 행위에 대하여 이번에도 식사를 초대한 바리새인의 해석과 예수님의 해석이 상반되었다. 바리새인은 주관적인 견해로서 여인이 죄가 많은 것에 주목하여 마음속으로 "선지자라면 자기를 만지는 이 여자가 누구이며 어떠한 자 곧 죄인인 줄 알았으리라"(눅 7:39)고 했다.

예수님은 바리새인 시몬의 그런 마음의 생각을 알고 그에 대해 비유

---

16 이 여인은 요 11: 2에 의하여 베다니에 사는 마리아로 밝혀진다.

로써, 더 많은 죄 사함을 받은 자가 상대적으로 적은 죄 사함을 받은 자보다 하나님을 더 많이 사랑하게 된다(눅 7:40-47)고 말해주고 나서, 이 여인은 내 발에 기름을 부음으로써 죄 사함을 받고, 그 믿음으로써 구원을 받았다고 선언한다(눅 7:48). 예수님은 자기에게 기름을 부은 두 번의 사건을 통하여 기름 붓는 자가 받는 복을 선포한다. 마태복음의 사건에서는 기름 부은 여인이 후대에 기억되리라고 했고, 누가복음의 사건에서는 기름 부은 여인이 죄 사함에 이어 구원을 받았다고 선포했다.

이 연구에서 서론에 이어 구약에서의 기름, 기름부음, 기름부음 받은 자에 대하여 주제별 정의를 하고 이어서 이스라엘의 메시아 사상을 일별했다. 그리고 신약성서의 기름과 관련한 주제들에 대하여 연속성과 불연속성이라는 관점을 적용하면서 접근을 시도했다. 하나님의 기름부음 섭리와 경륜은 신약으로 연속되지만, 기름을 붓는 제의는 변화를 겪어오다가 가시적 기름부음의 제의는 불연속되어 신약에서는 더 이상 기름부음이 종교적 의식에서 등장하지 않는다. 그런데 복음서에 예수께서 두 번의 기름부음을 받는 장면이 나오기 때문에 혼란스럽다.

위에서 이미 가시적 기름부음은 구약에서 시행되는 제의였으나 그것은 신약에 이르기까지 연속되지 않았음을 밝혔다. 그러므로 예수께서 그리스도 됨이 그 두 번의 기름부음으로 인한 것이 아니라는 점은 분명하다. 그렇다면 이 기사에서 유의하여 볼 것은 두 여인이 기름을 부은 예수님이 누구인지 당시 상황을 통해서 좀 더 자세히 볼 필요가 있다.

마태복음 26장에서는 예수께서 좌중에 선포하기를 "나는 항상 있지 아니하다"(11절), "이 기름부음은 내 장례를 위함이다"(12절), "이 사건은 복음의 일부가 되어 후대에 기억 된다"(13절)고 했다. 누가복음 7장에서는 이 여인은 나에게 기름부음으로써 죄 사함을 받고, 구원을 받았다(48

절)고 선포했다. 이렇게 선포할 수 있는 분은 하나님이시다. 하나님만이 이렇게 말씀하실 수 있다. 그러니 기름을 부은 두 여인은 하나님이신 예수께 기름을 부어 축복한 것이다. 이는 곧 송축이다. 송축이란 복을 하나님께로 돌리는 것이다.

하나님께 복을 돌려드리는 일은 일찍이 아브라함의 종 엘리에셀이 이삭의 아내가 될 리브가와 만나게 해주신 하나님께 "나의 주인 아브라함의 하나님 여호와를 찬송하나이다"(창 24:27)에서 보여주는 하나님 찬양이다. 이러한 하나님께 대한 찬양은 시편에서 '송축'으로 기술이 되고, 신약에 이르서는 주기도문의 끝에 있는 "나라와 권세와 영광이 아버지께 영원히 있사옵나이다"(마 6:13)로 이어진다.[17] 신약에서의 두 여인이 예수께 기름을 부은 일은 결과적으로 하나님을 송축하고, 하나님께 영광을 돌린 송축이 되었다.[18] 하나님을 찬양하고 송축하는 일은 이스라엘이 여호와 하나님을 예배하는 신앙의 중요한 주제 중의 하나이다. 이 주제는 신약에서도 잘 드러나는데 뒤에서 이에 대하여 일별한다.

한편 여기서 예수님이 바리새인 시몬에게 책망의 말을 하는 대목이 뒤이어 나온다.

> **내가 네 집에 들어올 때 너는 내게 발 씻을 물도 주지 아니하였다**(눅 7:44).

> **너는 내게 입 맞추지 아니했다**(눅 7:45).

---

17 "송축," 『아가페 성경사전』.
18 송축은 본서 제2장 구약의 기름 주제, 2) 축복(베라카 בְּרָכָה)으로 받는 기름을 보라.

너는 내 머리에 감람유도 붓지 아니했다(눅 7:46).

이로 봐서 당시 유대인들은 집에 귀한 손님을 초청하면 손님에게 평화를 기원하는 입맞춤을 하고, 발을 씻겨 주고, 향을 손님의 머리에 부어주었던 것으로 보인다. 기름부음의 관행이 이제는 보편적인 일상이 되어 있었다. 일상의 예절로서의 기름과 기름부음 의식은 구약에서 신약으로 연속된다.

4) 요한복음

요한복음에는 기름에 대한 기사가 거의 없다. 기름에 대한 기사가 없다는 것은 기름에 대한 인식의 정도가 낮기 때문이 아니다. 뒤에서 보겠지만 사도 요한이야말로 이 연구의 주제인 '기름부음'에 대하여 누구보다 깊은 이해를 가지고 있다. 기름과 관련한 주제들의 연속성 혹은 불연속성으로서 가장 문제가 되는 '하나님의 기름부음'을 요한이 가장 분명하게 정의한다.[19]

요한복음에 등장하는 유일한 기름과 관련한 기사는 예수님의 시신에 기름을 바르는 사건이다. 예수님은 공생애 중 여인들로부터 두 차례 기름부음을 받은 기록이 있다. 이후 세 번째 기름부음 받음이 있다. 십자가에 달린 예수님의 시신은, 그동안 드러내지 않고 예수님에게 동조했던 제자 아리마대 사람 요셉의 청에 의하여 내려지고 그가 시신을 가져갔다. 이때 니고데모도 몰약(스뮈르나, σμύρνα)과 침향(알로에, αλόη) 섞은 것

---

19 요일 4:20, 27을 보라. 이에 대해서는 뒤에서 다룬다.

을 가져와 유대인의 장례법대로 향품과 함께 세마포로 감쌌다(요 19:38-42). 시신에 기름 바름이 행해진 것이다.

몰약은 회막과 제사장의 성별에 사용하는 관유에 있어서 중요한 성분으로 시편 45장 8절에서 몰약의 향기는 하나님이 선택된 왕에게 붓는 기쁨의 기름과 연관하여 언급되었고, 침향은 알로에의 즙인데 이는 매우 향기롭고 속히 마르는 나무의 진으로써 방부제로 사용되었다.[20]

5) 복음서 이외의 기름, 기름부음 언급

사복음서에 나오는 기름과 기름부음의 사례들을 일별했다. 성경의 흐름으로 볼 때, 누가 누군가에게 기름을 준비하여 붓고 바르는 사건에 대한 기록은 사실상 신약의 사복음서에 나오는 몇 가지 사례들로써 일단락이 된다. 사복음서 외에 기름을 붓거나 바르는 일에 대한 언급은 야고보서가 거의 유일하다.

> 너희 중에 병든 자가 있느냐 그는 교회의 장로들을 초청할 것이요 그들은 주의 이름으로 기름을 바르며 그를 위하여 기도할지니라(약 5:14).

이는 구약에서 정결과 치유의 기름(셰멘, שֶׁמֶן)이다. 야고보서는 기름을 헬라어 엘라이온(ἔλαιον)으로 썼다.

여기서 유의하여 볼 것은 기름을 붓는 장로가 성령의 은사로서 병 고

---

[20] "몰약, 침향," 바이블렉스 9.0.

치는 은사(고전 12:9)를 받은 자가 아닌가 하는 점이다. 만일 그렇다면 이 때의 기름부음은 이 연구의 주제와는 상관없는 기름이 될 것이다. 그러나 랄프 마틴(Lalph P. Martin)은 야고보서 5장 14절의 기름 바름은 병 고치는 은사를 받은 자의 치유가 아닌, 누가복음 10장 34절에서 사마리아 사람이 강도 만난 이웃에게 기름과 포도주를 부은 것과 유사한 행위라고 주석한다(눅 10:34).[21] 그러므로 여기서의 기름은 치유 목적으로 상처에 바르는 기름이다. 그러나 이 기름을 병든 성도의 초청으로 교회의 장로가 지참하고 가서 발라주는 기름이기 때문에 신앙과 밀접한 관련을 갖는다. 그러므로 초청을 받은 장로는 "기름을 바르며 그를 위하여 기도"(약 5:14)하여야 한다.

구약 시대의 상처에 기름 바르는 일이 신약에 와서 신앙과 치유의 기름이 된 것에 대한 사례를 보여준다. 기름부음이 교회의 장로 즉, 신앙의 행위 중 하나가 된 것은 질병의 치유는 하나님이 하신다는 확신에 근거한 믿음에서 기인한다.[22] 상처에 기름을 붓는 일도 기름과 관련한 이 연구의 범위에 속하는 일로서 그 관행이 가장 나중까지 원형을 유지하면서 연속되는 몇 안 되는 사례이다.

신약성서에서 복음서와 야고보서 외에 기름이 언급이 되는 경우는 베드로의 설교에서 예수님을 지칭하면서 "하나님께서 기름 부으신 거룩한 종 예수"(행 4:27), "하나님이 나사렛 예수에게 성령과 능력을 기름 붓듯 하셨으매"(행 10:38)라고 두 번 언급한 일과, 바울 사도가 "우리에게 기름을 부으신 이는 하나님이시니"(고후 1:21), 히브리서 기자가 "하나님 곧

---

21 Lalph P. Martin, 『WBC 주석: 야고보서』, 홍찬혁 역 (서울: 도서출판 솔로몬, 2001), 454.
22 Ibid., 454.

주의 하나님이 즐거움의 기름을 주께 부어 주를 동류들보다 뛰어나게 하셨도다"(1:9)가 있다. '기름부음 받은 자'와 관련하여 각별히 주목할 만한 대목은 요한서신에서 사도 요한이 이 연구의 주제와 대단히 밀접한 언급을 한 점이다(요일 2:20, 27). 이에 대하여는 다음 장에서 심도 있게 접근한다.

한편 요한계시록에서는 올리브기름에 대한 언급이 있다.

> 하루 품삯으로는 고작 밀 한 되, 아니면 보리 석 되를 살 뿐이다. 올리브기름이나 포도주는 아예 생각하지도 말라
> (계 6:6, 공동번역).

> 계피, 향료, 향, 몰약, 유향, 포도주, 올리브기름, 밀가루, 밀, 소, 양, 말, 수레 그리고 노예와 사람의 목숨 따위가 있다
> (계 18:13, 공동번역).

이에 대하여는 앞에서 지적한 바와 같이 '곡식과 포도주와 기름'이라는 관용구의 활용이다. 두 구절 모두 종말의 때에 하나님의 축복과 은총의 고갈로 인한 피폐함을 드러내고 있다.[23] 또한 사람들이 하나님으로부터 받은 은혜를 표할 때에 쓰는 '곡식과 포도주와 기름'이라는 관용구는 요한계시록에까지 연속되었다. 하나님의 축복이 사람들에게 주어지고, 사람들은 다시 하나님을 찬양하는 송축의 주제로 연속된다.

---

[23] David E. Aune, 『WBC 주석: 요한계시록 6-16』, 김철 역 (서울: 도서출판 솔로몬, 2004), 103.

6) 이스라엘의 송축 신앙 사례들

이스라엘 사람들의 하나님에 대한 송축은 하나님과 피조물 사람 사이에서, 사람들은 기름으로 하나님께 예물을 드리고, 하나님은 이에 '곡식과 포도주와 기름'으로 축복하며, 그 복을 받아 누리는 사람들은 다시 하나님께 영광을 돌린다는 관점에서 기름부음의 주제와 관계가 있다. 다음은 신약 시대 이스라엘 백성이 하나님께 영광을 돌리는 송축의 사례들이다. 복음서 기자들은 유대 군중에 대하여 "그들이 하나님께 영광을 돌렸다"는 관용구를 구사함으로써 이스라엘의 송축 신앙을 드러낸다.

예수님의 병자 치유 기적 중에서 침상에 누운 중풍병자를 고치는 기사는 공관복음 세 권에 모두 나온다(마 9:1-8; 막 2:1-12; 눅 5:17-26). 마가복음과 누가복음은 이 환자를 지붕을 뜯고 달아 내렸다고 기록한다. 이 환자가 현장에서 예수님에게 치유함을 받아 자신이 누워왔던 침상을 들고 걸어 나가는 장면을 목격한 유대 군중들이 "이런 권능을 주신 하나님께 영광을 돌렸다"고 마태, 마가, 누가 공히 기록했다. 누가복음은 치유를 받은 그 환자도 하나님께 영광을 돌리며 자기 집으로 돌아갔으며(눅 5:25), 그 장면을 목격한 군중들이 하나님께 영광을 돌렸다고 기록한다.

마태복음에만 기록된 치유 기적 기사(마 15:29-31)로서 갈릴리 호수 가에서 큰 무리가 다리 저는 사람, 시각장애인, 언어장애인을 예수께 데려왔는데 예수님은 그들 모두를 고쳤다. 말 못하는 사람이 말하게 되고, 장애인이 온전하게 되고, 다리 저는 사람이 걸으며, 시각장애인이 보게 되는 것을 무리가 목격하고 "놀랍게 여겨 이스라엘의 하나님께 영광을 돌리니라"(31절)고 했다. 유대인들에게는 이처럼 놀라운 치유 기적에 대하여 치유를 시행한 당사자보다는 하나님께 영광을 돌렸다.

누가복음 7장 11-17절에 나오는 나인 성 과부의 죽은 아들을 살린 기사에서도 현장을 목격한 무리들이 "두려워하며 하나님께 영광을 돌려 이르되 큰 선지자가 우리 가운데 일어나셨다 하고 또 하나님께서 자기 백성을 돌보셨다"(16절)고 기록한다. 누가복음 13장 10-13절에서도 열여덟 해 동안 귀신들려 앓으며 꼬부라져 조금도 펴지 못하는 한 여인이 회당에서 예수님을 만나 고침 받고 하나님께 영광을 돌렸다. 누가복음 17장 11-19절에서는 나병환자 열 명이 치유함을 받았으나 그 중 한 사람만이 예수께 돌아와 '하나님께 영광을 돌리며' 예수님의 발아래에 엎드리어 감사했다. 이때 예수님께서도 "이 이방인 외에는 하나님께 영광을 돌리러 온 자가 없느냐"고 말한다.

기적적인 치유에 대한 사역은 하나님의 몫이며 치유 받은 자는 하나님께 영광을 돌리는 것이 유대의 신앙이었다. 누가복음에는 이외에도 맹인이 고침 받은 기사에서도 그가 하나님께 영광을 돌리며 예수님을 따랐고, 이를 본 백성이 모두다 하나님을 찬양했다고 기록한다.[24] 누가는 특별히 이방인인 로마의 백부장이 십자가 사건을 목격하고 예수님이 정녕 의인이었다고 탄식하면서 하나님께 영광을 돌렸다고 기록함으로써 주목을 끈다(눅 23:47).[25]

요한복음에서는 하나님께 영광을 돌리는 일에 대한 보다 깊은 의미를 제공한다. 요한복음 9장에서 예수님은 날 때부터 맹인된 사람을 치유했

---

[24] 이 사건의 병행구절인 마 20:29-34, 막 10:46-52에서는 하나님께 영광을 돌렸다는 내용이 생략되어 있다.

[25] 이 사건의 병행구절인 막 27:54에서는 백부장이 "이는 진실로 하나님의 아들이었도다"라는 고백으로 기록하지만 그들이 하나님께 영광을 돌렸다는 언급은 없으며, 역시 막 15:39에서도 예수님을 하나님의 아들이었다고 고백하는 기사만 나온다.

는데 이 사건이 안식일에 벌어졌으므로 바리새인들과 치열한 논쟁을 촉발한다. 치유함을 받은 맹인이나 목격자들이 하나님께 영광을 돌렸다는 언급은 없지만, 이 일로 인해 바리새인들은 두 번이나 이 사람을 불러 예수님의 표적을 확인하는데 이 과정에서 '너는 하나님께 영광을 돌리라'고 채근하면서 병을 고쳐준 예수님에 대하여 "우리는 이 사람이 죄인인 줄 아노라"(24절)는 사족을 단다. 항간에 떠도는 '예수가 그리스도'라는 풍문을 차단하기 위하여 예수님의 치유기적은 인정하지만 그 역시 죄인에 지나지 않는다는 것을 입증하려는 것이 바리새인들의 목적이다.

나사로가 죽을병에 걸렸다는 소식을 들은 예수께서도 "이 병은 죽을 병이 아니라 하나님의 영광을 위함이요 하나님의 아들이 이로 말미암아 영광을 받게 하려 함이라"(요 11:4)고 선포함으로써 송축의 신앙을 드러낸다. 이러한 일련의 복음서 기사들로부터 확인할 수 있는 것은 예수께서 유대 군중에게 그리스도 됨이 받아들여지기 위해서는 어떤 신학적 교의가 배경으로 작용해야하는지 알게 한다.[26]

예수님의 모든 이적과 표적에 대하여 그동안의 유대 군중은 자기들의 신앙적 배경에 따라 의당 하나님께 영광을 돌렸으나, 동시에 예수님에게도 하나님께 드리는 영광이 돌려져야 한다. 하나님을 송축하는 일은 여호와 하나님을 신앙하는 예식에서 대단히 중요하며, 구약에서 하나님께 드리는 송축의 예물로 기름이 있다.[27]

---

[26] 표적 사건을 목격하는 유대인들은 그때마다 성부 하나님께 영광을 돌렸다. 그러나 이제부터는 성자이신 예수님이 삼위일체 하나님으로서 함께 영광을 받아야 한다는 신학적인 교의가 중요한 이슈로 드러난다.

[27] 본서 제2장 축복(베라카 בְּרָכָה)으로 받는 기름 이하를 보라.

2. 신약성서의 예수 그리스도

 구약성서에서부터 시작한 '기름'에 대한 탐구는 신약의 사복음서에 이르기까지 섭렵되었다. 이 과정에서 연속성, 불연속성이라는 관점으로 해석을 시도했다. 이어서 신약성서에서 계속되어야 할 탐구는 이제 기름부음 받은 자로 오신 '그리스도'로 초점이 옮겨갈 차례다. 이제는 이 땅에 기름부음 받은 자로 오신 예수 그리스도를 대면해야 한다. 신약성서는 그리스도와 그리스도를 대면하는 사람들의 이야기이다. 그리스도와 맞닥뜨린 사람들은 그리스도와 어떤 모습으로 만나는지 살펴봄으로써 하나님의 기름부음 받은 자 섭리와 경륜의 실제를 이해할 수 있을 것이다.

 그리스도와 대면하는 사람들로서 다음을 살펴보게 된다.

 첫째, 유대 군중들이 그리스도와 대면하는 실상을 통해서 그들에게 그리스도는 어떤 의미인지 파악해볼 것이다.

 둘째, 유대 지도자들이 그리스도를 대하는 모습을 보게 되는데, 이 두 그룹의 사람들은 대체적으로 그리스도를 자기들이 고대하는 기름부음 받은 자로 인정하지 않은 경우에 해당한다.

 셋째, 그리스도를 가장 먼저 기름부음 받은 자로 믿은 이들로서, 사도들에게 예수님은 어떻게 다가갔으며 사도들은 예수님을 어떻게 그리스도로 믿게 되는지를 보게 될 것이다.

 이와 동일한 접근법으로써, 예수님 자신은 스스로의 그리스도 됨에 대하여 어떻게 정체성을 드러내며 이 땅에서의 사명을 진척시켜 나가는지도 탐구하고자 한다. 이어서 성부 하나님에게 그리스도는 어떤 의미로 독자에게 읽혀지는지 복음서를 중심으로 연구한다.

1) 유대 군중과 예수 그리스도

유대 군중은 하나님의 제사장 나라로 선택받은 이스라엘 사람들이다. 이 연구의 Ⅲ장에서 드러났듯이 메시아 사상은 이스라엘 민족을 대상으로 하여 전개되는 역사 안에 있었다. 그들의 역사 속에서 그들이 대망하는 '메시아'는 그들의 일상 언어가 바뀌면서 '그리스도'로 서술된다.[28] 당시 유대인들의 메시아 대망은 팔레스타인 전역에 널리 퍼져 있었음이 확인된다. 복음서에 그 실상을 예증하는 기사를 먼저 찾아봄으로써 유대 군중과 예수님과의 대면을 보자.

(1) 시므온, 안나, 사마리아 여인의 메시아 대망

이스라엘 민족이 얼마나 간절하게 그리스도를 고대하고 있었는가에 대한 몇 가지 단서를 복음서에서 찾아볼 수 있다. 먼저 누가복음 2장에서 예수님의 부모들이 율법에 따라 생후 40일에 예수님의 정결예식을 위해 예루살렘에 올라갔을 때 만나게 되는 두 사람을 통해서 볼 수 있다. 한 사람은 시므온인데 누가복음 기자는 다음과 같이 묘사했다.

> 이 사람은 의롭고 경건하여 이스라엘의 위로를 기다리는 자라 성령이 그 위에 계시더라(눅 2:25).

---

[28] 메시아와 그리스도는 같은 뜻의 다른 언어이지만 언어의 속성상 시간이 흐르면서 차이를 가지게 되기도 한다. 메시아는 화용론적 의미를 확보하여 성경 이상의 의미를 갖게 되는데 그리스도는 아직은 성경이내의 의미를 지키고 있는 듯하다. 이 연구에서는 메시아와 그리스도를 동의어로 혼용한다.

시므온은 "주의 그리스도를 보기 전에는 죽지 아니하리라 하는 성령의 지시"(26절)를 받은 자였다. 그가 예루살렘 성전에 출입하는 중에 마침내 정결예식을 위해 부모의 품에 안겨 있는 예수님을 만난다. 이때 시므온은 아기 예수를 자기 품에 안으며 "내 눈이 주의 구원을 보았사오니"(29절)라고 선포한다. 아기 예수가 그리스도라는 확인이다.

예수님의 정결예식 현장에는 시므온 말고 또 한 사람의 여인이 있었다. 누가는 그 여인을 "아셀지파 바누엘의 딸 안나라 하는 선지자"(36절)이며 그녀는 결혼 후 일곱 해 동안 남편과 함께 살다가 과부가 되었고, 당시 여든 네 살이었는데 성전을 출입하던 중 아기 예수님을 만나 감사히 여기며, "예루살렘의 속량을 바라는 모든 사람에게" 예수님이 그리스도라고 말한다(38절).

한편으로 막연하게 메시아를 기다리는 듯한 인물이 있는데 요한복음 4장에 등장하는, 예수님과 우물가에서 만나는 사마리아 여인이다. 사마리아는 유대 역사에서 남북 분단과 유다의 멸망 이후 포로기를 거치면서 유대인의 정통성을 상실한 변방이 된 지역이었다. 예수님은 그 지역을 방문하여 우물가에서 한 여인과 대면한다. 예수님과 이 여인과의 대화에서 우리는 그 지역 신앙의 실상을 알게 된다. 이 대화 가운데 여인의 입을 통하여 "메시아 곧 그리스도라 하는 이가 오실 줄을 내가 아노니 그가 오시면 모든 것을 우리에게 알려 주시리이다"(25절)라고 함으로써 사마리아 사람들의 메시아 대망을 알게 한다. 시므온과 안나와 사마리아 여인을 통하여 유대 군중에게 그리스도는 어떤 의미인지 하나의 단서를 보았다.

(2) 유대 군중의 신앙과 그리스도

예수님의 기사와 표적을 본 유대 군중들은 놀라고 두려워하는 마음으로 하나님께 영광을 돌렸다. 이때마다 예수님은 자신이 함께 그 영광을 받아야 할 그리스도임을 드러낸다. 요한복음 6장에 나오는 오천 명을 먹인 기적 현장 체험자가 된 유대 군중은 "이는 참으로 세상에 오실 그 선지자라"(14절)는 감탄으로 자기들이 고대하던 메시아라는 확신에 찼다.

그들은 이튿날 예수님을 찾아 나선다. 그들은 배를 타고 가버나움까지 가서 예수님을 만나 "랍비여 언제 여기 오셨나이까"(25절) 하는데, 그들에게 예수님은 "너희가 나를 찾는 것은 표적을 본 까닭이 아니요 떡을 먹고 배부른 까닭이로다"(26절)라고 말하고 "썩을 양식을 위하여 일하지 말고 영생하도록 있는 양식을 위하여 하라"(27절)면서 스스로를 '인자'로 칭하고 '인자는 하나님께서 인 치신 자'라고 밝힌다.

이로부터 오병이어 체험자들과 예수님과의 진지한 대화가 이어진다. 예수님은 '나는 생명의 떡'이라고 선언한다. "내가 하늘에서 내려온 것은 내 뜻을 행하려 함이 아니요 나를 보내신 이의 뜻을 행하려 함이라"(38절)는 말에 이어 "내 아버지의 뜻은 아들을 보고 믿는 자마다 영생을 얻는 이것이니 마지막 날에 내가 이를 다시 살리리라"(40절)는 선포에까지 이르렀다. 예수님의 이 말씀은 오병이어의 기적 사건을 능가하는 획기적인 언설로서 이는 예수님이 직접 선포하시는 성육신의 천명이다.[29] 그러나 이때부터 유대 군중들은 술렁이기 시작한다.

"이는 요셉의 아들 예수가 아니냐 그 부모를 우리가 아는데 자기가 지금 어찌하여 하늘에서 내려왔다 하느냐"(42절)는 냉엄하고 조소적인 유

---

[29] Beasley G. R. Murray, 『WBC 주석: 요한복음』, 이덕신 역 (서울: 솔로몬, 2001), 261.

대신앙의 현실로 회귀한다. 이어서 예수님의 계속되는 '생명의 떡'이라는 말에 군중들은 자기들끼리 서로 다투는 지경에까지 이르렀고 끝내 "많은 사람이 떠나가고 다시 그와 함께 다니지 아니했다"(66절). 유대 군중에게 메시아 즉, 그리스도와의 해후는 일단 여기까지가 한계였다.[30]

유대 군중은 지상적 예수님의 신분을 익히 알고 있으면서 예수님을 메시아 및 하나님의 아들로서 영접하기에는 아직 때가 무르익지 않았다.[31] 어쨌든 그들은 예수님의 강화를 인내하며 수용하지 못하고 끝내 기름부음 받은 자 예수님으로부터 돌아선다.[32]

2) 유대 지도자들과[33] 예수 그리스도

하나님이 유대민족을 제사장 나라로 선택하여 그들로 하여금 하나님의 섭리와 역사가 드러나도록 경륜을 펴셨다. 유대민족과 그들의 역사를 통하여 메시아 사상도 발전을 시켰고 메시아 섭리의 윤곽도 그들을 통하여 드러내셨다. 포로기를 지나 중간기를 거치면서 메시아 대망은 확립이 되었지만, 유대민족과 그들의 지도자들에게는 메시아 사상에서 진일보하여 메시아 신앙으로 이어지는 연속성의 길목에 또 하나의 전기

---

30 이 상황에서 예수님은 열두 제자에게 "너희도 가려느냐"(요 6:67)고 안타까운 질문을 한다. 이 주제는 이 연구에서 계속하여 이어지는 '사도들의 그리스도' '예수님과 그리스도' 항목에서 재론하고자 한다.
31 이는 삼위일체와 관련된다. 기름부음 받은 자, 메시아로서 성자가 오시리라는 것은 예상 밖의 사건이었다. 이는 당시의 메시아 사상에는 없는 내용이었다.
32 Beasley G. R. Murray, 『WBC 주석: 요한복음』, 271.
33 예수님 당시의 유대 민족지도자들이라 함은 대제사장과 장로, 서기관을 비롯하여 사두개인, 바리새인을 꼽을 수 있을 것이다. 유대민족 지도자들은 민족의 특성상 유대종교 지도자라는 용어와 혼용되기도 한다.

가 있어야 했다. 마치 포로기를 거치면서 묵시적 관점이 생겨나서 역사와 신앙을 재해석함으로써 메시아 대망이 봉오리를 맺었듯이, 메시아를 맞이하기 위해서는 다시 한 번 신앙의 변곡점[34]이 있어야 한다.

기독교적 관점에서는 예수님을 그리스도로 믿기에 부족함 없이 변곡점의 모든 조건을 충족하는 사건이었다. 하지만, 유대민족이 예수님을 그리스도로 받아들이기에 그들이 가진 율법주의와 메시아 사상에는 미성숙의 여지가 남아 있었다.[35]

마태복음에서 예수님 및 그의 제자 일행과 유대의 종교지도자와의 첫 충돌은 예수께서 세리 마태를 제자로 부르고 마태의 집에서 식사를 할 때, 그 자리에 세리와 죄인들이 동석한 것을 목격한 바리새인들이 이의를 제기한 일이다. 이때 예수님의 대답은 "나는 의인을 부르러 온 것이 아니요 죄인을 부르러 왔노라"(마 9:13)였다. 바리새인들은 의인과 죄인을 구분하는 이분법적 논리로 율법을 적용하고 있었으나, 예수님에게는 필요치 않은 사람들이 없으며 제외되는 사람이 있을 수 없다.[36]

이어서 촉발되는 분쟁은 안식일 논쟁이다. 안식일 논쟁은 공관복음 세 권에 모두 등장한다. 바리새인을 비롯한 유대 종교지도자들은 안식일에 병 고치는 것과 사람을 살리는 일조차 용납할 수 없다는 확고한

---

[34] 변곡점이란 수학의 용어이다. 일정방향으로 진행하던 선이 방향을 선회하게 되는 지점을 일컫는다. 이스라엘 역사에서 포로기가 일차적 변곡점이었다. 그들은 포로기에 묵시적 관점을 가지게 되고 신앙의 역사와 하나님의 경륜과 섭리에 대한 이해를 획기적으로 변화시키지 않으면 안 되었다. 그리스도와의 만남도 변곡점이다. 인류에게 허락한 이성적 관점만으로는 그리스도를 인정하지 못한다.

[35] 메시아 사상은 메시아를 가리키는 면과 가리는 면이 공존한다. 예수님이 성자로서 메시아가 되어 오시리라는 기대가 이스라엘의 메시아 사상에는 없었기 때문이다.

[36] Donald A. Hagner, 『WBC 주석: 마태복음 상』, 채천석 역 (서울: 도서출판 솔로몬, 1999), 423.

태도를 보인다.

　예수님은 스스로를 "성전보다 더 큰 이"(마 12:6)라고 밝히지만 그들은 듣지 않는다. 예수님의 계속되는 안식일 치유 사역을 통하여 논쟁은 점점 확대된다. 나중에는 서기관이 바리새인과 합세하여 표적 보여주기를 원하는데 이때 예수께서 "악하고 음란한 세대가 표적을 구하나 선지자 요나의 표적 밖에는 보일 표적이 없느니라"(마 12:38)고 하면서 요나가 밤낮 사흘간을 큰 물고기 뱃속에 있었던 것 같이 "인자도 밤낮 사흘 동안 땅속에 있으리라"(마 12:40)는 말로 십자가 죽음 이후의 부활을 암시하면서 "요나보다 더 큰 이가 여기 있다"(마 12:41)는 말에 이어 "솔로몬보다 더 큰 이가 여기 있다"(마 12:42)고 함으로써 앞의 "성전보다 더 큰 이"와 맥락을 이어간다. 하지만 이들에게는 긍정적으로 보려는 태도가 전혀 없다. 이와 관련하여 요한복음에서는 예수께서 안식일에 일하는 것에 대하여 "내 아버지께서 이제까지 일하시니 나도 일한다"(요 5:17)고 하자, 이들의 분노는 극에 달하여 예수님을 죽이고자 다짐하면서 예수가 "안식일을 범할 뿐만 아니라 하나님을 자기의 친 아버지라 하여 자기를 하나님과 동등으로 삼으려"(요 5:18) 한다고 비난한다.

　세 권의 공관복음서에 공히 기록된 예수님과 유대 종교지도자와의 논쟁에서 특이하게 종교지도자들이 제기하지 않은 문제를 예수께서 자청하여 꺼낸 이야기가 있다.

> **바리새인들이 모였을 때에 예수님께서 그들에게 물으시되 너희는 그리스도에 대하여 어떻게 생각하느냐 누구의 자손이냐?**(마 22:41-42)

이에 바리새인의 대답은 당연히 '그리스도는 다윗의 자손'이었다. 이 때 예수님은 시편 110편을 인용하면서 "다윗이 그리스도를 주라 칭하였은즉 어찌 그의 자손이 되겠느냐"고 물었을 때 누구도 감히 그에 대해 말을 하지 못했다.

메시아 사상에서 메시아는 '다윗의 자손'으로 와야 할 뿐 아니라 "여자의 후손"(창 3:15)으로 와야 하는 성부 하나님의 오묘한 섭리를 드러냈다. 이에 유대 종교지도자들은 감히 묻지도 못하고 자기들의 율법적 해석으로 논리를 내놓지도 못했다. 유대 종교지도자들은 자기네의 부족함이 드러날 때 겸손할 줄 모르고 교만의 속성에서 벗어나지 못했다.[37]

그리스도에 대한 유대 종교지도자들의 태도를 가장 적나라하게 드러내는 대목은 예수님을 붙잡아 취조하는 과정이다. 그들이 예수님을 잡아 죽이려는 의도가 비교적 일찍이 드러나는 책은 요한복음인데, 6장에서 오병이어의 기적이 있었던 이후 기적현장의 체험자들이 요단강을 건너 가버나움까지 가서 예수님을 만나 대화를 나눈 직후이다. 감동을 받은 무리들이 예수님에게 감사한 마음으로 찾아갔지만, 예수께서는 그들에게 자기를 '생명의 떡'으로 밝히면서 자기가 그리스도 됨을 차분하게 밝혔는데 이를 믿지 못한 자들이 반발하고 떠나면서 예수님을 죽일 계획을 세운다(요 6:1-71).

이 사실을 요한복음 7장 1절에서 "그 후에 예수께서 갈릴리에서 다니시고 유대에서 다니려 아니하심은 유대인들이 죽이려 함이러라"고 기록했다. 이 대화에서 유대 군중들이 믿지 못한 것은 예수께서 "내가 하늘에서 내려왔다"(요 6:38)면서 하나님을 '아버지'로 부르는 것이 못마땅

---

37 예수님은 자기의 그리스도 됨과 자기가 삼위일체 하나님으로서 제2의 위격인 성자라는 정체성을 상당히 적극적으로 드러낸다.

했으며, 결정적으로 "나는 하늘에서 내려온 살아 있는 떡이니 사람이 이 떡을 먹으면 영생하리라 내가 줄 떡은 곧 세상의 생명을 위한 내 살이니라"(요 6:51)고 말했기 때문에 "이 사람이 어찌 능히 자기 살을 우리에게 주어 먹게 하겠느냐"(요 6:52)면서 분개했다. 이때부터 유대인의 많은 수와 유대의 지도자들은 예수님을 죽일 궁리를 했다.

예수님을 제거하지 않으면 안 된다는 것에 대해 보다 분명한 논리를 확실히 다지는 대목은 요한복음 11장이다. 예수님이 많은 이적과 기사를 행하도록 그냥 두면 "모든 사람이 그를 믿을 것이요 그리고 로마인들이 와서 우리 땅과 민족을 빼앗아 가리라"(48절)는 대목을 주목할 필요가 있다. 유대의 지도자들이 고대하는 메시아는 로마의 속국으로부터 해방시켜 주는 자라야 했기 때문에, 예수님이 메시아라면 이스라엘은 영원히 로마의 지배로부터 벗어날 가망이 없게 된다고 그들은 정세를 분석했다. 이러한 위기감은 결국 대제사장 가야바의 입에서 "한 사람이 백성을 위하여 죽어서 온 민족이 망하지 않게 되는 것이 너희에게 유익한 줄을 생각하지 아니하는도다"(50절)라는 말이 나오게 되었다.

유대 종교지도자들에게는 예수라는 한 인물로 특정된 자를 죽음에 내놓음으로써 전체가 살아야 한다는 유대전승[38]에 근거하여 예수님을 사형으로 몰아간다.

예수님은 결국 붙잡혀서 대제사장 가야바의 심문을 받게 된다. 대제사장은 예수님에게 "네가 하나님의 아들 그리스도인지 우리에게 말하라"(마 26:63)고 추궁했다. 이때 예수님은 "네가 말 하였느니라"고 수긍의 의사를 표했기 때문에 이는 신성 모독이므로 더 이상의 증거가 필요 없

---

[38] Beasley G. R. Murray, 『WBC 주석: 요한복음』, 419.

이 사형에 해당한다고 결론을 짓는다. 마가복음은 이 문답을 "네가 찬송 받을 이의 아들 그리스도냐"(막 14:61)는 질문에 "내가 그니라 인자가 권능자의 우편에 앉은 것과 하늘 구름을 타고 오는 것을 너희가 보리라"고 보다 분명하게 수긍하는 대답을 한다.

모든 이스라엘 사람들과 똑같이 유대 지도자들에게도 유일한 소망은 메시아에 대한 기대였다. 메시아, 그가 와서 로마의 속국으로부터 해방시켜 주어야 할 터인데, 예수라는 청년이 메시아가 되어서는 로마인들에게 모든 것을 다 뺏길 수밖에 없다는 관점이 당시 유대지도자들이 가진 공감대였다. 그러니 예수님은 온 백성을 위해 죽어 마땅한 사람이었다.

유대 민족 모두와 지도자가 기다리는 그리스도는 '하나님의 아들'임이 분명했다. 그러나 아직 그들에게 '하나님의 아들'은 다윗과 솔로몬처럼 이 땅의 사람들 중에서 걸출한 한 인물로서 그가 하나님으로부터 신적 능력을 받아 다스리는 사람이어야 했다. 예수님처럼 성령으로 잉태되어 일견 나약하기만 한 청년으로서, 스스로 하늘에서 내려온 생명의 떡이라고 설교한다든지, 하나님 아버지께서 일하시니 나도 일한다고 하면서 안식일에 온갖 기적을 행하여 율법체계를 뒤흔드는 인물은 당시 유대 종교지도자들에게 메시아일 수 없었다.

3) 사도와 예수 그리스도

고대 근동지역의 기름을 붓는 행동양식이 종교와 정치에서 신적 임재의 표시와 제사형식의 일부가 되고, 어떤 직위로 오르기 위한 취임식의 양식이 되고, 그 양태가 이스라엘에 와서는 제사장과 왕과 선지자로 세워지는 의식이 되었다. 이렇게 되기까지는 상당한 시간이 흘렀다. 구약의 역사가 흐르면서 기름부음 받은 제사장, 왕, 선지자는 하나님 사역의 대리자가 되고 이 삼중직은 하나님이 이스라엘을 다스린다는 일종의 표징이 되었다. 그러다가 이스라엘 민족이 포로기를 경험하면서 묵시적 관점을 갖게 되어 하나님의 섭리를 다시 해석하고 묵시 문학을 탄생시키면서, 메시아 사상은 하나님의 경륜으로 점차 드러났다.

창세부터 시작된 메시아를 통한 하나님의 경륜은, 메시아에 대한 개념이 먼저 드러나는 것이 순서다. 하나님은 자기 백성들이 메시아에 대한 정의를 먼저 이해한 다음에야 메시아를 보내실 수가 있었기 때문이다. 메시아 개념은 문학적으로는 물론 역사적 개념, 신적 개념으로 완벽하게 드러나야 했다. 그러지 않고서는 하나님은 메시아를 보내실 수가 없었다. 이 연구 Ⅲ장 '이스라엘과 메시아 사상'에서는 그 과정을 추적했다.

하나님은 자기가 보기에도 메시아 계시를 위해 필요한 일들이 다 이루어지고 난 이후, 성자 예수님을 이 땅에 메시아로 보내셨다. 이제는 그가 메시아라는 것을 하나님의 백성들이 알아보고 믿어야 하는 일이 순서이다.

예수님이 그리스도라는 사실을 가장 먼저 알게 된 이는 예수님의 모친 마리아이다. 그는 동정녀로서 수태하는 과정에서 천사 가브리엘을 만나 하나님의 음성을 듣고 믿었다. 마리아는 이 믿음으로 인한 기쁨에 충만하여 노래를 불렀다.[39] 마리아 다음으로 알게 된 이는 마리아의 남편 요셉이었다. 그 역시 천사 가브리엘의 음성을 듣고 마리아 데려오기를

---

39 마리아 찬가(눅 1:46-55).

두려워하지 않았다(마 1:24).

그 다음에 알게 된 이는 침례 요한의 모친 엘리사벳이다(눅 1:39-45). 그러나 마리아 요셉 부부와 엘리사벳은 자신들이 알고 있는 하나님의 경륜을 감히 발설할 수 없었다. 이후 예수님 탄생을 즈음하여 예수님이 그리스도라는 것을 더 많은 사람들이 점차 알게 되는데, 동방박사들과 목동들이다. 이들 중 동방박사들의 발설로 인하여 알게 된 이는 헤롯 왕이었다. 그러나 헤롯은 바르게 알지 못하고 잘못 알아 그리스도의 오심이 그에게는 근심거리가 되었다(마 2:16-18).

이후 예수님의 정결예식 때에 예루살렘 성전에서 만난 시므온과 여선지자 안나가 예수님이 그리스도이심을 알았다. 그러나 이 과정에 이르기까지 알게 된 이들도 예수님이 그리스도이심을 대외적으로 공식적인 선포는 하지 못했다. 하나님은 그들에게 그 소명까지는 감당시키지는 않았다. 장차 예수님이 그리스도임을 세상에 선포해야 할 사명을 지닌 자들은 일차적으로 예수님의 사도들이었다.

예수님의 공생애가 시작되면서 그가 그리스도임을 알게 된 이는 침례 요한이다. 요한은 예수님이 자기에게 침례를 받으러 오는 것을 보고 말한다.

> **내가 당신에게서 침례를 받아야 할 터인데 당신이 내게로 오시나이까**(마 3:14).

요단강에서 침례 요한으로부터 침례를 받음으로써 예수님의 공생애가 시작된 이후 예수님을 알아보는 존재는 귀신들이었다. 예수님이 광야에서 시험받을 때에 귀신들은 '네가 만일 하나님의 아들이어든'을 반복하면서 예수님을 시험한다. 귀신들이 예수님을 시험하면서 반복하는 문구의 요점은 '하나님의 아들'이었다. 귀신들에게 인식된 메시아는 하나님의 아들이었다. 이후로도 귀신들린 자들의 입술을 통하여서도 예수님은 '하나님의 아들'로 드러난다. 귀신들의 입장에서 그리스도는 무엇보다 '하나님의 아들'이었기 때문이다.

그러나 이는 사람들이 인식하는 '하나님의 아들' 개념과는 거리가 있었다. 요셉과 마리아에게 그리스도는 '백성을 구원할 자' 곧 '예수'였다. 동방박사에게는 '유대인의 왕'이었고, 베들레헴 목동들에게는 '우리를 위한 구주'였으며, 헤롯의 질문에 대답하는 서기관에게 그리스도는 '한 다스리는 자'(마 2:6)였다. 침례 요한이 예수님에게 침례를 베풀고 하늘의 음성 곧, "이는 내 사랑하는 아들이요 내 기뻐하는 자라"하는 성령의 소리를 듣기 전 침례 요한에게 그리스도는 '내 뒤에 오시는 이로서 성령과 불로 침례를 베푸실 분'이었다. 이어서 사도들에게 예수님은 누구인가 하는 문제를 짚어보고자 한다.

이와 관련하여 가장 먼저 거론하려는 사도는 시몬 베드로의 형제 안드레이다. 안드레는 당초 침례 요한의 제자였는데 어느 날 예수께서 거니는 것을 보고 침례 요한이 "보라 하나님의 어린 양이로다"(요 1:36)라고 소개하는 말을 듣고 안드레는 스승을 바꿔 예수님을 따르기 시작했고, 자기 형제 시몬에게 "우리가 메시아를 만났다"(요 1:41)고 말하면서 베드로를 데리고 예수께로 왔다. 안드레와 시몬 베드로 형제가 예수님을 따른 것은 예수님이 그리스도라는 믿을 만한 정보에 의거한 결단이었다. 이들 형제에게도 메시아 대망은 당시 유대의 여느 사람들과 다르지 않았다. 안드레는 자기의 스승 침례 요한으로부터 듣고, 베드로는 자기 형제로부터 듣고 예수님을 따랐다. 물론 한번 결단했다고 해서 온전한 믿음이 되는 것이 아니라 앞으로 자라가야 할 믿음(엡 4:13)이지만 이들이 예수님을 그리스도로 알고 따르기 시작한 것만은 분명하다.

안드레와 베드로가 예수님을 따르기 시작한 그 이튿날에 예수님은 빌립을 만나 "나를 따르라"(요 1:43)고 초청했는데 그 역시 예수님의 제자가 되기로 기꺼이 결단했다. 빌립이 예수님의 초청에 즉시 응한 일에 대하여 복음서에 명확한 기록은 없지만 전날 침례 요한이 예수님이 거니는 것을 보고 하나님의 어린 양이라고 소개할 때 그 자리에는 요한의 제자 두 사람이 있었다고 했는데(요 1:35), 제자 두 사람 중 하나는 안드레라고 밝히지만, 또 한 제자는 명시되지 않았는데, 그가 빌립이었을 것으로 추측한다.[40]

빌립은 예수님의 초청에 응한 이후 나다나엘을 찾아가 예수님에 대하여 "모세가 율법에 기록하였고 여러 선지자가 기록한 그 이를 우리가 만났다"(요 1:45)고 전한 것을 보면 이 추측은 신빙성을 가진다고 볼 수 있다. 빌립으로부터 예수님을 소개받은 나다나엘은 '나사렛에서 무슨 선한 것이 날 수 있느냐'고 의구심을 품었지만 예수님과의 첫 대면에서 "빌립이 너를 부르기 전에 네가 무화과나무 아래에 있을 때에 보았노라"(48절)고 하는 예수님의 말을 듣고 "랍비여 당신은 하나님의 아들이시요 당신은 이스라엘의 임금이로소이다"라는 신앙고백과 함께 예수님의 제자가 된다.

무화과나무 아래에 있는 것을 보았다는 말에 나다나엘이 이런 고백을 한 이유에 대해서 요한복음은 더 이상 세세한 설명을 하지 않지만, 나다나엘이 예수님의 제자가 되면서 신앙고백을 했다는 것만은 분명하다.

40　Beasley G. R. Murray, 『WBC 주석: 요한복음』, 158.

안드레와 시몬 형제 그리고 빌립과 나다나엘, 이 네 명의 제자들이 예수님의 제자가 되는 동기는 이와 같이 명시되어 있지만, 다른 사도들에 대한 자세한 정보는 복음서가 제공하지 않는다. 그러나 이들 네 명의 경우를 비추어 볼 때 대부분의 사도들도 예수님이 그리스도라는 것을 인정하고 제자가 되었을 것으로 추론해볼 수 있다.

침례 요한과 예수님이 이종사촌 간이라는 것은 누가복음 1장에서 밝혀진다. 예수님의 열두 제자 중 야고보와 요한은 형제이면서 이들이 또한 예수님과 이종사촌 간이다. 예수께서는 혈연을 소홀히 여기지 않고 제자로 삼았으며 야고보와 요한의 어머니는 예수님의 공생애 기간 동안 예수님과 제자들의 뒷바라지를 한다. 특히 요한은 예수님의 애제자로 복음서 곳곳에서 드러난다. 야고보와 요한은 처음부터 예수님이 그리스도라고 믿고 문하생이 된 다른 제자들과 차이가 있다. 이들은 그리스도와 사도라는 관점보다 이들이 육친임을 드러냄으로써 예수님을 당혹스럽게 하기도 한다. 이를테면 야고보와 요한의 어머니가 예수님에게 자기의 두 아들을 "주의 나라에서 하나는 주의 우편에, 하나는 주의 좌편에 앉게 하소서"(마 20:21)라는 청탁을 하여 다른 제자들의 원성을 사기도 했다.

이런저런 과정을 통해 선발된 열두 제자는 예수님의 공생애 사역 가운데 때로는 실망과 안타까움을 주기도 했지만 예수님에게는 큰 힘이 되어 주었다. 요한복음 6장의 오병이어의 기적 이후 예수님과 유대 군중과의 일화를 위에서도 언급한 바 있듯이, 그때 대부분의 무리들은 오병이어 기적 체험 하루 만에 예수님을 떠났다. 그 상황에서 예수님은 제자들에게 "너희도 가려느냐"(67절)고 묻자 시몬 베드로가 "주여 영생의 말씀이 주께 있사오니 우리가 누구에게로 가오리이까 우리가 주는 하나님의 거룩하신 자이신 줄 믿고 알았사옵나이다"(68-69절) 하면서 예수님을 지지한다.[41] 이후로도 이들은 아직 자기들과 동고동락하는 메시아의 실체를 온전히 깨닫지 못하고 실수를 연발하여 예수님으로부터 심한 꾸지람과 책망을 받기도 하지만 그의 곁을 떠나지는 않는다.

스승 예수님의 십자가 죽음과 부활에 대한 사전 고지에는 도무지 무슨 말인지 알 수 없어 핵심에서 벗어난 말로 대응을 하기도 한다. 그러다가 예수님이 유대 종교지도자들에게 붙들려 갈 때는 모두가 흩어져 도망을 쳤지만(마 26:56), 이 모습은 보편적 인간의 나약성을 보여주는 에피소드이다. 결국 믿음의 결실은 사도행전 2장의 오순절 성령강림 사건으로 맺어졌음을 봤을 때 더욱 그러하다. 그 당시 유대 사회에 편만했던 메시아 대망 속에서 예수님이 메시아라는 소식을 듣고 수긍하여 예수님을 따랐던 그들이 3년간 예수님과 함께 하면서 경험해야 했던 가치관의 혼란과 신앙의 갈등은 때로 심각한 문제이기도 했다.

많은 기적을 행하면서 가르치는 스승을 대하면서, 이 사람이 진짜 하나님의 아들 그리스도라는 믿음이 굳어지는가 하면, 이내 유대 군중들과 지도자들이 신봉하는 메시아에 대한 가치관과의 괴리에 따른 갈등이 깊어지기도 했다. 결국 열둘 중의 한 사람 유다는 예수님에 대한 신뢰와 믿음을 거두고 배신의 길을 택했다. 그런 중에도 열한 명의 사도들은 예수님이 그리스도이며 살아계신 하나님의 아들이라는 신앙을 지킴으로써, 하나님이 보내신 그리스도 예수님은 자기의 사명을 이 땅에서 온전히 감당한다.

---

41 Ibid., 268.

4) 예수와 그리스도

'예수와 그리스도'라는 항목을 설정한 것은 위에서 유대 군중과 그리스도, 유대 지도자들과 그리스도, 사도와 그리스도에 이어 예수 스스로 그리스도 됨에 대해 어떤 태도를 가지고 있었는지 연구하기 위해서이다. 이는 예수님의 자기 정체성에 관한 문제이며, 메시아로 이 땅에 와서 어떤 자세와 태도로 자기의 메시아 됨을 드러내어 하나님의 백성들이 자기를 메시아로 믿고 구원받도록 했는가 하는 것으로써 대단히 중요하다. 이러한 측면에서 네 복음서에 드러난 예수님의 태도는 과연 하나님의 뜻에 의한 최선의 선택이었는지의 문제도 제기될 수 있고, 더 효율적인 다른 방법은 없었을까 하는 관점도 가져볼 수 있다. 한편으로 예수님의 자세에서 메시아를 이 땅에 보내시는 하나님의 깊고 오묘한 섭리를 발견할 수도 있다.

복음서 네 권의 편집 순서에 따라 '예수와 그리스도' 연구를 전개하려 한다. 연구방법은 각 복음서에 나오는 예수님의 발언에 착안하며 그 발언을 통하여 예수님의 그리스도 됨을 탐구하는 한편, 예수님과 대면하는 귀신과 사람들은 예수님을 어떤 칭호로 부르는가 하는 관점에서 생각해볼 것이다. 한편 예수님의 발언 속에서 성부 하나님은 어떻게 기름 부음 받은 자를 드러내는가도 유심히 보고, 복음서 각 권의 저자는 예수님을 어떻게 바라보는지 나름대로 독특한 관점이 있다면 그것도 짚어보고자 한다.

그리고 여기서는 사복음서의 병행구절과의 관계는 일단 거리를 두고자 한다. 사실 복음서 기자들에게 병행구절은, 오늘날 우리가 이해하는 병행구절과 똑같은 의미일 수는 없다는 점을 존중하여 각 권별로 중복

되더라도 연관 짓지 않고 '예수의 그리스도'를 추적해볼 것이다.

(1) 마태복음

① 우리가 되어주는 예수

예수님은 요단강에서 침례를 베풀고 있는 요한에게 나아가 침례 받기를 자청했다. 이때 성령의 역사하심으로 예수님이 자기의 뒤에 오실 메시아임을 알게 된 요한은 예수님을 말리면서 "내가 당신에게 침례를 받아야 할 터인데"(마 3:14)라고 말한다. 이에 예수께서 "우리가 이같이 하여"(마 3:15)라고 말하면서 '우리'라고 한다.

사실 침례 요한과 예수님은 이종사촌 간[42]으로 서로 모르는 사이가 아니었을 것이다. 예수님의 공생애 전 두 사람 사이의 교제에 관하여 신약에 구체적 기록은 없지만 예수님의 어머니 마리아와 요한의 어머니 엘리사벳은 서로 왕래하는 사이였으므로[43] 예수님과 요한이 서로 알고 지내는 관계였을 것으로 추정하는 것에 무리는 없어 보인다. 이로 보아 예수께서 '우리'라고 했을 수도 있지만, 이보다 더 중요한 것은 하나님의 기름부음 받은 자가 이 땅에 와서 이 땅의 사람들과 '우리'가 되었음에 더 주목할 필요가 있다. 메시아는 우리와 함께 우리 안에 계신 분이다.

② 하나님의 아들 예수

예수님은 요한으로부터 침례를 받은 후 성령의 인도하심으로 광야로

---

[42] "요한," 『아가페 성경사전』.
[43] 눅 1:40 참조

이끌리어 사십일 동안 마귀로부터 시험을 받는다. 이때 부각되는 주제가 하나님의 아들이다. 마귀는 예수님을 시험하면서 '네가 만일 하나님의 아들이거든'이라는 조건을 붙인다. 귀신들에게 메시아는 하나님의 아들임이 관심의 중심이다. 복음서에서는 이후로도 귀신들린 사람들의 입을 통하여 예수님이 하나님의 아들로 지칭된다. 귀신들에게 그리스도는 무엇보다도 하나님의 아들이었다. 예수님은 이를 부인하지 않는다. 그리고 산상수훈(마 5장-7장)에서 자연스럽게 예수님은 "하늘에 계신 내 아버지"라는 표현을 한다(마 7:21).[44]

산상수훈에서는 이뿐 아니라 자신이 곧 하나님과 동등 됨을 드러내는 표현도 한다.

> 내가 율법이나 선지자를 폐하러 온 줄로 생각하지 말라 (마 5:17).

> 나더러 주여 주여 하는 자마다 다 천국에 들어갈 것이 아니요 (마 7:21).

> 그때에 내가 그들에게 밝히 말하되 내가 너희를 도무지 알지 못하니(마 7:23).

이러한 놀라운 예수님의 설교에 제자들은 놀랐다(마 7:29).

---

[44] 마태복음에서 예수님이 '하늘에 계신 내 아버지'라고 드러내는 대목은 이외에도 10:32, 33; 12:50; 16:17; 18:10, 19을 보라.

③ 사람의 아들 예수

광야에서의 사십일 간의 시험에서 귀신들이 예수님을 '하나님의 아들'로 또 귀신들린 자들의 입을 통하여 예수님이 하나님의 아들로 드러난 데 이어서 예수님 자신이 '하늘에 계신 내 아버지'라는 반복되는 표현으로 예수님이 하나님의 아들임이 변할 수 없는 진리로 밝혀지는데, 예수님은 자신을 지칭하는 호칭으로 '인자'를 쓰기 시작했다(마 8:20). 인자 칭호에 대한 신학적 논란은 광범위하게 진행되어 오기[45] 때문에, 여기서는 그 논란에서 일정한 거리를 두면서 원문의 문자적 의미로 한정하여 접근을 시도한다.

원문은 '호 데 휘오스 투 안드로푸'(ὁ δὲ υἱὸς τοῦ ἀνθρώπου)로서 '사람의 아들'이다.

앞서서 예수님은 하나님의 아들로서 입증이 되었음에도 예수께서 스스로를 호칭할 때는 사람의 아들 즉, 인자를 선택하는 이유는 뭘까?

반 그로닝겐은 인자라는 말은, 타락한 상태에 있는 인류를 가리키지만, 하나님의 대언자로 언급된 개인을 가리킬 때에는 왕적 지위를 회복하고, 하나님 앞에서 인류를 위한 대표자로 역할을 하도록 소명 받은 인물을 가리킬 수도 있는 용어로 정의했다.[46] 이런 의미를 감안할 때 예수께서 하나님의 아들과 동시에 사람의 아들이라는 칭호를 겸하는 이유를 짐작할 수 있게 된다. 예수님은 하나님의 아들이면서 동시에 사람의 아들이다. 예수님은 이를 드러내기 위해서 인자 칭호를 사용한다.

45　Groningen, 『구약의 메시야 사상』, 853.
46　Ibid., 854.

④ 하나님 예수

인자 칭호를 쓰기 시작하면서 예수님은 다시 신적 권능을 선포한다. 중풍병자를 치유한 직후에 예수님은 "네 죄 사함을 받았느니라"(마 9:2)고 말함으로써 논란을 불러일으킨다. 현장에 있던 서기관들은 "이 사람이 신성을 모독"(마 9:3)한다고 생각했다. 이 땅에서 죄를 사해주는 권능을 행사하는 분은 오직 하나님뿐이다. 그런데 예수님이 죄 사함을 선포함으로써 이를테면 자신이 하나님이라고 드러낸 것이다.

연이어서 "누구든지 사람 앞에서 나를 시인하면 나도 하늘에 계신 내 아버지 앞에서 그를 시인할 것이요"(마 10:32) 하면서 "사람 앞에서 나를 부인하면 나도 하늘에 계신 내 아버지 앞에서 그를 부인하리라"(마 10:33)고 선포한다. 또한 "너희를 영접하는 자는 나를 영접하는 것이요 나를 영접하는 자는 나를 보내신 이를 영접하는 것이니라"(마 10:40)고 함으로써 자신의 하나님의 아들 됨을 분명히 한다. 이후로도 침례 요한의 질문에 대한 답변을 비롯하여 거침없이 자기의 메시아 됨과 하나님 됨을 발표한다.

예수님의 하나님의 아들 됨과 또 한편 사람의 아들 됨이 연이어 선포되면서 가장 혼란스러웠던 사람들은 예수님의 지근거리에서 함께 하던 제자들이었을 것이다. 제자들 앞에서 스스로 '인자'라 칭하면서 하나님 나라 천국의 메시지를 터뜨리고 물 위를 걸어오는 것을 보여줄 때 제자들은 놀라서 유령이라고 소스라치기도 했다. 그러나 베드로가 자기도 물 위를 걷게 해 달라고 청하고 그가 물 위로 몇 걸음 떼다가 이내 물에 빠져들 때 예수님께서 즉시 손을 내밀어 건져 올리니 배에 타고 있던 제자들이 예수님께 절하면서 "진실로 하나님의 아들이로소이다"(마 14:32)라는 고백을 한다.

이후로 예수님은 제자들로부터 진지한 신앙고백 듣기를 청한다. 가이사랴 빌립보에 있는 만신전에서 예수님은 제자들에게 묻는다.

사람들이 인자를 누구라 하느냐(마 16:13).

계속해서 물었다.

너희는 나를 누구라 하느냐(마 16:15).

이때 베드로가 고백한다.

주는 그리스도시요 살아계신 하나님의 아들이시니이다 (마 16:16).

이 고백은 14장에서 배에 타고 있던 사람들의 집단 고백의 연장선상에 있다. 그간의 예수님의 행적과 선포한 말씀을 통해서 능히 나올만한 대답이었다. 그럼에도 예수님은 베드로의 대답에 대하여 다음과 같이 말한다.

이를 네게 알게 한 이는 혈육이 아니요 하늘에 계신 내 아버지시니라(마 16:17).

마태복음을 유심히 읽는 독자들은 베드로의 고백이 문맥상 적절한 것으로 보임에도, 예수님은 그렇지 않고 하나님의 도우심이라고 밝힌다. 메시아에 대한 믿음과 고백은 지적 능력과 인간의 이성으로 이해되는 것이 아님을 드러낸다.

제자들의 신실한 고백이 있은 후 변화 산에서 예수님의 얼굴이 해같이 빛나며 옷이 빛처럼 희어지는(마 17:2) 초자연적 사건을 제자들에게 보여준다. 신앙 고백을 한 자들 앞에서 예수님의 메시아 됨은 절정을 향해 치닫고 있지만 반면에 유대 종교지도자들에게는 예수님의 행적이 목불인견이었다. 이들은 본격적으로 반발을 시작하여 예수님을 죽음으로 몰아간다.

예수님이 스가랴 선지자의 예언(슥 9:9)에 따라 새끼 나귀를 타고 예루살렘에 입성하여 성전에서 많은 기적의 치유를 행하고, 성전 안에서 환전상들의 상과 의자를 둘러엎으며 "내 집은 기도하는 집"인데 너희는 강도의 굴혈을 만들었다(마 21:12-13)고 책망하고 성전에서 가르칠 때, 대제사장과 장로들이 "네가 무슨 권위로 이런 일을 하느냐 또 누가 이 권위를 주었느냐"(마 21:23)고 힐책한다. 이로써 촉발된 논쟁은 골고다 십자가를 향하여 치닫는다.

⑤ 메시아 예수

마태복음 24장의 강화에서는 예수님의 그리스도 됨의 선포가 최고조에 이른다. 예수님은 자기를 부르는 칭호를 인자라 하면서 자신의 메시아 신분을 은닉하지 않았는가 하는 일말의 의심을 일거에 쓸어낸다. 마태복음에서 예수님은 자신의 신분 드러내기를 결코 태만히 하거나 은

닉[47]하지 않았다. 어느 곳에서든지 적극적으로 자기의 메시아 됨을 다양한 측면에서 접근하여 효율적으로 선포해왔다. 이제 24장에 와서 그리스도라는 말을 거듭 반복하면서[48] 인자는 분명한 그리스도라고 우회적으로 선포한다. 오직 유일한 그리스도는 자신이지만 종말의 때가 오면 이곳저곳에서 그리스도를 사칭하면서 미혹할 터이니 "끝까지 견디는 자는 구원을 얻으리라"(마 24:12)고 말한다.

예수님은 자신이 예고한 대로 유대 종교지도자들에게 붙들려갔다. 대제사장 가야바의 집 뜰에서 대제사장이 예수님을 심문하는데, "네가 하나님의 아들 그리스도인지 우리에게 말하라"(마 26:63)고 했을 때 예수님은 "네가 말하였느니라"는 다소 모호한 대답을 한다.[49] 이어서 "이후에 인자가 권능의 우편에 앉아 있는 것과 하늘 구름을 타고 오는 것을 너희가 보리라"(마 26:64)고 말함으로써 "네가 말하였느니라"는 대답의 의미를 보충했는데, 이에 대제사장은 '신성 모독하는 말'로 단정하면서 사형에 해당하는 죄목으로 정죄한다.

그렇게 포박 당한 예수님은 로마 총독 빌라도 앞으로 끌려갔다. 이방인 빌라도에게는 '하나님의 아들'은 별 의미가 없었다. 그는 "네가 유대인의 왕이냐"(마 27:11)고 심문하는데, 이때 예수님은 "네 말이 옳도다"라고 답한다. 예수님의 이러한 화법은 독특한 것으로서 자기의 생각을 상

---

47 Robert Guelich, 『WBC 주석: 마가복음 1-8:26』, 김철 역 (서울: 솔로몬, 2001), 238.
48 마 24:5, 23, 24, 26에서 거듭 그리스도라는 명칭을 거명하면서 선포한다.
49 Leon Moris, 『신약신학』, 황영철, 김원주 역 (서울: 생명의말씀사, 1992), 238. 레온 모리스는 예수님의 대답 안에 '그리스도'라는 용어가 들어 있지 않은 이유에 대하여, 예수님은 질문한 대제사장이 이해하고 있는 그리스도가 아니기 때문에 맞다고 확언할 수가 없었지만, 그렇다고 부인할 수도 없다. 왜냐하면, 예수님 자신이 의미하는 '그리스도'임에는 틀림없기 때문일 것이라고 설명한다.

대에게 주입시키려는 일반적 화술이 아니라 상대로 하여금 받아들이고 고백하도록 기회를 제공하면서 긍정을 이끌어내는 화법이다. 그동안의 예수님의 모든 언설은 이렇듯이 일방적인 강요가 아니라 상대방이 이성으로 수긍하면서 하나님의 도우심이 함께하여 그리스도를 주로 고백하도록 하는 예수님 특유의 화법이라고 이해한다고 해서 지나칠 것이 없을 것으로 본다.

⑥ 신성과 인성을 지닌 예수
예수님은 십자가에 매달려 숨을 거두면서 고통을 토로했다.

나의 하나님 나의 하나님 어찌하여 나를 버리셨나이까
(마 27:46).

여기서 성부로부터 버림을 당한 메시아는 누구인가, 마태복음에서 예수님의 그리스도 됨은 '아브라함과 다윗의 자손'이며, 자기 백성을 그들의 죄에서 구원할 자이며, 한 다스리는 자이며, 이 땅에서 죄를 사하여 주는 권세를 가진 자이며, 하나님의 아들이며, 인자였다. 간략하게 줄이면 하나님의 아들이며 사람의 아들이었다. 그런데 여기서 예수님은 "어찌하여 나를 버리셨나이까"라고 외쳤다. 이 말은 단순히 고통에 겨워 한 말이라고 단정하기에는 생각해볼 여지가 있다. 이렇게 십자가 위에서 죽임을 당한 예수님은 사흘 만에 다시 살아나 들리워진다. 버려졌으나 다시 건짐을 받았다.

건짐을 받을 때 예수님 자신이 밝힌 자기의 정체성이 모두 건짐을 받는가? 굳이 부활에 포함시킬 필요가 없는 것이 있으니 그것은 '인자'이다. 인자 곧 사람의 아들로서의 메시아는 지상의 인간으로 와서 산 생애로서 족하다. 한편 예수님의 십자가 죽음에 대하여 필립 휴스(Philip E. Hughes)는 사탄이 예수님을 십자가에 못 박아 죽임으로 손상을 입게 한 것은 예수님의 인성뿐으로 신성은 추호도 건드리지 못했다고 적시했다.[50]

예수님은 자신이 메시아 됨을 분명히 알고 있었으며, 공생애 기간 동안 이 점을 분명히 선포해야 한다는 사명을 충분히 감당했으며, 자신의 인자됨의 사명을 알고서 일찌감치 스스로를 칭할 때 '인자'를 기꺼이 쓰기 시작했다. 예수께서 이 칭호를 쓸 수 있도록 구약의 에스겔서와 다니엘서에서 인자의 의미는 확장되어 있었다.[51] 예수님은 자기의 메시아 됨을 이 땅에 알리는 데 있어서 조금도 주저함이 없었다. 은닉도 없었다. 은닉처럼 보였던 것은 오히려 더 효율적인 전달을 위한 방편으로 이해함이 타당하다고 본다.[52] 예수님의 사역은 하나님의 지혜에 의한 하나님의 방식으로 이 땅에서 수행되었다.

(2) 마가복음

① 하나님의 아들 예수

마가는 예수님이 하나님의 아들로서 그리스도라고 단정하며 그에 관한 기록은 곧 복음이라는 선포로 시작한다. 그리고 이어서 침례 요한의 사역에 대해 언급한다. 요한은 자기의 침례를 죄 사함을 받게 하는 회개

---

[50] Philip E. Hughes, 『성경과 하나님의 경륜』, 오광만 역 (서울: 여수룬, 1991), 13-4.
[51] David F. Wells, 『기독론』, 이승구 역 (서울: 부흥과 개혁사, 2015), 157-64.
[52] Donald Guthrie, 『그리스도-그리스도의 사역』, 이중수 역 (서울: 한국성서유니온, 1998), 45-8.

의 침례(막 1:4)로 천명하고 침례를 행했다. 죄 사함의 침례가 아니라 회개의 침례임을 분명히 하면서 자기 뒤에 오시는 이는 성령의 침례를 베풀리라고 했다. 그 분이 기름부음 받은 자 곧 그리스도라고 했다. 요한에게 그리스도는 성령으로 침례를 베푸시는 분이다(막 1:8).

예수님은 가버나움에서 안식일에 회당에서 더러운 귀신 들린 자와 마주쳤는데, 귀신 들린 자의 입에서 "나는 당신이 누구인줄 아노니 하나님의 거룩한 자니이다"(막 1:24)라는 말이 나왔다. 예수님은 귀신을 꾸짖어 "잠잠하고 그 사람에게서 나오라" 함으로써 귀신을 쫓았다. 이후에도 3장 11절에서, 5장 7절에서 예수님과 귀신들과 마주치는 장면이 언급되면서 귀신들은 예수님에게 '하나님의 아들'이라고 소리친다. 예수님이 하나님의 아들임을 귀신들이 누설한다.

② 하나님 예수

예수께서 안식일에 병자를 고치고 귀신 들린 자에게서 귀신을 내쫓는 사역으로 말미암아 유대 종교지도자들과 충돌하는 장면은 공관복음에 모두에 나오는 기사이다. 그때마다 예수님은 자신이 안식일의 주인임을 선포한다(막 2:28). 안식일에도 주인이라는 말은 하나님이 하실 수 있는 신적 언어이다.[53] 안식일의 주인이라는 선포를 비롯하여 예수님의 많은 사역과 선포의 내용은 당시 메시아를 기다리는 유대 사회에 큰 충격파를 던지고 있었다.

메시아가 삼위일체 하나님의 한 위격이신 성자께서 오시리라는 것은 그 누구도 예측하지 못했기 때문이다. 하나님은 메시아 사명을 하나님

---

53 Robert Guelich, 『WBC 주석: 마가복음 1–8:26』, 236–43.

의 아들이면서 하나님이신 예수님으로 하여금 감당하도록 했다. 이러한 하나님의 지혜가 유대 사회에 수용되기 위해서는 예수님이 사명을 어떻게 감당하는가에 따라 좌우될 소지가 대단히 컸다.

③ 사람의 아들 예수

마가복음에서는 예수께서 '인자'라는 칭호를 쓰는 시기가 공관복음서 중에서는 비교적 빠르게 나타난다.[54]

> **인자가 땅에서 죄를 사하는 권세가 있는 줄을 너희로 알게 하려 하노라**(막 2:10).

이 말씀에는 복합적 이미지가 있다. 인자는 사람의 아들이고, 죄를 사하는 권세는 하나님의 고유권한이다. 그런데 예수께서 의도적으로 인자와 죄 사함의 권세를 한 문장 안에 넣었다. 당시 유대인들이 고대하는 메시아는 사실 성육신하신 인자가 아니라 사람의 아들로서의 '인자' 였다.

메시아가 인자이면서 동시에 하나님의 아들인 '신자 The son of God' 로 오리라는 것은 쉽게 납득할 수 없었다. 그랬기에 예수님은 의도적으로 인자와 죄 사함의 권세 선포를 연결 지었다고 본다. 예수께서 인자로 칭하는 문장을 유심히 본다면 이와 같은 중의를 품고 있는 경우가 다수 있다.[55]

---

54 마태복음에서는 8장에서 비로소 등장하고, 누가복음에서 5장에서 인자가 나온다. 요한복음에서는 1장에서부터 인자 칭호가 나온다.

55 마가복음에서 예수님이 인자 칭호를 사용한 예는 2:10, 28 외에 12회가 더 나오는데 거

④ 메시아 예수

제자들이 예수님을 대면하고 유대민족이 고대하는 기름부음 받은 자 곧 그리스도라고 고백하는 장면은 공관복음서에 공히 기록되어 있다. 그 중에서 마가복음 기록이 가장 간명하다. 베드로의 대답을 "주는 그리스도시니이다"(막 8:29)로 수식어 없이 기록했다. 마태복음에서는 "주는 그리스도시요 살아계신 하나님의 아들이니이다"(마 16:16). 누가복음에서는 "하나님의 그리스도니이다"로서 각각 '살아계신 하나님의 아들' 혹은 '하나님의'라는 수식어가 붙어 있다(눅 9:20). 마가복음 기자는 베드로가 예수님 앞에서 '그리스도'로 고백한 것만을 중요하게 여겼다.

이스라엘 역사에서 포로기를 겪은 지 여섯 세기가 지나가고 있었다. 포로기는 이스라엘 민족에게 묵시의 사상을 제공하며 역사의 변곡점으로서 그때부터 하나님의 기름부음 받은 자를 기다리기 시작하는데, 예수님의 제자 가운데 베드로가 '주는 그리스도'라고 고백했다는 것을 간명하게 기록함으로써 더욱 강조하고 있다. 예수님은 제자들에게 "내가 기름부음을 받은 자다"라고 직접적으로 말하지도, 가르치지도 않는다. 자신의 행적을 보고 성령의 도우심으로 깨우치고 고백할 때까지 기다린다.

이스라엘의 메시아 사상에는 종말론이 포함되어 있다. 예수님은 종말의 때에 관한 언급도 간과하지 않는다. 공관복음서에서 모두 기록하는데, 종말의 때에 거짓 그리스도와 거짓 선지자들이 횡행하면서 주의 백성을 미혹할 것을 말한다. 괄목할 만한 일은 거짓 그리스도와 거짓 선지

의 대부분의 경우가 예수님 자신의 하나님 됨을 선포하는 문장 속에 들어 있다.

자들이 이적과 기사를 행한다는 것이다(막 13:22-23).[56] 예수께서는 이것을 미리 말해준다(막 13:23).

⑤ 하나님의 나라와 예수

하나님은 자기의 기름부음 받은 자를 파송하셨다. 그를 이 땅에 보내어 자기에게 속한 자들로써 하나님의 나라를 세우고자 한다. 그러므로 하나님의 나라 백성이 되기 위해서는 그리스도에 속하여야 한다. 그리스도에 속하는 것은 무엇인가에 대한 짧은 이야기가 있다. 요한이 예수께 이르기를 "어떤 자가 주의 이름으로 귀신을 내쫓는 것을 우리가 보고 우리를 따르지 아니하므로 금하였나이다"(막 9:38)고 했다. 이때 예수님은 "금하지 말라 내 이름을 의탁하여 능한 일을 행하고 즉시로 나를 비방할 자가 없느니라"고 대답한다. 예수님은 여기서 '내 이름을 의탁하는 자'를 말한다. 예수님의 이름을 의탁하는 자가 그리스도에 속한 자이며 예수님의 이름을 의탁하는 자가 하나님의 나라 백성이 된다는 선포이다. 예수께서 그리스도로서 선포하는 케리그마이다.

예수님은 다윗의 후손으로 오지만 다윗 왕처럼 이스라엘 나라의 왕으로 오지 않았다. 다윗이 이스라엘의 왕이었던 시대에 이스라엘 백성은 자기 의지와는 상관없이 다윗 왕이 다스리는 백성이었다.[57] 그러나 그리

---

56 막 13:26에서 종말 심판을 강화하는 중에 "그때에 인자가 구름을 타고 큰 권능과 영광으로 오는 것을 사람들이 보리라"고 했다. 부활하여 하늘 보좌 우편에 앉아계시다가 심판주로 오시는데 그때의 상황에서도 예수님은 자기를 '인자'로 호칭했다. 인자 기독론 주제는 이 연구의 범위 밖이어서 지적만 해 두기로 한다. 이 연구에서 '인자'의 범위를 협의로 해석하여 부활 시 예수님에게 인자의 속성은 부활에 포함되지 않는다고 적시하였다. 본서 제4장. 2 신약성서의 그리스도. 4) 예수님의 그리스도. (1) 마태복음을 보라.

57 로마가 기독교를 국교로 정했을 때 로마시민은 모두가 기독교인이 되어야 했다. 그렇다고 해서 그들이 모두 진정한 기독교인인 것이 아니다. 기독교인이 되기 위해서는 '그리스

스도는 그렇게 오지 않았다. 누구든지 자발적으로 그리스도에 속한 자가 되어야 그리스도가 다스리는 하나님의 나라 백성이 된다.

그리스도에 속하기 위해서는 예수님의 이름에 의탁하는 자가 되어야 한다(막 9:39). 다윗의 백성은 수동적으로 자격을 얻지만, 예수 그리스도의 백성은 능동적으로 자격을 얻을 수 있다. 이것이 예수께서 선포하는 기름부음 받은 자가 다스리는 나라이다.

(3) 누가복음

① 성령과 예수

예수님이 공생애를 시작하면서 침례 요한으로부터 침례를 받은 기사는 세 권의 공관복음에 모두 기록되어 있다. 침례를 받은 직후 성령의 임재와 하늘로부터 소리가 들려온 내용이 기록되어 있는데, 그중 누가복음에서는 요한으로부터 침례를 받은 직후에 일어난 초자연적인 현상을 보면서 예수님은 자기의 그리스도 됨을 어떻게 수용하는지를 보고자 한다. 이 사건을 마태와 마가는 예수께서 침례를 받고 물에서 올라올 때 일어난 현상으로 적고 있는 반면 누가복음 기자는 침례를 받고 기도할 때 일어난 현상으로 기록한다. 그때 하늘이 열리고 성령이 비둘기 같은 형체로 예수님 위에 임하였는데 하늘로부터 소리가 들렸다.

너는 내 사랑하는 아들이라 내가 너를 기뻐하노라(눅 3:22).

도에게 속한 자가 되어야 한다.

이 음성을 듣고 예수님은 성령의 충만함을 입어 곧바로 광야에서 40일간의 시험을 받는다. 예수님의 공생애는 침례 요한으로부터 침례를 받고 기도하는 중 들려온 이 음성을 듣고 시작이 된다.

② 메시아 예수

예수님은 공생애 기간 동안 스스로를 그리스도로 지칭하면서 자신을 내세우는 일에는 대단히 신중한 태도를 보인다. 누가복음에는 그리스도가 13회 나오는데, 이중에서 예수께서 자신과 관련하여 사용한 경우는 예수님이 '그리스도와 다윗의 자손'을 논할 때(눅 20:41-44) 2회를 사용한 것과 부활 후 '엠마오 도상'에서 1회(눅 24:26), 제자들이 모였을 때 하늘로 들리우기 전에 '그리스도'를 1회 언급했다(눅 24:46). 예수께서 어느 때 어떻게 그리스도를 언급하는 지는, 예수님의 그리스도 됨에 대한 중요한 단서라 하겠다.

> **그리스도가 이런 고난을 받고 자기의 영광에 들어가야 할 것이 아니냐**(눅 24:26).

이는 엠마오 도상에서 두 사람의 제자와 합류하여 나눈 대화이다. 엠마오로 가는 두 제자는 사흘 전 예수님의 십자가 사형과 그날 새벽 부활에 대한 이야기를 나누고 있었다. 이 불가사의한 사건에 대하여 어리둥절 하는데, 이에 대해 예수님이 자기변호로서 말하고 있다. 그러나 아직 이 말을 할 때 두 제자는 그가 부활한 예수님임을 알지 못하고 있던 상태였다.

예수님은 자신의 신분이 상대에게 노출되지 않은 상태에서 그리스도를 설명한다. 반면에 "또 이르시되 이같이 그리스도가 고난을 받고 제삼일에 죽은 자 가운데서 살아날 것"(눅 24:46)이라고 말할 때는 예수님의 승천 직전인데, 제자들에게 자기의 모든 것이 드러난 가운데서 한 선포이다. 이 선포에 이어 "너희는 이 모든 일의 증인이라"(눅 24:48)고 말한다.

(4) 요한복음

① 성령과 예수

요한복음에서 침례 요한의 그리스도 증언은 대단히 적극적인데, 침례 요한은 그 이유를 "성령이 내려서 누구 위에든지 머무는 것을 보거든 그가 곧 성령으로 침례를 베푸는 이인 줄 알라 하셨기에"(요 1:33)라고 밝힌다. 침례 요한이 요단강에서 침례를 베푸는 중에 예수께서 침례를 받겠다고 나왔을 때 요한에게 임하신 성령의 말씀이 이루어졌다. 그로 말미암아 침례 요한은 확신을 가지고 예수님의 그리스도 됨을 힘써 증거한다.

요한은 자신이 침례를 베풀면서 알게 된 예수님의 그리스도 됨을, 다음날에는 예수님이 거니는 것을 보고 자기 곁을 따르던 제자들에게 "보라 하나님의 어린 양이로다"(1:36)라고 거듭 증언한다. 이때 이 말을 들은 요한의 제자 두 사람이 예수님을 따르겠다고 나선다. 이러한 연고로 인하여 예수님을 그리스도로 믿는 이들이 예수님의 제자가 될 수 있었다.

② 하나님 예수

제자로 초청되는 과정에서 나다나엘과 예수님과의 대화에서 예수님은 자기의 그리스도 됨을 드러내는 모습을 볼 수 있다. 나다나엘은 빌립의 초청으로 예수님을 만나게 되는데, 자기에게 다가오는 나다나엘에게 예수께서는 "이는 참으로 이스라엘 사람이라 그 속에 간사한 것이 없도다"(요 1:47)는 말을 해준다. 이에 나다나엘은 어떻게 자기를 알고 있는지 반문하고, 예수님은 "빌립이 너를 부르기 전에 네가 무화과나무 아래에 있을 때에 보았노라"고 하자, 빌립은 "당신은 하나님의 아들이시요 당신은 이스라엘의 임금이로소이다"라는 신앙고백을 한다. 이때 예수님의 말은 상당히 파격적이다. 무화과나무 아래 있는 것을 보았다는 말에 믿느냐고 하면서 앞으로는 이보다 더 큰일을 보게 될 터인데, "하늘이 열리고 하나님의 사자들이 인자 위에 오르락내리락 하는 것을 보리라"(요 1:51)는 거침없는 대화를 이끈다.

첫 대면에서 이렇게 대화를 나누는 장면은 공관공음에서는 찾아볼 수 없었다. 예수님은 자신의 신분을 밝힘에 있어서 상대방이 수용할 수 있는 범위를 알고 있었다. 자신이 말할 때 나다나엘이 어디까지 수용하는 가를 알고 있기 때문에 대화의 수위를 높인 것이다. 예수님은 구약의 선지자들 이상의 강한 통찰력을 지닌 계시자 곧 드러내는 자이시다.[58]

③ 메시아 예수

공관복음서와 달리 요한복음에서의 예수님의 행적은 대단히 파격적이다. 유월절 무렵 예루살렘 성전에 들어가 장사치들을 꾸짖어 상을 들

---

58 Murray, 『WBC 주석: 요한복음』, 159.

어 엎으며 "내 아버지 집으로 장사하는 집을 만들지 말라"(요 2:16) 함으로써 스스로 하나님의 아들 됨을 밝힌다.

공관복음에서는 귀신이나 귀신들린 자의 입을 통하여 드러나던 예수님의 하나님의 아들 됨이 요한복음에서는 예수님 자신의 입을 통하여 직접 드러난다. 곁에서 이러한 거동을 지켜보던 유대인들이 그렇게 행동하는 근거를 밝히라면서 표적 보여주기를 요구하자, 예수님은 이때도 거침없이 "너희가 이 성전을 헐라 내가 사흘 동안에 일으키리라"(요 2:19)고 말한다. 여기서는 성안의 군중들이 나다나엘과 달리 자기의 이야기를 충분히 이해하지 못하는 줄을 알고 있으면서도 선포한다.[59] 예수님은 자기의 그리스도 됨을 이렇게 때와 장소를 가리면서 시의 적절하게 밝히고 있음을 보게 된다.

밤에 예수님을 찾아온 바리새인 니고데모는 "당신은 하나님께로부터 오신 선생인 줄 아나이다"(요 3:2)라는 진솔한 고백을 했기 때문에, 예수님도 "하늘에서 내려온 자 곧 인자 외에는 하늘에 올라간 자가 없느니라 모세가 광야에서 뱀을 든 것같이 인자도 들려야 하리니 이는 그를 믿는 자마다 영생을 얻게 하려 하심이니라"(요 3:13-15절)라고 자기의 그리스도 됨을 거침없이 드러낸다. 공관복음에서 보여준 조심스러운 듯한 태도와 자기의 신분을 은닉하는 것처럼 보였던 모습들에 의아했었으나, 요한복음에 와서야 왜 그랬는지 이해하게 된다.

예수님은 상대방의 수용 정도에 따라서 자기 드러냄의 발언 수위를 조절하며 대중을 향해서는 그들이 지금은 모르지만 언젠가는 기필코 알려져야 할 내용들이기에 과감하게 선포하기도 한다. 예수님은 니고데모

---

59 Ibid., 178-81.

와의 대면이 초면임에도 "하나님이 세상을 이처럼 사랑하사 독생자를 주셨으니 이는 그를 믿는 자마다 멸망하지 않고 영생을 얻게 하려 하심이라"(요 3:16)는 말을 할 수 있었다. 이는 예수님의 계시자로서의 적극적인 모습이다.[60]

니고데모는 자기의 신분이 바리새인으로서 유대인의 지도자이기 때문에 드러내놓고 예수님을 따르지 못했다. 그러나 예수님의 십자가 죽음 이후 시신에 바를 기름을 준비하여 예수님의 장례에 동참한다(요 19:39). 예수님의 이런 형식의 대화는 요한복음에 계속 등장한다. 사마리아 여인과 만난 우물가에서도 자신이 그리스도임을 밝힌다(요 4:26).

④ "예수는 그리스도"

요한복음에서 예수님은 "나는 … 이다!"는 형식의 은유를 하는데, 그 뜻을 푸는 것은 이 연구의 주제에서 벗어나므로, 해설 없이 예수님의 은유 아포리즘만을 열거해보면 다음과 같다.

    a. 나는 생명의 떡이다(요 6:35, 48).
    b. 내 살은 참된 양식이요 내 피는 참된 음료로다(요 6:55).
    c. 나는 양의 문이다(요 10:7).
    d. 나는 선한 목자다(요 10:11).
    e. 나와 아버지는 하나이다(요 10:30).
    f. 나는 부활이요 생명이다(요 11: 25).
    g. 내가 곧 길이요 진리요 생명이다(요 14:6).

---

60 Ibid., 193.

h. 나는 참 포도나무요 너희는 가지이다(요 15:5).

그런데 없는 것이 하나 있으니 "나는 그리스도다"라는 은유가 없다. 요한복음뿐 아니라 공관복음에도 없다. 마태복음 26장 63절에서 대제사장이 "네가 하나님의 아들 그리스도인지 우리에게 말하라" 했을 때 예수님은 "내가 그리스도이다"라고 말하지 않았다. "네가 말 하였느니라" 하는 말로 시인을 했다. 마가복음 14장 61절에서는 대제사장의 심문을 "네가 찬송 받을 이의 아들 그리스도냐"로 기록하고, 이 심문에 예수님의 대답은 "내가 그니라"였다. 누가복음에서는 대제사장이 먼저 "네가 그리스도이거든 우리에게 말하라" 했을 때 "내가 말할지라도 너희가 믿지 아니할 것"이라고 대답했다(눅 22:67). 재차 "네가 하나님의 아들이냐" 물었을 때, 예수님은 "너희들이 내가 그라고 말하고 있느니라"고 했다(눅 22:70).

사실 예수님은 자신이 그리스도임을 여러 차례 밝히면서도 "내가 그리스도다"라는 은유는 하지 않았다. 문학적으로 예수님께서 숱한 은유로 아포리즘을 내면서도 '내가 그리스도'라는 말을 하지 않은 것은 자신이 그리스도가 아니라서가 아니라 이스라엘의 메시아 사상의 연장선상에서 하나님의 경륜에 따라 이 땅에 메시아로 오신 예수님은 당시까지 알려진 '그리스도'라는 말이 의미하는 바를 훨씬 뛰어넘기에 그 의미들을 귀히 여겨 단정적인 표현은 비켜가면서[61] 향후의 세대들에게 그리스도가 뜻하는 바를 바르게 새기고 하나님의 나라 백성이 되기를 소망했기 때문으로 보인다. 향후 초대교회 예수님의 제자들은 세상에 예

---

61 Moris, 『신약신학』, 238.

수님을 전할 때, '예수는 그리스도'라는 은유의 아포리즘으로 선포하게 된다.[62]

3. 하나님과 그리스도

하나님에게 그리스도는 누구인가에 대한 탐구는 구약에서부터 시작하는 것이 당연하다. 창세기로부터 말라기에 이르기까지 그리고 중간기를 거치면서 이스라엘의 메시아 사상은 진전을 거듭하여 유대사회에 대망의 약속으로 자리 잡게 되었다. 메시아 사상은 구약성서의 기독론과 중간기를 거치면서 발전하였고, 오실 메시아는 신약에서 완전하게 모습을 드러냈다. 그러나 이스라엘의 메시아 사상과 예수님과의 사이에는 연속성 및 불연속성이 함께 있다.

오늘날 대부분의 유대인들이 예수님을 메시아로 믿지 못하는 가장 큰 이유는 이스라엘의 메시아 사상과 신약의 예수님과의 사이에 있는 불연속성에 기인한다. 이방인들에게는 그다지 큰 문제가 되지 않을 수도 있지만, 유대인들에게 메시아 사상과 예수님과의 사이에 있는 불일치 문제는 단순하지가 않다고 보여진다.

예수님의 메시아 됨에는 구약의 기독론과 이스라엘의 메시아 사상에서 예견하지 못했던 점들이 분명히 있다. 그 중에서도 가장 파격적인 일은 삼위일체의 문제일 것이다. 삼위로 계시는 하나님의 세 위격 중에서 성자 예수께서 메시아로 왔다는 것이다. 이 점은 예수님이 이 땅에 와

---

[62] 행 5:42에서 "예수는 그리스도라고 가르치기와 전도하기를 그치지 아니하니라." 또한 회심한 바울이 "예수를 그리스도"(행 9:22)로 증언하기 시작했다.

서 스스로 밝히기 전까지는 거의 완벽하게 베일 속에 가려졌던 하나님의 계획이었다. 물론 창세기 3장 15절에서 '여자의 후손'으로 기록되었기 때문에 뭔가 독특한 방식으로 메시아가 이 땅에 오실 것이 암시되기는 했지만, 하나님의 세 위격 중에서 한 분이 오리라는 것은 전혀 짐작할 수 없었다.

이 문제는 삼위일체 하나님 신학과 밀접한 관련이 있다. 예수께서 이 땅에 그리스도로 와서 선포한 여러 가지 말씀으로써 하나님이 삼위일체로 계신다는 진리도 밝혀졌으니 예수 그리스도 이전 시대에는 삼위일체를 상상조차 할 수도 없었음을 감안할 때, 이 문제는 성령의 도우심이 아니고는 수용되지 않는 하나님의 섭리에 속한다 하겠다.

하나님의 세 위격 중에서 성자가 이 땅에 메시아로 오심으로 인해서, 예수님이 오기 전까지 드러난 이스라엘의 메시아 사상은 완벽을 갖춘 신앙의 교의가 아니라 형성되는 과정에 있었다고 보는 것이 옳다. 메시아 사상은 더 분명해지는 한편 더 진보해야 하는 사상이다. 예수님이 오기 전까지 드러난 메시아 사상과 부합하는 예수 그리스도는 연속성이라 할 수 있고, 예수님 이전에는 드러나지 않았던 요소들이 예수님이 와서, 또 예수님의 사역이 진행됨에 따라 보완된 부분은 불연속성이라 할 수 있을 것이다.

여기서 성부 하나님은 불연속성을 감수하면서 왜 성자 예수님을 그리스도로 이 땅에 보내시는가의 문제가 제기된다. 모세나 다윗과 같은 사람을 세워서 메시아직을 감당케 하는 방식이 왜 안 되는 것인지 의문을 갖게 된다. 사실 이스라엘 사람들이 기다리는 메시아는 모세 혹은 다윗과 같은 인물이었다. 그럼에도 성부께서는 성자를 성육신케 하여 이 땅의 메시아로 보냈다.

모세나 다윗은 한 세대의 정치적 종교적으로 뛰어난 인물이었다. 당시 발생하는 대부분의 문제를 해결하는 능력을 지니고 당대의 백성들에게는 평안을 줄 수 있는 인물이었다. 그러나 지속적으로 오고 오는 세대에게는 메시아가 될 수 없다. 히브리서 기자는 이 점을 지적했다. 모세나 다윗으로는 예수님에게서 이루어진 사역처럼 단번(once fof all)에 영원한 속죄를 이룰 수 없다. 그래서 성자 예수께서 메시아가 되어 단번에 희생으로 드림으로써 영원한 속죄가 이루어졌음을 히브리서 기자는 여러 번 지적한다.[63] 그러한 단번의 희생으로 드려져야 하는 메시아의 수난을 창조주는 피조물에게 맡기지 아니하고 스스로 감당하기로 한다.

한편 이사야서에서는 피조물인 사람들의 죄악으로 가장 괴로운 자가 누구인지에 대하여 "네 죄 짐으로 나를 수고롭게 하며 네 죄악으로 나를 괴롭게 하였느니라"(사 43:24)고 했는데, 이는 인간이 죄를 지음으로써 더 괴로운 분은 죄를 범한 당사자가 아니라 창조주 하나님이라고 밝힌다. 죄악이 있는 곳에는 그 죄로 인한 고통이 있다. 죄로 인한 고통의 일차적 감내자는 당사자인 죄인이지만, 그보다 더 수고롭고 괴로운 분은 하나님이다. 하나님은 그 고통을 줄이기 위하여 이방인 고레스에게까지 기름을 부어(사 45:1) 쓰지만 영속적인 처방이 될 수는 없었다.

하나님이 누군가에게 기름을 부어 쓰신다는 것은 하나님의 기쁨을 위해서이다. "고레스에 대하여는 이르기를 내 목자라 그가 나의 모든 기쁨을 성취하리라"(사 44:28)고 하나님은 밝힌다. 이는 "무릇 시온에서 슬퍼하는 자에게 화관을 주어 그 재를 대신하며 기쁨의 기름으로 그 슬픔을 대신하며"(사 61:3)로 귀결된다.

예수님이 그리스도로 오기까지의 이스라엘의 메시아 사상은 단지 이

---

[63] 히 7:27; 9:12, 26, 28; 10:2, 10 등을 보라.

스라엘만의 역사가 질곡에서 벗어나리라는 내용이었다. 이스라엘이 제사장 나라이기는 하지만 그 나라만의 역사를 위한 메시아는 하나님의 뜻을 너무나 좁게 해석한 결과다. 또한 현실적이며 정치적인 문제 해결을 위한 메시아는 한두 세대에 그칠 수밖에 없다는 한계가 있다. 모세가 그랬고 여호수아가 그랬고, 사무엘이 그랬으며 다윗과 솔로몬이 그랬다.

또한 이스라엘의 메시아 사상은 인간의 가장 원초적이며 근본적인 문제가 죄라는 점에 집중하지 못했다. 죄 문제의 해결이 하나님을 기쁘게 한다는 점에 착안하지 못하고 자기들의 기쁨만을 생각하면서 현실에서의 문제해결에 지나치게 집중했다. 이러한 모든 한계를 극복하면서 단번에 영원히 해결하는 성자 예수님의 메시아 되심으로 인한 기대들은 신약성서에서 모두 드러났다.

제5장

성서적 기름부음에 대한 신학적 재고

지금까지 구약성서의 기름, 기름부음, 기름부음 받은 자에 대한 주제들을 찾아서 그 성격을 규명하고, 이스라엘의 메시아 사상을 일별한 다음, 신약성서의 기름 및 예수 그리스도에 대하여 기름과 관련한 연구를 진행해왔다. 이 장에서는 기름의 속성, 기름부음의 속성, 기름부음 받은 자의 속성 및 기름부음으로 섭리하시며 경륜을 펴시는 하나님의 속성을 규명함으로써 신학적인 접근을 모색한다.

이에 앞서 지금까지의 연구에서 드러난 '기름부음'의 문화적 혹은 종교적 관행을 기준으로 하여 창세로부터 지금까지의 역사를 몇 단계로 구분해 봄으로써 각 요소들의 속성을 파악하고 이해하는 데 도움이 되도록 한다. 다음으로 기름, 기름부음, 기름부음 받은 자와 하나님의 속성을 차례로 규명할 터인데 각 주제와 관련된 기존의 신학적 업적이 있을 경우 상호 비교해 봄으로써 이 연구의 주제에 접근한다.

1. 기름부음을 기준으로 한 역사 구분

여기서 시대를 구분하는 기준이 되는 것은 성서를 통해서 드러난 기름부음이다. 구약성서에 따르면 여호와 하나님을 신앙하는 의례에서 기름부음이 있다. 제사장, 왕, 선지자의 삼중직에 보임되는 사람들이 기름부음을 받았다. 이 기름부음을 기준으로 하여 시대를 구분한다.

① 모세 이전의 기름부음 시대
② 모세 이후의 기름부음 시대
③ 포로기 이후의 기름부음 시대
④ 그리스도 이후의 기름부음 시대
⑤ 세상의 문화적 기름부음 시대

1) 모세 이전의 기름부음 시대

이 시기는 하나님이 시내 산에서 모세에게 기름부음을 명령하시기 이전의 시대이다. 이스라엘 백성들보다 먼저 이방인들이 기름부음의 관행을 창안하여 널리 행하고 있던 그 시대이다. 아직 이스라엘의 종교 제의로서 기름부음이 도입되기 이전에 근동지역의 여러 부족들 사이에는 공동체의 리더를 선출하는 의식으로서 사람의 머리에 기름을 부어 보임하는 관행이 있었다.[1]

기름부음을 받고 세움 받은 자라야 공동체 안에서 권위를 인정을 받

---

1 Wenham, 『WBC 주석: 창세기 1-15』, 399-413.

고, 기름부음 받음으로써 수여된 사명을 감당하는 일에 원활을 기할 수 있었으며, 자기 권위의 정통성을 인정받아 필요할 때는 강력한 지도력을 행사할 수도 있었다. 고대 사회의 부족들이 이러한 문화와 관행으로 공동체를 지탱하고, 점차 대외적으로 국제 사회의 질서를 잡아나갈 수 있었던 것은 기름부음으로 권위의 체계가 이루어지고 조직의 질서가 바로 섰기 때문이다.

한편 신적 임재의 표식으로 돌을 세우고 그 위에 기름부음으로써 신과 인간 사이의 소통과 화목이 유지되리라는 기원의 제례에 쓰이기도 했다. 이러한 풍습은 야곱이 벧엘에서 베개로 삼았던 돌을 세우고 그 위에 기름을 부은 일(창 28:18)에서도 유추할 수 있다. 물론 이 시기에 기름이 꼭 이렇게만 쓰인 것은 아니었다. 중동의 따가운 햇살 아래 피부를 보호하기 위하여 적절한 기름을 개발하여 얼굴과 손과 피부에 바르기도 했다.[2]

그러면 왜 당시의 사람들이 머리에 기름을 부어 공동체의 지도자로 삼아서 권위를 부여하는 관행을 가지게 되었는지 흥미롭다. 이에 대하여 고증학 혹은 고고학적으로 밝혀진 자료는 찾을 수 없다. 그만큼 오래 전의 관행이었기 때문이다. 그러나 이 연구의 주제가 기름 및 기름부음이기 때문에 이에 대한 근거를 유추해 봄으로써 하나님이 기름부음이라는 형식으로 메시아를 보내신 섭리와 경륜을 더 깊이 이해할 수 있을 것이다.

사람이나 동물 또는 사물에 기름을 붓는 행습은 몇 가지가 있다. 야곱이 그랬던 것처럼 신적 임재를 상징하는 돌을 세우고 그 위에 기름을 붓

---

[2] "기름," 『기독교대백과사전』.

기도 했지만, 고대 근동지역에서는 목축업의 양치기들이 양의 머리에 기름을 붓는 관행이 있었다.[3] 기름부음이라는 관습이 여기서 시작했을 가능성이 크다. 사람들이 양을 키우기 시작한 때가 인류의 시작과 거의 비슷한 시기로 보이기 때문이다. 창세기 4장에서 아벨이 하나님께 제사할 때 양의 기름을 드렸다는 기록으로 보아 첫 사람 아담의 때부터 이미 양을 길렀다는 것은 의심할 여지가 없다(창 4:4).

양을 키우는 사람들은 주기적으로 양의 머리에 기름을 부었는데, 목축업자들이 양의 머리에 기름을 붓는 이유는 다음과 같다.

첫째, 중동지역에는 양의 코에 알을 까는 해충이 있어서 그것을 방지하기 위해서 이다. 양의 코에 알이 슬면 유충이 양의 코 안쪽 피부를 뚫고 들어가서 뇌에까지 올라가 서식한다. 이렇게 되면 양은 심한 두통으로 바위 등에 머리를 들이받으면서 괴로워한다. 이를 방지하기 위해 양의 머리에 기름을 부었다.

둘째, 양들끼리의 싸움을 방지하기 위해서이다. 양들이 서로 싸울 때는 뿔로 다른 양의 머리를 들이받기 때문에 양의 머리에 기름을 부음으로써 보호하기 위해서이다.[4]

또한 양의 털은 일 년에 한 차례 깎게 되는데, 양의 털을 깎은 다음에는 양의 맨살 위에 기름을 칠해주는 관행이 있었다. 이는 털을 깎으면서 난 상처에 대한 지혈효과를 위해서이며 또한 피부의 건강을 위한 기름을 따로 준비하였다가 발라줌으로써 투약효과를 높이려는 목동들의 지혜에서 비롯되었다. 털을 깎은 다음 기름부음을 받은 양은 그렇지 않은

---

[3] "기름부음," 『성서백과대사전』, 350.
[4] 진범석, "양에게 기름을 머리에 바르는 이유," http://blog.daum. net/_blog/BlogType-View.do?blogid=0RXpK&articleno=4136&admin=, 2016년 12월 8일 접속.

양에 비해 훨씬 튼튼한 피부와 건강을 유지하면서 다음 해 털을 깎을 때까지 자랄 수 있을 것이다. 양의 털이 자라 온 몸을 덮은 후에는 털 속의 피부에 질환이 생겨도 여간해서 발견할 수 없게 된다. 목동들은 양들의 건강을 점검하기 위하여 저녁이 되어 우리에 집어넣을 때에 막대기를 양의 키보다 낮게 하여 그 아래를 통과하도록 하여 무릎을 잘 꿇고 통과하는 양과 그렇지 못한 병든 양을 골라내었다(레 27:32).

그렇게 발견된 병든 양들은 대부분 살아남기 어렵다. 고대에는 마땅한 치료제가 없었기 때문이며 털 깎는 계절이 오기 전에 피부의 치유를 위하여 털을 깎고 치료를 하게 되면 그 양은 추위를 견디지 못하고 결국은 죽게 된다. 이 때문에 한 해를 잘 견디고 다음 해 양털을 깎을 수 있는 건강한 기름부음을 받은 양과 다음 해 봄까지 살아남지 못하는 기름부음을 받지 못한 양으로 구분이 된다.[5]

이러한 일들이 여러 해 되풀이 되면서 양들에게 기름부음의 관행은 대단히 중요한 일로 받아들여지고 기름부음이야 말로 양이 양되게 하는 과정이 되어, 어떤 중요한 직책에 오르는 취임식 행사에서 기름부음이 관행으로 서서히 자리 잡았을 개연성은 충분하다. 왕이 왕 되려면 취임식에서 기름부음을 받아야 제대로 된 왕이 된다는 의식은 고대의 원시 사회에서 충분히 확산될 수 있었다고 본다.[6]

기름부음 행습의 발원이 무엇인지 지금에 와서 정확히 규명한다는 것

---

5 레 27:32-33에서는 소나 양의 십일조에 대해서 규정하는데, "목자의 지팡이 아래로 통과하는 것의 열 번째의 것마다 여호와의 성물이 되리라 그 우열을 가리거나 바꾸거나 하지 말라"고 규정한다. 십일조 예물이 될 수 있는 소나 양은 이처럼 건강한 것으로 해야 한다. 건강한 양은 '목자의 지팡이(막대기)' 아래로 통과할 수 있어야 한다.

6 한국사회에도 결혼예식을 치르지 않고 사실혼 관계로 사는 부부들에게 "사모관대, 족두리를 쓰지 않아서 어른답지 못하다"는 속담이 있다. 결혼식 없이 사니 모습이 매양 어른답지 못하다는 뜻이다.

은 고고학적으로나 문화인류학적으로 밝히기에 어려울 것이다. 그러나 어떤 행사의 현재적 의미를 고대로 유추해 봄으로써 추측할 수는 있다. 제사장 위임식이나 왕의 취임식과 선지자로서 부름 받을 때 기름부음을 받는 일들은 하나의 연출로서 이 사람이 제사장으로, 왕으로, 선지자로 부름을 받고 이제부터는 그 역할을 수행하게 될 것이라는 대내외적인 선포이면서 정통성을 확립하는 의식이다.

그 의식은 원시 사회에서부터 시작하여 현대로까지 이어져 왔기 때문에 그 근원을 분명히 하기는 어려움이 있지만, 현대적 의미를 역 추적해 들어감으로써 시원(始原)을 추정해볼 수 있다. 이러한 일들은 오늘날 문화 혹은 문명이라는 이름으로 불리며 당연하게 여기면서 공동체 안에서 행해진다.

2) 모세 이후의 기름부음 시대

이스라엘 민족의 출애굽 이후 시내 산에서, 하나님은 모세에게 기름부음을 명하신다. 하나님은 아론과 그의 아들들에게 기름을 부어 제사장으로 위임하도록 명하시고 모세는 순종한다. 이때부터 하나님의 백성들 사이에서도 기름부음 관행이 시작된다. 백성을 대표하여 하나님께 나아가 제사를 집전하는 제사장들은 기름부음을 받음으로써 제사장의 자리에 오르게 되었다.

이방의 기름부음 관행과 이스라엘에서 제사장으로 위임하는 기름부음 제의는 형식은 같으나 내용은 달랐다. 이방의 기름부음은 오랜 관행이 정통성을 지지하는 근거가 되었지만, 이스라엘에서 제사장으로 기름부음 받는 의례는, 하나님의 뜻에 따라 순종하는 신앙공동체가 하나님 앞에서 하나님의 명령에 따르는 신앙의 제의이다.

모세가 아론과 그의 아들들에게 기름을 부어 제사장으로 세우는 제의가 시작된 지 300여 년이 흐른 다음 이스라엘에서는 왕을 기름 부어 세우는 역사적 사건이 일어났다. 이스라엘 백성들은 이방 나라들의 왕 제도를 따라 자기들도 왕 제도를 도입하겠다고 하나님께 강청하여 허락을 받았다. 하나님은 사무엘을 통하여 왕의 제도를 허락한다는 뜻을 비치시고 이스라엘의 첫 번째 왕으로 사울을 선택하여, 사울을 왕으로 세우는 기름부음의 의전을 치르도록 허락하셨다(삼상 8:22).

이를 필두로 하여 이스라엘은 왕이 다스리는 왕정이 시작되었으며, 이후로 왕으로 취임하는 자들의 머리에 기름을 붓는 전통이 되었다. 하나님께서는 이후 선지자 엘리야에게 기름부음을 명하셨다(왕상 19:15-16). 엘리사에게 기름 부어 후계자로 삼도록 함으로써 기름부음이 제사장과 왕과 선지자의 삼중직에 해당하는 의전이 되었다.

하나님이 시내 산에서 모세에게 처음 명령하신 기름부음 의례는 대단히 절차가 복잡할 뿐 아니라 까다로웠다. 기름을 붓는 의례는 여러 가지 절차 가운데 하나의 순서로 들어가 있었기 때문에 제사장 위임식을 '기름부음'으로 줄여 말할 수는 없었다. 그러나 성경의 저자들의 기록에 따르면 제사장 위임식 행사가 점차 '기름부음'이라는 용어로 상징화 되어 갔다. 제사장과 왕과 선지자를 세우는 예식은 시간이 흐르면서 '기름부음'이라는 상징어로써 간략하게 말하여지면서 구약성서가 기록되어 갔다.

시간이 더 흐른 후에는 구약성서의 기자들이 제사장, 왕, 선지자들의 활동을 기록하면서 제사장, 왕, 선지자들이 기름부음을 받은 사실에 대한 기록은 중요하게 여기지 않아 대부분 누락하고 있다. 기록이 누락되었다고 해서 세움 받을 당시 기름부음의 절차가 생략되었다고 단정할 수는 없겠지만, 구약의 뒷부분으로 가면서 기름부음의 기록상 빈도가 줄어든다. 그러나 기름부음으로 행하는 여러 위임식의 거룩성과 정결성이 퇴색했다는 근거는 없다. 기름부음으로 섭리하시는 하나님의 경륜은 지속되면서 기름부음 의식은 또 한 번 변화를 준비한다.

3) 포로기 이후의 기름부음 시대

이스라엘 왕조의 분단 시대를 지나, 북조 이스라엘의 멸망에 이어 남조 유다까지 멸망을 당하여 유다가 바벨론에 포로로 끌려갔다가 고레스 칙령에 의하여 귀환하는 포로기를 거치면서 기름부음의 의미는 획기적으로 변하게 된다. 이제 기름부음의 절차보다는 '기름부음 받은 자'를 의미하는 '메시아'라는 단어로 모든 것이 압축되면서 메시아 사상이라는 하나의 기다림이 되었다. 이 과정을 통과하면서 기름 붓는 주체는 하나님이 되어 기름부음 받은 자는 '하나님의 기름부음 받은 자'로서 '메시아'가 되었고, 메시아는 이스라엘 역사에서 드러난 모든 부조리함을 일거에 해결하는 초인이 되어 오리라는 기다림의 사상이 되었다.

하나님의 기름부음을 받은 자가 이스라엘에 와야 했다. 그가 옴으로써 이스라엘의 역사에서 노정된 모든 불합리함이 해결되어야 한다. 가시적 기름부음의 형식적 요소는 접어두고 남은 것은 오직 '메시아 대망' 뿐인 듯 했다. 성급한 인간들은 기름부음이라는 형식에는 관심이 없고 오실 메시아만 고대했다.

메시아에 대한 사람들의 간절한 기다림 때문에 기름부음에 대한 하나님의 주도면밀한 계획과 섭리는 한낱 과거의 사건으로 지표면 아래에 묻혀서 그다지 중요한 신학적 주제가 아닐 수도 있다고 여겨지게 되었다. 구약의 기록도 이에 동조하여 그런 방향으로 흐르는 면이 전혀 없다고 할 수 없다. 이방의 왕 고레스에게 하나님이 기름 부어 세우셨다는 이사야 45장 1절의 기록을 대하면 시내 산에서 모세에게 명령하셨을 당시의 그렇게도 엄격하고 복잡한 기름부음의 예식이 이렇게까지도 간략해질 수 있다는 것을 보여준다. 하나님이 고레스에게 기름을 부어 세우셨는데 당시의 사람들은 물론 오늘날의 현대인들도 시내 산에서 모세에게 하나님이 명령하셨던 그 절차가 그대로 적용되지 않았으리라는 것을 짐작할 수 있다. 그렇다고 해서 기름부음의 절차가 중요하지 않다고 단정하는 것은 하나님의 뜻을 곡해하는 것이다.

하나님은 기름부음의 제의를 채택하시기까지 2,700여 년을 기다려서 엄격한 절차를 지키도록 하셨다.[7] 하나님은 끝까지 그 절차가 유지되기를 원하셨던 것이 아니라, 인류문화와 관습의 속성을 수용하여 제사장 위임식의 절차를 '기름부음'으로 상징화하신 것처럼, 하나님은 '하나님의 기름부음'을 또 다른 신학적 의미로써 상징화를 의도하고 계심을 알 수 있다. 메시아 사상에서 절차는 축약되고 오실 메시아의 사명에만 관심과 기대를 집중한 것처럼 하나님의 기름부음은 이방의 문화적 기름부음 시대와 시내 산의 기름부음 이후 새로운 기름부음의 시대를 지향하고 있음을 바라보게 된다.

하나님의 섭리에 따른 경륜의 전개를 피조물인 사람들이 모두 이해

---

[7] 김홍석, "창조과학회 세미나," 한국창조과학회전북지부 편 (전주: 한국창조과학회 전북지부, 2015), 3–32. 김홍석은 하나님의 천지창조 연대를 B.C. 4174년(±25년)으로 기산했다. 모세의 출애굽 연대를 B.C. 1446년 어간으로 볼 때 모세가 아론과 그의 아들들에게 기름을 부은 시기는 창조로부터 2,700여 년이 흐른 다음이다.

하기는 난감하기 그지없다. 그래서 하나님은 오래 참고 기다리면서 인류의 문화가 성숙하였을 때 그 문화를 원용하면서 자기 백성에게 계시를 하신다. 그러나 메시아 사상이 충분히 완숙했다 하더라도 정작 메시아가 왔을 때 사람들은 우왕좌왕하지 않을 수 없었다. 이러한 소란 중에 구약의 기름부음 시대는 그리스도 예수님이 오시는 신약의 시대로 연속된다.

4) 예수 이후의 기름부음 시대

나사렛을 고향으로 두고 출생지는 베들레헴이 되는 예수님의 탄생은 포로기를 거치면서 무르익은 메시아 사상의 결실까지 500여 년이 지나서이다. 유다의 마지막 왕 시드기야의 기름부음과 이방의 왕 고레스의 기름부음이 언급되면서 기름부음의 현장은 중요성을 대부분 상실했다. 중요한 것은 그들이 과연 하나님의 기름부음을 받았느냐이다. 그렇기 때문에 그가 언제 기름부음을 받았느냐는 사람들의 질문은 그 의미를 점점 잃어갔다.

유다의 마지막 왕 시드기야가 언제 기름부음을 받았는지 성서적 근거를 밝히라고 한다든지, 이방의 왕 고레스가 언제 하나님의 기름부음을 받았느냐고 추궁하는 것은 우리가 딛고 살아가는 지상적 과제가 아니다. 그것은 하나님의 섭리와 하나님의 경륜에 속한 문제가 되었다. 그러한 시대 곧 구약의 기름부음 시대를 지나 예수 그리스도의 성육신으로 신약의 기름부음 시대가 왔다. 오늘날 누군가가 예수 그리스도가 언제 기름부음을 받았는지 밝히겠다고 나선다면 답을 찾기 위한 탐구의

시작점을 잘 잡아야 한다.[8]

　예수님이 언제 기름부음을 받았는가의 문제의 대답을 굳이 해야 한다면 식사 초대를 받은 예수께 기름을 가져와서 붓고, 바른 두 여인의 기사를 참고할 수도 있다. 비천한 신분의 여인들이 부은 기름이 어떻게 고매한 메시아 사상의 기름부음이냐고 반문할 수도 있지만, 하나님이 엘리야에게 기름부음의 명령을 했을 때 엘리야가 어떻게 순종했는지를 볼 필요가 있다.[9]

　고대로부터 시작한 기름부음의 역사가 예수님 시대에 와서는 하나님의 기름부음을 언제, 누구로부터, 어떻게 받았는지의 질문이 중요한 것이 아니라, 예수님이 공생애를 시작하면서 첫 번째 선포한 회개와 천국 복음에 대한 믿음(마 4:17; 막 1:15)이 요청되었다는 사실이 더 중요하다. 하나님과 화목하기 위하여 이제는 소나 양이나 염소를 잡아 화목제를 드려야 하는 것이 아니라 이 과정에서는 필히 기름부음 받은 자가 있어야 했다. 그러나 그리스도 이후의 기름부음 시대에는 자기의 죄인 됨을 자복하고 예수님으로 말미암는 구원을 받아 하나님 나라의 백성이 되는 길이 열렸음을 알고 그 길을 가는 것이 중요하다.

8　예수님이 언제 기름부음을 받았느냐는 질문에 대한 답을 찾는다고 많은 신약신학자들이 예수님께서 침례 요한으로부터 침례를 받았을 때에 하늘에서 음성이 들려온 그때가 기름부음을 받은 때라고 주장하면서 그 광경을 '메시아 대관식'이라고 그럴듯하게 명명하고 있기도 하지만, 이 연구의 맥락에서 본다면 정확한 대답이라고 보기는 어렵다. 이 연구에서는 기름부음 의전은 구약과 신약 사이의 불연속성으로 규명했다. 본서 제4장을 보라.

9　본서 제2장 2. 6) 엘리야의 기름부음을 참고하라.

5) 세상의 문화적 기름부음 시대

　기름부음과 관련하여 시대를 구분함에 있어서, 하나님이 시내 산에서 모세에게 기름부음을 명령하기 이전을 '모세 이전의 기름부음 시대'로 정리했다. 이 시대는 근동지역에서는 제왕의 취임식을 기름부음으로써 행하는 관습을 만들어 시행했다. 하나님은 그 관행을 원용하여 기름부음 받은 자의 섭리를 시작하셨다. 이후로 이방의 문화적 기름부음과 이스라엘 안에서 이루어지는 하나님의 기름부음 섭리는 병행했을 것이다. 그러나 물리적으로 사람의 머리 위에 기름을 부어 사명과 권위를 부여하는 형식의 제의는 어느 시점에 와서 멈추었다.

　구약 시대 말기에 이스라엘 안에서의 물리적 기름부음도 서서히 자취를 감추어갔고, 세속의 문화 속에서도 기름부음의 예식은 어느 시점에서 멈추고 새로운 취임식의 문화로 대체되었을 것이다. 세속의 기름부음과 하나님의 기름부음은 양자 공히 물리적 실행에서 새롭게 진전이 되었다. 그러면 오늘날 사람들의 일상생활 속에서 기름부음의 시대는 어떠한지 살펴보자.

　기름이 하나님의 피조물 중에서 대단히 중요한 요소이며 기름이 상대방에 대한 최상의 배려로서 '기름지다'는 말로 쓰이고 있음은 그때나 지금이나 같다. 또한 우상을 숭배하는 문화 속에서 온갖 기름진 것으로 우상 앞에 바치는 행습도 크게 달라지지 않았다. 오늘날 한국사회에서도 제의나 미신에 따른 고사제에서 온갖 기름진 것으로 제물을 준비한다.[10]

---

[10] 개업식이나 등산가들이 시산제 등을 지낼 때 돼지머리를 놓고 절하는 제의로서 흔히 고사라고 지칭한다. "고사," 『민중 엣센스 국어사전』, 191. 고사: 액운이 없어지고 행운이 오도록 술, 떡, 고기 등을 차려놓고 신령에게 비는 제사.

이러한 종교적인 분야가 아닌 일상생활에서의 기름 곧, 고대사회가 취임식에서 기름부음을 행했던 것처럼 현대인들과 기름은 어떤 관계에 와 있을까. 고대사회 인류는 기름을 취할 때 동물로부터 그리고 식물로부터 취한 기름을 다양하게 가공하여 여러 가지 용도에 사용했다. 당시에는 광물성 기름의 사용은 그리 많지 않았다. 그러나 인류의 문화가 발전하면서 광물성 기름의 사용이 급격하게 늘었다.

인류의 광물성 기름의 활용에는 많은 문제점을 내포하고 있다. 광물성 기름에는 휘발성이나 독성이 강해서 연료용으로 사용하기에는 알맞지만 인체에 직접 접촉하는 용도로 사용할 때는 그 독성으로 인한 폐해가 심각할 수 있다. 하나님이 광물성 기름을 두신 목적을 헤아리지 않고 인류는 광물성 기름의 성능에 착안하여 산업을 일으켜 경제의 부흥을 꾀했다. 이 과정에서 광물성 기름의 추출물을 화장용과 약용으로 쓰기 시작했는데 석유의 찌꺼기에서 추출하는 것으로 밝혀진 합성 계면활성제는 서로 상반되는 두 물체의 표면장력을 약화시켜 서로 혼합시키는 뛰어난 작용을 갖고 있다.

세계 제2차 대전 중 독일에서 제조하기 시작한 합성 계면활성제는 피부에 접착을 가능케 하는 기능성 때문에 피부에 바르는 모든 연고제에 첨가될 뿐 아니라 화장품의 필수 요소가 되어 사람들이 이용하기 시작했다. 또한 세제나 비누 심지어 치약에까지 합성 계면활성제가 사용됨으로써 눈에 보이지 않는 폐해는 아토피와 같은 새로운 질병을 유발하기도 했다.[11]

하나님이 지으신 좋은 기름이 제 기능을 하지 못하고 잘못 쓰이는 바

---

11 온라인 「중앙일보」, 2014. 9. 24. 입력, "계면활성제 관련 보도," http://news.joins.com/article/18736181, 2016년 10월 27일 접속.

람에 사람의 몸 속에는 수많은 독성물질이 침전되기 시작했다. 하나님의 창조 물질이 창조 섭리에 순응하여 사용되지 못하고 잘못 쓰이는 현대인들의 문화는 심각한 문제를 내포하고 있다. 그럼에도 인류가 존속하는 한 피조물 중에서 기름을 찾아내고 가공하여 경제적 유익을 도모하는 일은 멈추지 않고 지속될 전망이다.

기름부음을 주제로 한 시대 구분은 성서 안에서만, 혹은 기독교인들에게만 의미를 갖는 차원이 아니라 기름이 귀중한 하나님의 피조물 중의 하나라는 관점에서 시도해보았다. 인류는 끊임없이 기름과 관련을 지으며 살아가는 존재이다. 하나님과 화목한 구원받은 이들은 신앙 안에서 기름과 기름부음이 하나님의 은혜와 섭리의 차원에서 파악되는 진리이면서, 동시에 삶의 자리인 세상에서 모든 이들과 더불어 살면서 피조물 기름에 대한 깊은 이해를 바탕으로 한 기름의 개발과 사용으로써 삶의 질을 향상시킬 수 있는 방안을 모색하여야 한다. 이것이 하나님의 뜻이기도 할 것이다. 기름의 사용에 있어서 하나님의 창조 섭리에 순응함이 하나님을 기쁘게 할 것이며 인류에게도 복이 될 것이다.

2. 기름의 속성

기름이나 기름부음의 속성은 두 가지로 접근할 수 있는 주제이다. 먼저는 세속적 속성이 있다. 성서에서 여호와 하나님을 신앙하는 제의에서 쓰이는 기름과 기름부음에 대한 속성이 아닌 세상 사람들이 발굴하고 개발하여 다양하게 사용하는 기름의 속성이다. 그러한 세속적 기름의 속성은 위에서 본 시대 구분에서 모세 이전의 기름부음 시대, 세상의 문화적 기름부음 시대를 배경으로 하는 기름으로서, 위의 역사 구분에서 대부분 적시되었다. 여기서는 이 연구가 지향하는 주제에 맞도록 성서적 의미의 기름 속성을 규명한다.

첫째, 기름의 속성은 신적 임재의 상징물 위에 부어졌다.

야곱이 돌베개를 세우고 그 위에 기름을 부은 일은 그 돌에 하나님이 임재하였으리라는 믿음에서였다(창 28:18). 물리적 세상의 일이 아닌 신령한 일에 기름이 사용되었다는 것은 사람들이 기름에 부여하는 의미가 그만큼 심장하다는 것을 뜻한다. 야곱뿐 아니라 당시의 이방 문화 속에 돌이나 나무를 기둥으로 세우고 기름을 붓는 습속이 있었다는 것은, 인류가 기름을 어떤 물질로 인식하는지에 대하여 숙고하게 한다. 기름은 신 존재 의식으로부터 도피할 수 없는 인간의 속성을 함께 드러낸다.[12]

둘째, 기름은 손상된 것을 온전케 하는 속성이 있다.

상처가 났을 때 그 상처가 아물기를 바라는 마음에서 기름을 발랐다(사 1:6; 렘 8:21-22; 46:11; 막 6:16; 약 5:14). 제사장들이 행하는 나병환자 정결 예식에서도 기름이 사용되었다(레 14:1-32). 병이 나아 온전해진 환자를 사회에 복귀시키는 일에 기름이 쓰이고, 제사장, 왕, 선지자를 온전하게 세워 지위와 권한 및 권위를 부여하는 의식에서 그 사람의 머리 위에 부어졌다.

---

[12] Andrew Newberg 외 2인, 『신은 왜 우리 곁을 떠나지 않는가』, 이충호 역 (서울: 한울림, 2001), 227-47.

셋째, 기름은 이스라엘 제사의식에서 피와 병행한다.

하나님은 제사에 대한 규례를 명령하면서 피를 처리하는 방법과 함께 기름을 처리하는 방식을 명시한다(출 29:10-28; 레 1:3-17; 3:1-17; 4:1-35 외 레위기에 나오는 대부분의 제사 규례). 피를 뿌리고 바르고 붓는 순서 다음에는 대부분 기름으로 똑같이 하는 경우가 많다(레 14:1-32). 성서에서 피는 생명으로(레 17:11), 기름은 하나님의 것으로 선포되었다(레 3:16). 영이신 하나님과 육적으로 존재하는 사람과의 사이에서 피와 기름이 제수 용품으로 쓰이고 있음은 창조주와 피조물과의 사이에 매개되는 물질이라는 의미이다. 기름은 신과 인간과의 관계에 소용되는 품목 중의 하나이다.

넷째, 기름은 하나님께 예물로 드리는 품목 중의 하나로서 의미를 가진다.

모세는 성막을 짓기 위하여 백성들에게 예물을 드리도록 할 때 기름을 포함했다(출 25:6). 피조물인 사람들이 창조주인 하나님께 드릴 수 있고, 하나님께서 열납하시는 예물의 목록 중에 기름이 포함되어 있다.

다섯째, 사람들의 언어생활 속에 기름이 회자된다.

수사적 표현에서 기름이 나름대로의 독특한 의미를 가지고 쓰인다. 먼저 기름은 상등품과 풍요를 표현할 때 '기름지다' 또는 '기름진 것' 등으로 표현된다(창 45:18; 49:20; 삼상 15:9; 욥 36:16; 시 63:5; 사 25:6; 55:2). 한편 물질의 과잉이나 지나침에도 기름이 쓰인다(삿 3:17; 잠 5:3). 기름은 사람과 사람 사이의 관계를 부드럽게 하는 매개체의 상징으로 회자된다. 실질적으로 기름은 사물 사이에서 윤활작용을 한다.

이와 같이 기름의 속성은 여러 피조물 중에서 신적인 임재와 연관되는 일에 중요하게 소용이 되는 물질로서 상징물 위에 부어지고, 손상을 회복시키며, 피와 더불어 제사의식에 쓰이고, 신께 드리는 예물이 되며, 관계를 회복하는 촉매제로서의 속성을 가진다.

3. 기름부음의 속성

기름부음의 속성을 규명함에 있어서 고려할 변수는 기름이라는 물질, 부음이라는 행동의 두 측면이 있는데, 기름의 속성은 위에서 규명했으므로 기름부음이라는 행동양식에 대한 속성으로 접근한다. 인류가 기름부음을 처음 시작한 것은 위에서 밝힌 '모세 이전의 기름부음 시대'에서 발견할 수 있다. 이때의 기름부음은 이스라엘의 여호와 하나님을 신앙하는 일과는 관련이 없었다. 그러나 하나님이 모세에게 기름부음을 명령하심으로써 기름부음은 하나님과 하나님의 백성 사이에 신앙적인 의미를 갖게 되고, 하나님과 하나님의 백성 사이를 중재하는 삼중직으로 보임되는 사람들은 반드시 기름부음을 받아야 하는 신앙의 예식이 되었다.

그러나 기름부음의 속성은 변화를 겪는다. 모세가 아론과 그의 아들들에게 기름을 부을 때는 엄격한 규정에 따라 제조된 관유(출 30:22-33)를 사용했으나 나중에는 관유가 올리브기름으로 대체되고 기름을 붓는 예식도 단순해졌다.[13] 이후 포로기를 거치면서 기름부음은 가시적인 의

---

13 본서 제2장의 2. 기름부음을 보라.

식에서 점차 무형적이며 영적인 기름부음으로 대체되는 과정을 겪는다.

하나님은 기름부음 받은 자를 들어 쓰심으로 하나님의 경륜을 펴시는데, 모세 시대에는 엄격한 관유를 부음으로써 하나님의 사람으로 세워 쓰셨지만, 점차적으로 기름부음의 형식이 약화되어 물리적인 기름부음 절차는 없었지만 하나님은 '나의 기름부음 받은 자'로 선포하신다(사 45:1). 기름부음의 가시적이며 물리적인 습속은 사라지지만 하나님의 섭리와 경륜에 중용되는 인물은 여전히 '기름부음 받은 자'로 지칭이 된다.

이러한 기름부음에 대한 속성의 변천은 이스라엘의 포로기와 구약 시대와 신약 시대의 중간기라는 역사를 통하여 잘 드러난다. 포로기와 중간기를 거치면서 분명해지는 이스라엘의 메시아 사상[14]에서 물리적으로 행하는 기름부음의 형식은 의미를 상실해 간다. 그러나 그동안 구약성서에서 역사적으로 기술된 기름부음의 의미가 퇴색된 것은 아니다.

기름을 그릇에 담아 기름부음 받을 자로 선택된 인물에게 다가가서 머리에 기름을 부음으로써 하나님의 사람이 되도록 하는 형식적 절차는 퇴색했지만, 기름부음 받은 자를 뜻하는 히브리어 마쉬아흐(מָשִׁיחַ), 헬라어 크리스토스(Χριστός)는 오늘날 기독교를 상징하는 대표적 언어가 되어 있다. 오늘날 삼위일체 하나님을 신앙하는 교회 안에 가시적인 기름부음 제의는 존재하지 않는다. 이 연구에서는 이러한 현상을 신학적 불연속성으로 규명하고 정의했다.[15] 기름부음의 속성은 영적으로 개념화했다. 이후로 삼위일체 하나님을 예배하고 신앙하는 종교적 의례에서

---

14 본서 제3장을 보라.
15 본서 제4장을 보라. 기존의 신약신학 학계에서는 예수님의 기름부음이 침례 요한으로부터 침례를 받은 때라고 주장하면서 이를 메시아 대관식으로 부르기도 한다. 그러나 이 연구를 통해서 볼 때, 그 주장에 동의할 수 없다.

기름부음은 영적으로만 그 의미를 갖게 되었다.

4. 기름부음 받은 자의 속성

기름부음은 영적인 개념이 되었지만 기름부음 받은 자는 하나님께 예배하고 하나님을 신앙하는 하나님의 사람들이다. 그들 중에는 실제적인 기름부음 시대의 사람도 있고, 영적인 기름부음 시대의 사람도 있다. 그러니 기름부음 받은 자의 속성에서 고려해야 할 대상을 구분하여 접근하여야 하는데, 예수 그리스도를 중심으로 하여, 예수님 이전의 구약 시대에 기름부음 받은 자들, 예수 그리스도, 예수 그리스도 이후의 기름부음 받은 자들로 구분한다. 예수님 이전 기름부음 받은 자 중에는 기름부음의 영적 개념화 이전 가시적 기름부음을 받은 이들과 영적 기름부음을 받은 이들이 차례로 나타난다.

1) 예수 이전 기름부음 받은 자들의 속성

구약 시대 이스라엘 안에서 명시적으로 기름부음을 받은 첫 번째 사람은 아론과 그의 아들들이다. 이후 사울과 다윗에 이은 솔로몬이 있다. 솔로몬 이전에 압살롬도 기름부음 받은 기록이 있다(삼하 19:10). 그러나 포로기를 전후하여 '하나님의 기름부음'은 독특한 면을 보인다. 누구로부터 기름부음을 받은 기록이 없어도 구약성서에서 하나님은 기름부음 받은 자로 선포한다. 여기서는 구약 시대 왕으로서 처음 기름부음을 받은 인물 사울을 통하여 그 시대 기름부음 받은 자의 속성을 규명한다.

사울의 기름부음 받음은 이스라엘에서 왕으로서는 첫 번째 사건이다. 그러므로 사울의 기름부음 받음 안에서는 이 연구의 주제와 관련한 많은 시사점들이 함축 되어 있다. 이형원은 사울이 하나님의 선택을 받을 수 있었던 첫 번째 원인으로 사무엘상 9장 21절을 든다.

> **사울이 대답하여 이르되 나는 이스라엘 지파의 가장 작은 지파 베냐민 사람이 아니니이까 또 나의 가족은 베냐민 지파 모든 가족 중에 가장 미약하지 아니하니이까 당신이 어찌하여 내게 이같이 말씀하시나이까 하니**(삼상 9:21).

이 말은 사무엘이 사울을 만나 하나님께서 사울에게 기름부어 왕으로 삼고자 하신다는 전언에 따른 사울의 첫 번째 반응이었다. 하나님의 기름부음을 받는 자의 첫 번째 속성은 겸손이라는 해석이다.[16]

그러나 사울은 하나님 앞에서 실패한 왕이다. 그가 실패한 원인은 또한 겸손의 상실에 있다. 사울은 왕이 된 후 겸손을 잃고 교만에 빠지기 시작했다. 전쟁에 나가기 전 하나님께 드리는 제사를 집전해야 하는 사무엘이 나타나지 않자 마음이 조급해진 사울은 율례를 거스르고 자기가 직접 해서는 안 되는 번제와 화목제를 드리는 불손을 범한다(삼상 13:8-9).

이후로도 사울의 교만은 거듭된다. 아말렉과의 전쟁에서 하나님의 말씀에 불순종하여 자의적 판단으로 전리품에 대한 처리를 했다(삼상 15:1-9). 결국 하나님은 사울에게 기름 부어 왕으로 세운 일을 후회한다(삼상 15:11). 기름부음 받은 자에게 가장 중요한 것은 겸손임을 지적

---

16 이형원, 『하나님께 쓰임 받은 사람들』 (서울: 한국강해설교학교 출판부, 2004), 162-71.

한다.[17] 기름부음 받은 자의 속성이 겸손이어야 한다는 당위성이 사울의 사례에서 밝혀진다.

구약 시대 기름부음 받은 자들의 속성에서 볼 것은, 기름부음을 받을 때 성령을 함께 받는다는 점이다. 사울이 기름부음을 받을 때도 하나님이 영이 함께 하시어 사울이 예언을 했다(삼상 10:1-12). 이런 현상은 다윗이 기름부음을 받았을 때도 동일했다(삼상 16:13). 그러나 기름부음을 받으면서 성령이 함께 임한다고 해서 그 사람이 도덕적으로나 윤리적으로 완벽해지는 것은 아니었다. 또한 기름부음으로 그 사람의 인격이 갑자기 고양되지도 않는다.

사울이 기름부음 받은 자로서 보여준 모든 장단점은 이후 기름부음을 받은 모든 이에게서 공통적으로 드러난다. 처음의 겸손이 점차 교만으로 흐르고, 권한을 남용하고, 하나님의 뜻보다는 자신이 누려야 할 세상에서의 명예나 부에 더 관심을 가짐으로써 실족하는 유형을 답습한다. 다윗조차 여기서 예외는 아니었다. 구약 시대 기름부음 받은 자들의 타락과 패역은 종국에는 완벽한 기름부음 받은 자에 대한 대망의 싹을 틔우게 한다. 이것이 메시아 사상으로 발전한다.[18]

2) 예수 그리스도의 속성

기름부음의 속성이 영적으로 개념화된 이후에 예수께서는 이 땅에 메시아로 출현했다. 그러므로 여기서는 예수님이 기름부음을 어떻게 받았

---

17 Ibid., 165-7.
18 본서 제3장 이스라엘의 메시아 사상을 보라.

는가보다는 예수님이 메시아로서 왔기 때문에 그가 펼친 사역을 통해서 예수님의 속성에 접근하고자 한다.

예수님 이전 전통적으로 기름부음은 제사장, 왕, 선지자의 삼중직을 세우기 위한 예식이었다. 이와 관련하여 예수 그리스도의 사역을 분석함으로써 기름부음 받은 자 예수님의 속성을 파악하고자 한다.[19] 이를테면, 예수께서 침례 요한으로부터 침례를 받은 후 광야에서 40일간의 시험을 마치고나서 "이때부터 예수께서 비로소 전파하여 이르시되 회개하라 천국이 가까이 왔느니라"(마 4:17; 막 1:14-15)고 선포했는데, 이 선포는 선지자로서의 사역에 해당한다. 선지자는 하나님의 대변자로서 백성에게 하나님의 말씀을 대신 전하는 자이다.[20] 기름부음 받은 자로 오신 예수님의 첫 번째 사역은 선지자의 직임이었다.

마가복음 1장에 따르면 예수께서는 복음을 선포한 후에 제자들을 초청한다(막 1:16-20). 제자들을 초청하여 공동체를 이루는 사역은 삼중직의 임무 중 왕으로서의 사역에 해당한다고 볼 수 있다. 이 공동체는 장차 하나님의 나라를 지향하기 때문이다. 그 다음 예수님의 사역은 안식일에 유대인 회당에 가서 가르치는 일이었다(막 1:21-22). 이는 선지자의 사역에 해당한다. 이어서 예수님은 회당 안에 있던 귀신 들린 자에게서 귀신을 쫓아내는데 일을 했다. 이때 현장에 있던 사람들은 예수님의 가르침과 축사에 대하여 "권위 있는 새 교훈"(막 1:27)으로 인지한다. 이는 통치의 행위로서 왕의 직임에 해당한다고 볼 수 있다.

---

19 이는 예수님의 사역을 서술하는 전통적인 방식으로써 칼빈이 도입하고 대부분의 개혁교회 진영에서 이 방식을 채택한다. 침례교신학총서 집필위원회, 「침례교 신학총서」 (서울: 요단출판사, 2016), 242.

20 "선지자," 『아가페 성경사전』, 804-10.

예수님은 다음으로 시몬의 장모가 열병으로 앓고 있음을 보고 손을 잡아 일으켰고 그때 열병이 떠났다. 이러한 치유 사역은 구약에서 제사장의 직무였다. 제사장이 환부에 기름을 발랐으며, 나병환자 정결예식을 행함으로서 사회에 복귀시켰다. 예수 그리스도의 속성은 기름부음 받은 제사장, 왕, 선지자로서의 직임을 수행하는 것이었다. 다음 날은 예수께서 전도하러 나서면서 "내가 이를 위하여 왔노라"(막 1:38)고 말한다. 이는 곧 선지자 직임을 선포한 것이다.

복음서를 통해 본 예수님의 사역을 삼중직의 직임으로 분류를 시도해 보면, 선지자로서의 직무 수행이 월등히 많음을 알게 된다. 예수께서는 선지자 직임을 통하여 구약의 율법에서 가르쳤던 기존의 가치들에 대하여 반전을 드러내는 일이 많다. 이는 불연속성이다.[21] 예수께서 선지자 직임으로서 선포한 구약과 신약의 불연속성 사례들 중에는 안식일에 밀이삭을 잘라 먹는 것을 합리화 한 일이 있다(막 2:23-28).

안식일에 곡식에 손대는 일은 구약 시대의 율법적 가치에 의하면 있을 수 없지만 예수께서는 "안식일이 사람을 위하여 있는 것이요 사람이 안식일을 위하여 있는 것이 아니니"(막 2:27)라고 선포한다. 예수님의 이런 사역은 대부분 선지자로서 하나님을 대언하는 일이다. 기름부음 받은 자로 오신 메시아 예수님은 선지자의 직임으로서 구약의 율법주의에 의한 폐단을 시정한다.

> 네 하나님 여호와께서 너희 가운데 네 형제 중에서 너를 위하
> 여 나와 같은 선지자 하나를 일으키시리니 너희는 그의 말을

---

21 본서 제4장을 보라.

들을지니라(신 18:15).

모세가 일찍이 선포한 이 말씀이 예수님에게서 실현됨을 본다.[22]

예수께서 5천 명을 먹이신 일은 어떤 직임의 사역에 해당하는 지도 궁금하다. 굶주린 백성의 의식주를 해결해주는 일은 전통적으로 왕의 직무에 해당한다. 그러나 오병이어 사건의 현장에 있었던 이스라엘 사람들은 감탄하는 반응을 보였다.

그 사람들이 예수께서 행하신 이 표적을 보고 말하되 이는 참으로 세상에 오실 그 선지자라 하더라(요 6:14).

이스라엘 군중은 예수님의 이 사역을 선지자가하는 일로 해석했다. 그러나 다음 구절에서 예수님의 반응은 조금 다르다.

그러므로 예수께서 그들이 와서 자기를 억지로 붙들어 임금으로 삼으려는 줄 아시고 다시 혼자 산으로 떠나 가시니라 (요 6:15).

예수님은 이 사역을 왕이 하는 직임으로 인지했음을 드러낸다. 예수님의 사역을 목격하고 수용하는 군중이나, 예수님 스스로도 자기의 사역에 '기름부음 받은 자'로서의 삼중직의 직무를 기억하면서 해석하고 적용하는 프레임을 지니고 있다.

---

22 Hengstenberg, 『구약의 기독론』, 73-4.

그러나 예수님의 모든 사역을 삼중직의 직무에 대입하는 일이 가능하지는 않다. 그의 사역 중에는 제사장, 왕, 선지자의 직무를 뛰어넘는 경우가 많다. 공관복음 세 권에 공히 기록이 나오는 침상에 누운 중풍병자를 고친 사건 직후 예수님은 "네 죄 사함을 받았느니라"(마 9:2; 막 2:5; 눅 5:20)고 선포했다. 이때 좌중에 소란이 일어났다.

> **이 사람이 어찌 이렇게 말하는가 신성 모독이로다 오직 하나님 한 분 외에는 누가 능히 죄를 사하겠느냐**(마 2:7).

사람들의 죄를 사해주는 일은 선지자의 직임도 아니고, 왕이나 제사장의 직임에 포함될 수도 없다. 그럼에도 예수께서는 죄 사함을 선포했다. 기름부음 받은 자, 그리스도 예수님의 속성에는 죄를 사하는 속성, 이는 하나님의 속성에 해당하는데, 이 속성이 예수 그리스도에게도 적용이 되는지에 대한 논란이 제기된다. 이스라엘의 메시아 사상 안에서 유대인들이 기다리는 메시아의 직임에는 하나님으로서의 속성은 포함되어 있지 않다.[23] 그럼에도 예수께서는 거침없이 삼중직의 직임을 뛰어넘는 하나님의 속성을 드러낸다.

예수님이 스스로 하나님의 속성을 드러냄은 이스라엘의 메시아 사상과 자신과의 사이에 있는 대단히 중요한 불연속성의 드러냄이다. 오늘날 유대인들이 예수님을 메시아로 인정하지 않는 큰 이유 중에 하나가 이것이다. 어찌 사람이 하나님의 아들이며 어찌 사람이 다른 사람의 죄를 사하여 줄 수 있느냐는 것이다. 이것이 기존의 메시아 사상에 경도되

---

23   본서 제3장 이스라엘의 메시아 사상을 보라.

어 있는 유대인들의 고정관념이다. 그러나 복음서 중 누가복음은 예수 그리스도의 속성으로서, 하나님 되심을 가장 먼저 드러낸다. 누가복음을 보기에 앞서 마태복음 기사를 먼저 보자.

마태복음에서는 예수님의 속성이 '유대인의 왕'으로 처음 나타난다. 동방의 박사들이 별을 보고 예루살렘까지 와서 한 질문이 "유대인의 왕으로 나신 이가 어디 계시냐"(마 2:2)이다. 이는 그 당시 유대인들이 가지고 있던 메시아 사상에 입각한 즉, 제사장과 왕과 선지자로서 오실 메시아적 의미로서 '유대인의 왕'이었다.[24] 동방박사들의 이 질문에 헤롯 왕은 대제사장과 서기관을 불러 "그리스도가 어디서 나겠느냐"(마 2:4)고 물었고, 대제사장과 서기관들은 전통적인 구약의 기독론에 해당하는 미가 5장 2절을 인용하여 베들레헴에서 날 것이라고 대답했다. 마태복음의 기사에서는 이스라엘의 메시아 사상과 견주어 특이점을 발견할 수 없다. 그러나 누가복음은 이와는 다르다. 베들레헴에서 예수님이 탄생할 무렵 들녘의 목동들에게 천사가 나타나서 알린다.

오늘 다윗의 동네에 너희를 위하여 구주가 나셨으니 곧 그리스도 주시니라(눅 2:11).

천사는 예수님을 '구주,' '그리스도 주'라고 표현했는데, 구주는 헬라어 소테르(σωτήρ)이다. 소테르는 누가복음 1장 69절에서 하나님에게 적용한 단어이다. 누가는 예수님의 탄생을 하나님의 탄생으로 알리고

24　Hagner, 『WBC 주석: 마태복음 1-13』, 121-2.

있다.²⁵ 예수님은 소테르 곧 구주(saviour, deliverer)로서 메시아가 함의하는 삼중직의 사명 그 이상을 감당할 분으로 오심을 밝힌다. 하나님으로 오신 예수 그리스도는 제사장, 왕, 선지자의 사역은 물론 하나님으로서 죄를 사하는 권능을 행하신다. 또한 파도를 잔잔케 하며, 죽은 자를 살린다. 이는 모두가 메시아 사상이 전하는 삼중직의 직임을 초월하는 일로서 하나님만이 하실 수 있는 사역이다.

예수께서 희생양이 되어 십자가에 달리는 일은 굳이 가리어 보자면 제사장으로서의 직무에 해당한다고 할 수 있다. 그러나 부활하고 승천하여 하늘 보좌 우편에 앉으시는 일은 하나님으로서의 사역이다. 그리스도 예수가 삼중직의 하나인 왕으로서 이루는 나라는 땅에 속한 나라가 아니다. 하나님의 나라이다.²⁶

3) 예수 이후 기름부음 받은 자들의 속성

모세가 아론과 그의 아들들에게 기름부음으로써 시작된 하나님의 기름부음 섭리와 경륜은 예수 그리스도로서 종결되지 않는다. '기름부음 받은 자' 그리스도 예수는 자신의 기름부음 받은 자 됨에서 머물지 않고, 제자를 세워 기름 부어 하나님과 화목하게 하여 하나님 나라의 백성이 되게 하는 사역을 감당한다. 그러므로 이 땅의 모든 기독교인들은 기름부음 받은 자이다(요일 2:27).

예수님은 기름부음 받은 자로서 기름부음의 사역을 어떻게 감당하는

---

25 John, 『누가복음 1:1-9:20』, 262-3.
26 예수 그리스도가 왕 중의 왕, 주의 주가 되는 이유이다.

지 주목하여 볼 필요가 있다. 예수님은 침례 요한이 했던 것처럼 침례는 행하셨지만(요 3:22), 정작 예수님은 그 누구에게도 물리적으로 기름을 붓는 사역은 하지 않으셨다. 제자들이 파송되어 병자를 기름 부어 고치기는 했지만 제자들 역시 기름부음의 본래적 사명을 물리적으로 수행하지는 않았다. 포로기를 전후하여 기름부음의 제의가 가시적 기름부음에서 비가시적이며 영적인 기름부음으로 변화되었기 때문이다.

기름부음 받은 자 '그리스도'가 이 땅에 다녀감으로써 물리적 환경은 그대로이지만 하나님의 섭리, 하나님의 경륜은 새로운 지평을 열었다. 제사장, 왕, 선지자도 과거의 제사장, 왕, 선지자가 아니다. 사도 베드로는 "너희는 택하신 족속이요 왕 같은 제사장들이요 거룩한 나라요 그의 소유가 된 백성이니"(벧전 2:9)라고 선포함으로써 그리스도를 영접하고 제자 된 자들에게 너희가 곧 왕이요 제사장이요 선지자라고 선포했다. 이른바 전(全) 신자 제사장의 교의가 선포된 것이다. 이는 전 신자 제사장뿐 아니라, 전 신자 왕이요, 전 신자 선지자임을 선포한 것이다. 이를 대표하여 '전 신자 제사장'(Priesthood of All Believers)으로 지칭한다.[27] 회개하고 그리스도를 영접한 성도가 기름부음으로 세워지는 삼중직의 주인공이 되었다.

이제 믿고 구원받은 이들은 언제 기름부음을 받았냐고 질문할 필요가 없다. 예수님께서 물리적으로 기름부음을 받은 명확한 기록이 없으면서 그분이 분명히 기름부음 받은 자 그리스도인 것처럼, 구원을 확신하는 성도 역시 '기름부음 받은 자' 곧 제사장이요 왕이요 선지자이다. 그럼에도 억지로 자기 생애 중 기름부음의 구체적 시점을 추적하는 일은

---

27   이에 대하여는 뒤에서 한 번 더 다룬다.

"그 중에 알기 어려운 것이 더러 있으니 무식한 자들과 굳세지 못한 자들이 다른 성경과 같이 그것도 억지로 풀다가 스스로 멸망에 이르는"(벧후 3:16) 어리석음이다.[28]

그리스도는 자기의 성도를 새로워진 기름부음으로써, 마치 범죄하기 이전 에덴동산의 아담과 하와가 아무 중재자 없이 하나님과 대면했던 것처럼, 예수님 이후 기름부음 받은 자를 그와 같은 신분으로 회복시켜 놓았다. 범죄하기 이전 에덴동산의 아담과 하와에게 있어서 그들을 다스리는 분이 오직 하나님뿐이었다. 그들을 다스리는 분은 하나님이다. 오늘날 현대 국가나 구약 시대 이스라엘처럼 왕을 세워 왕이 다스리는 백성이 아니다. 그러므로 하나님 앞에서 성도는 곧 왕이다. 성도를 다스리는 분은 오직 하나님 한 분뿐이다.

에덴에는 하나님께 예배할 때 중간에서 백성을 대표하는 제사장이 있을 수 없다. 모두가 하나님을 면전에서 뵙고 예배로 하나님을 영화롭게 하는 제사장이다. 또한 하나님을 대신하여 하나님의 메시지를 백성에게 대신 전하는 선지자의 직임도 있을 수 없다. 모두가 하나님으로부터 직접 기도의 응답을 받으니 모두가 선지자이다.

성도는 예수님의 케리그마를 세상에 선포하는 선지자이며, 아무의 간섭 없이 하나님께 직접 기도하는 제사장이며, 오직 하나님의 다스림만이 유익한 왕이다. 이는 놀라운 하나님의 섭리요 기름부음으로 다스리시는 하나님의 경륜이다. 예수님 이후의 기름부음 받은 자의 속성은 사도 요한의 서신에서 잘 드러난다.

---

[28] 이단 종파 중에서는 구원받은 시점을 추궁함으로써 기성교회에 흠집을 내고 자기들이 구원받은 일자를 정하여 주기도 하는데 이는 대단히 비성경적이다.

4) 요한이 선포한 기름부음 받은 자의 속성

창조의 때로부터 계획하신 하나님의 기름부음 섭리는 고정된 불변의 신학적인 교의가 아니라 인류의 문화와 상호작용을 하면서 하나님의 섭리를 펼쳐 나가는 내러티브이다. 하나님은 사람들에게 드러난 만큼만 기름부음의 섭리를 계시하지 않으시고 훨씬 앞서서 뒤따라오기를 바라는 듯이 때로는 파격적으로 기름부음의 섭리를 진행하셨다.

사실 메시아로서 하나님의 독생자이며 삼위 하나님의 제2위인 성자께서 오리라는 것은 이스라엘의 메시아 사상[29]에서는 알려지지 않은 채로 메시아가 오셨다. 메시아로 오신 예수께서는 불가피하게 이스라엘 백성들의 생각보다 앞서 나가며 진행하시는, 하나님의 섭리를 그들이 믿고 따르기를 기대하면서 메시아로서의 사명을 수행해야 했다. 기존의 이스라엘 사람들의 메시아 사상보다 하나님은 조금 더 진전되어 있었다.

예수께서는 그런 저간의 사정을 일일이 헤아리면서 제자들을 이끌고 대중을 가르치셨다. 예수님은 스스로 어떠한 저술도 남기지 않으면서 오직 말씀과 행함만으로 메시아 됨을 드러내고 인류 궁극의 구주(눅 2:11)로서 하나님의 구원섭리를 완성한다. 십자가 죽음과 사흘만의 부활 이후 예수께서는 사십 일간을 더 체류하고 제자들이 보는 앞에서 구름 속으로 들리워 가셨다. 이후 제자들은 예수님의 당부대로 예루살렘에서 기도하는 중 오순절 성령강림으로 모든 것을 깨닫고 예수님의 그리스도 됨에 대한 증인으로 나섰다.

그들의 스승에 대한 증거는 세상적인 성공과는 전혀 관계없이, 오로

---

[29] 본서 제3장 메시아 사상을 보라.

지 메시아 대망의 풍토 속에 태어나 조상으로부터 물려받은 소망의 이름을 간절히 기대하던 중 확실하고 분명하게 마주친 예수 그리스도에 대한 증언만이 그들의 인생에서 의미 있는 행위가 될 뿐이었다. 사도와 제자들은 예수님을 더 오래 기억하고 더 많은 사람들에게 증거하기 위하여 기록을 남기기 시작했고, 그 기록들이 오늘날의 신약성서가 되었다. 신약성서 안에는 당연히 예수님의 그리스도 됨이 실증적인 기록으로 남게 되는데, 이 연구에서 이제는 하나님의 기름부음의 내러티브가 완성된 모습을 찾아서 정리해 두어야 할 시점이다.

예수님은 분명히 기름부음 받은 자이고, 예수님을 구주로 믿고 거듭난 제자들 역시 기름부음을 받은 자들이다. 이러한 역사에 대하여 함축적으로 기록한 제자가 사도 요한이다. "너희는 거룩하신 자에게서 기름부음을 받고 모든 것을 아느니라"(요일 2:20)는 요한의 선포 속에 이 연구에서 추적한 기름부음의 역사가 집약되어 들어 있다.

요한일서는 신약성경 중에서 비교적 늦게 쓰여진 것으로서 주후 85년에서 95년 사이에 기록되었다.[30] 저자인 사도 요한은 기름부음에 대하여 자기 서신의 수신인들을 '너희는'으로 적으면서 "거룩하신 자에게서 기름부음을 받았다"고 선포했다. 이는 사무엘이 양의 뿔에 기름을 채워 가지고 가서 다윗에게 기름을 부은 것처럼 부은 것이 아니다. 하나님이 유다의 마지막 왕 시드기야와 바사 왕 고레스에게 기름을 부었다고 선포하신 것처럼 하나님의 섭리로서 선포되는 기름부음을 받은 것이다.

여기서 '거룩하신 자'가 누구냐에 대한 논란은 대단히 분분하기도 하지만 분명한 것은 거룩하신 자는 하나님이라는 점에서는 일치한다. 다

---

[30] 아가페 출판사 편, 『오픈성경』, 1988년판, 요한일서 서론.

만 '거룩하신 자'가 성부나 성자냐 성령이냐를 두고 논란을 벌이는 데, 게르할더스 보스는 거룩하신 자가 성자 예수님이라고 주장하는데[31] 반하여 슈나켄부르크(Schnackenburg)는 성령에 의한 기름부음이라고 주장한다.[32] 이러한 논란이 중요한 것이 아니라 기름부음의 절차에서 하나님의 명령에 따른 기름부음의 대행자가 신약에 와서는 명시적으로 드러나지 않는다는 점을 이 연구에서는 강조한다.

정확히는 예수님으로부터 시작하여 기름부음은 물리적인 실행이 아니라 영적인 사건이 되었다. 이후로 회개하고 예수님을 구주로 영접하는 자들은 요한이 선포하는 기름부음을 가진 자가 된다. 하나님과 기름부음을 받는 자 사이에 이제는 대행자가 존재하지 않는다. 신학적인 논란을 즐기는 학자들은 그렇다면 기름부음을 받는 시점이 언제냐를 두고 또 공박을 한다. 이를테면 침례를 받을 때가 아니냐, 혹은 회심의 순간이 아니냐 하는데 이 연구에서는 그런 논란을 중요하게 여기지 않는다. 오히려 기름부음 받음이 무엇을 의미하는지에 관심을 집중한다.

요한은 "기름부음을 받고 모든 것을 아느니라"고 선포한다. 또한 요한일서 2장 27절을 보라.

> **너희는 주께 받은 바 기름부음이 너희 안에 거하나니 아무도 너희를 가르칠 필요가 없고 오직 그의 기름부음이 모든 것을 너희에게 가르치며 또 참되고 거짓이 없으니 너희를 가르치신**

---

31 Geerhardus Vos, 『예수님의 자기 계시-메시아 의식에 대한 현대의 논쟁들』, 이승구 역 (김포: 그나라출판사, 2014), 151.

32 Stephen S. Smalley, 『WBC 주석: 요한 1,2,3서』, 조호진 역 (서울: 도서출판 솔로몬, 2005), 209.

그대로 주 안에 거하라(요일 2:27).

요한은 주의 기름부음을 받은 자는 "모든 것을 안다"는 사실을 매우 강조하고 있다. 기름부음 받은 자가 알고 있는 모든 것이 무엇인지 규명해보자.

이 '모든 것'에 대한 논란 역시 치열하다. 그러나 때로는 주석가들의 논쟁을 언급하기 이전에 번역되어 우리 앞에 놓인 성경 그대로 우리에게 주는 말씀 자체로부터 접근하는 것이 훨씬 편하고 더 신앙적일 수도 있다.

너희는 거룩하신 자에게서 기름부음을 받고 모든 것을 아느니라(요일 2:20).

이 말씀이 현대의 기독교인에게 걸리는 부분은 무엇인가?
"모든 것을 안다"는 선언이다. 우리가 알고 있는 '모든 것'은 복잡한 현대 사회를 살아가기에 필요한 본능적 인식에서부터 교양에 이르기까지, 또한 전문직에 진출하거나 지도층에 이르기 위해 학습하지 않으면 안 되는 엄청나게 많은 지식들, 매일같이 쏟아지는 산더미 같은 정보들, 이 모든 것을 기름부음을 받음으로써 알게 된다니 도무지 이 구절이 납득하기 어려워 읽혀지지 않는다. 쉽게 얘기해서 '말이 안 되는' 말씀으로 보인다. 그런 만큼 주석가들과 신약신학자들에게 이 부분은 난제들 중의 난제가 되는 것 같다.

스테핀 S. 스말리(Stephan S. Smalley)는 이 문제를 영지주의와 연관 지어 주석을 시도했다. '아는 모든 것'은 곧 지식이다. 초대교회 시대 가장 심각한 이단이 영지주의였다. 영지주의는 다름 아닌 '아는 것, 신령한 지식'에 대한 다른 이름이다. 영지주의의 주장은 오직 선택된 소수만이 신에 관한 참 지식을 가지고 있으며, 극소수의 사람만이 모든 것을 알고 있다고 주장하는데, 이에 맞서서 요한 사도가 기름부음을 받은 예수님의 제자들이야말로 모든 진리를 알고 있으니 영지주의에 미혹되지 말라는 선포일 수 있다고 주석하면서, 영어성경 NIV의 사례를 든다. NIV는 요한일서 2:20b를 "and all of you know the truth"로서 '모든 진리'로 영역하고 있는데, 이 역시 초대교회 당시의 영지주의를 염두에 둔 번역이라고 주장한다.[33]

그러나 원어 성경에서 '모든 것'은 헬라어 판테스(πώντες)인데, 이는 남성 복수 주격으로서 분명히 '모든' 것을 의미한다.

그럼에도 요한 사도가 너희는 거룩하신 자에게서 기름부음을 받고 모든 것을 안다고 선포한 이유는 과연 무엇일까?

신학적 혹은 주석적으로 접근하기보다는 이 연구를 진행해 온 맥락에서 보자면, 사도 요한이 '모든 것'이라는 다소 파격적인 용어를 구사한 이유를 그의 삶의 궤적을 통해서 접근한다. 논리적으로 혹은 사변적으로, 그리고 당대의 정황에 입각하여 영지주의 폐해와 연관지어 해석하기보다는, 요한의 삶의 여정을 살피면서 해석을 시도하는 것이 더 좋은 태도일 수 있다.

사도 요한의 일생을 주목하자면, 요한은 다른 제자들과 함께 메시아의 사역을 지근거리에서 지켜보았다. 예수님의 표적과 기사를 목격하고

---

[33] Ibid., 210-1.

예수께서 스스로를 일컬어, 하나님 혹은 하나님의 아들로 지칭하는 것을 들었고, 죽은 지 사흘 만에 다시 살아나야 할 것이라고 말씀하는 것도 직접 들었다. 그럼에도 다른 제자들과 마찬가지로 메시아 사역의 참됨을 알지 못했다. 십자가 위에서의 참혹한 죽음을 목도하면서 예수께서 자신의 모친 마리아를 자기에게 부탁하는 말씀도 들었다. 사흘 만에 부활한 예수님의 빈 무덤 현장에 가장 먼저 도착한 제자도 요한이었다 (요 20:1-10). 그는 예수께서 구름 속으로 들리는 현장에도 있었다. 그럼에도 다른 제자들과 마찬가지로 '모든 것'[34]을 알지 못했다.

그러나 오순절 날 마가의 다락방에서 120명의 제자들과 기도할 때 "홀연히 하늘로부터 급하고 강한 바람 같은 소리가 있어 그들이 앉은 온 집에 가득하며"(행 2:2) 마치 불의 혀처럼 갈라지는 것들이 임하고, 성령이 충만함을 체험한 순간, 그 자리에 있던 모든 사람들이 비로소 '모든 것'을 깨달았다. 그때에 비로소 지난 삼년 동안 예수님이 보여주신 모든 표적과 기사, 하신 말씀 한 마디 한 마디가 모두 깨달아졌다.

사도 요한이 이 때 알게 된 '모든 것'은 이후부터 요한의 삶의 '모든 것'이 되었다. 그 모든 것 이외에 더 필요한 것은 없었다. 요한은 그 모든 것으로 이후의 일생을 살아간다. 요한은 주저함 없이 그리스도 예수의 사도로서 십자가와 부활의 증인으로 살아가는데 그때부터 그 '모든 것'은 요한에게 필요한 모든 것을 제공했다. 삶에 전혀 부족함이 없었다. 무엇을 먹을까 무엇을 입을까 염려할 필요도 없었다. 어떤 말을 해야 할까 걱정하지 않아도 되었다. 그 날 알게 된 모든 것이 그의 인생의 모든

---

[34] '모든 것'중의 핵심은 예수님이 그리스도 되시며 그는 성부로부터 모든 권한을 이양 받아 이 땅에 왔으며, 죄인은 회개하고 예수님을 통하여 하나님께 갈 수 있으며, 종말의 때에는 심판주로 오신다는 것이 될 것이다.

것을 채우고 모든 것을 이끌었다. 조금도 부족함이 없었다. 사도 요한의 일생은 바로 그런 것이었다.

그렇게 90평생을 살고 말년에 즈음하여 이에 대한 고백이자 선포가 곧 "거룩하신 자에게서 기름부음을 받고 모든 것을 안다"였다. 요한이 생각하기에 하나님의 기름부음으로 알게 된 모든 것은 사람이 일생을 살아가기에 필요한 모든 것이었다. 사도 요한은 자기가 기꺼이 걸어온 자기의 생애만이 하나님과 세상 앞에 오직 유일한 삶의 방식이요 유일한 길이라고 고집하지 않으면서도, 삶의 현장에서 어떤 유형의 삶을 살아가든지 그 삶에 필요한 모든 것은, 성령의 임재와 충만함으로 알게 된 '모든 것'이면 족했다.

이를 현대식으로 고쳐 말하면, 피조물로서 하나님의 영에 감동되어 감사하는 삶으로 하나님을 영화롭게 하는 삶의 길을 가고자 하는 이에게 필요한 모든 것은 하나님의 기름부음을 받음으로써 다 알게 된다는 뜻이다. 창조주 하나님을 아는 것과 자신이 피조물임과 기름부음으로 구원하시는 하나님의 섭리를 아는 것이 곧 '모든 일을 아는 것'이라는 선포이다. 이 '모든 것' 이외에 물론 다른 지식이 있을 수 있다. 그러나 그 지식들은 알면 유익할 수도 있지만 몰라도 되는 것들이다.

상대적인 지식들을 굳이 '모든 것'에 포함시킬 필요는 없다. 모든 것에는 절대적인 것만으로 족하다. 현대의 불신자들은 '절대적인 모든 것'에는 관심이 없고, '상대적인 모든 것'에만 관심을 집중한다. 그들에게 진정으로 필요한 것은 사도 요한이 선포하는 '모든 것'이다.

이 모든 것을 아는 것 중에서 가장 핵심적인 것은 "예수님은 다시 오신다"는 것으로서 하나님이 섭리하시는 예수님의 재림에 대한 선포이다. 세상의 모든 지식은 "예수님은 다시 오신다"는 이 한 마디 아래 복속된다. 예수님은 다시 온다는 말은 미래에 일어날 일에 대한 선교적 선언이다. 예수님은 다시 오신다고 말하는 자들은 선지자이다. 그 말은 하나님으로부터 받아서 세상에 선포하는 말이기 때문이다. 세상의 상대적 지식과 달리 예수께서 다시 오신다는 절대적 지식은 세상을 살아가기에 조금도 부족함이 없는 모든 것이다.

예수님이 다시 오신다는 예언은 세상의 모든 예언 중에서 최고의 예언이다. 왜냐하면 가장 먼 미래에 일어날 일을 선언하는 예언이기 때문이다. 예수님이 다시 오는 때는 이 세상 종말의 때이다. 세상의 모든 소소한 예언들은 종말 즉, 예수님이 다시 오기 이전에 일어날 일이기 때문에 대단치 않은 작은 예언이다. 목사들의 설교가 예언인 이유는 예수님은 다시 온다는 선포이기 때문이다.

예수님은 분명히 다시 올 터이니 그때를 대비하여 이러저러하게 사는 것이 옳다는 선포가 설교이다. 예수님이 다시 온다는 것은 인류가 알 수 있는 가장 큰 것으로서 '모든 것'이다. 이 모든 것은 우리가 기름부음을 받음으로써 알게 된다. 예수님이 다시 온다는 것을 모르고 습득한 지식과 학문과 사상과 철학이 아무리 많고 높아도 그것은 모든 것을 모르는 것과 같다. 예수님이 다시 온다는 것을 기초로 하지 않는 모든 앎은 진정한 앎이 아니다.

사도 요한은 끝으로 요한계시록을 쓴다. 계시록은 예수님의 다시 오심에 대한 기록이다. 예수님이 다시 올 것을 선포하면서 생애를 산 요한에게 주님은 필요한 모든 것을 다 채워 주었다. 요한은 기름부음을 받고 모든 것을 알고 그 모든 것으로 능히 세상을 살았으며 그에 대한 선포로서 "너희는 거룩하신 자에게서 기름부음을 받고 모든 것을 아느니라"고 했다. 기름부음을 받는 일은 세상에서 가장 큰 일이다.

5. 기름부음으로 섭리하는 하나님의 속성

하나님의 속성에 접근한다는 것은 대단히 조심스러운 일이다. 하나님의 존재하심에 대한 실재(reality)에 피조물인 인간이 인격적으로 다가가서 교감한 내용을 정리하여 하나님의 속성(attributes)으로 거론한다는 것은 선뜻 나설 수 없는 시도이다. 그러나 하나님의 속성을 논함의 지향성이 하나님의 위대성을 보여주는 당위성에 입각한 송영론적 속성론[35]에 기대어 기름부음의 섭리와 경륜을 주제로 연구하는 중에 감지되는 하나님의 속성에 대하여 논증을 시도한다.

1) 기획(planning)[36]하는 하나님

기름부음의 섭리로 죄인을 구원하려는 하나님의 경륜을 연구하면서 체감하는 하나님의 속성 첫 번째는 '기획(planning)하는 하나님'이다. 하나님은 아담과 하와의 타락을 징계하신 다음에 관망만 하는 분이 아니다. 죄로 인해 하나님과 원수가 된 인류를 구원하여 관계를 회복하려는 뜻을 가지고 실행을 위해 기획하신다. 헹스텐베르그(Hengstenberg)가 왜 하나님은 아담과 하와가 타락한 직후에 곧바로 메시아를 보내지 않

35　Stanley J. Grenz, 『조직신학』, 신옥수 역 (고양: 크리스챤다이제스트, 2003), 151-3. 송영(送迎)은 이 연구에서도 중요한 이슈로 등장한 주제다. 하나님의 백성들은 영광을 하나님께 돌릴 때 기름으로 하는 속성이 있음을 밝혔다. 본서 제2장 2) 축복(베라카 בְּרָכָה)으로 받는 기름을 참조하라.

36　기획(企劃)은 계획보다는 광의의 개념으로 수립한 계획과 그 계획의 진행은 물론 성취되어가는 전 과정을 아울러 일컫는 개념으로 썼다.

으셨는지 의문을 제기했다. 왜 중병에 걸린 인류가 사천 년[37]이라는 오랜 세월을 기다려야 했는지 궁금해 했다.[38]

하나님도 그 즉시 구원하여 관계를 회복하고 싶은 마음이 왜 없었을까마는, 하나님이 사람을 지으실 때 자유의지를 지닌 인격체로 지으셨기 때문에, 하나님은 그들에게 강압하지 않으면서, 죄로부터 건져 올릴 수 있는 종합적인 프로젝트를 기획하여야 했다. 이 연구를 통해 하나님의 죄인 구원은 그 기획에 따라 단계적으로 실행되었음을 보게 된다. 하나님의 기름부음 프로젝트는 하나님의 섭리와 경륜 중에서도 시간적으로도 매우 긴 기간이 소요되었다.

아담과 하와의 타락으로부터 기름부음 받은 자로서 메시아 예수가 오기까지 사천 년이 걸렸다. 그 기간 동안 인류 사회에는 기름부음의 문화가 근동지역을 중심으로 생성이 되었으며, 하나님이 모세에게 기름부음으로 제사장을 위임하라는 명령에 따라 이스라엘에서 기름부음이 신앙의 예식으로서 중요한 형식이 되었다. 이 연구에서는 사천 년간의 역사를 기름부음이라는 양식을 기준으로 하여 다섯 단계의 시대로 구분을 시도했다.[39]

시대가 이렇게 흘러온 것은 하나님과 전혀 무관한 것이 아니라 하나님께서 그렇게 의도했기 때문이다. 이는 하나님의 전지(全知)함에 속한다. 창조 시 하나님이 기름을 사용하실 때부터 하나님은 인류의 역사가 이렇게 흘러가리라는 것을 아셨음에 틀림없다. 기름의 속성으로 볼

---

[37] 사천 년은 창조로부터 예수님의 성육신까지의 시간이다. 어셔(Ussher) 연대에 따르면 아담은 B.C. 4004년에 태어났다.

[38] Hengstenberg, 『구약의 기독론』, 22.

[39] 본서 제5장의 1. 기름부음을 기준으로 한 역사 구분을 보라.

때 인류가 기름을 이 연구에서 밝히는 다양한 용도로 사용하리란 것을 하나님은 예지하고 예정하셨다.[40]

하나님의 예지력을 바탕으로 한 기름부음 프로젝트는 공간적으로는 전 우주적이었다. 기름부음이라는 문화적 행습은 이방지역에서 먼저 보편화되고, 이스라엘에서 채택되었다. 그리고 궁극적인 기름부음 받은 자로 온 예수께서는 "너희는 가서 모든 민족을 제자로 삼아"(마 28:19) 복음을 전파하도록 명령했다. 기름부음 프로젝트의 대상은 전 인류임이 밝혀졌다. 하나님은 사람들의 기획이나 프로젝트와는 비교할 수 없는 장구한 기간과 전 우주를 포괄하는 기획으로 섭리하고 그에 따라 경륜을 편다. 하나님은 기획하는 하님이시다.

2) 문화와 문명에 민감한 하나님

하나님은 인류의 문화와 문명에 민감한 분이다. 사람들이 자연에 노력을 가하여 자기들에게 유익하게 변개하여 사용하는 문명과 문화의 양상을 주의 깊게 바라보시면서 인류의 사고의식 체계를 꿰뚫으시고 접근한다. 하나님의 기름부음 기획은 인류의 기름부음이라는 문화에 기대는 바가 크다. 사람들이 기름부음이라는 형식을 제왕의 취임식 행사로 쓰는 문화가 시작되었을 때, 하나님은 기름부음을 모세로 하여금 시행하도록 명령했다.

사람들은 하나님의 수많은 피조물 중에서 유독 기름에 주목했다. 그 이유는 기름의 유익함과 기름의 쓰임새가 그만큼 다양했기 때문이다.

---

[40] 누구는 구원하고 누구는 유기하겠다는 예지예정이 아니라 피조물 기름이 인류에게 어떻게 쓰일 것이며, 인류는 그 기름으로 어떤 문화를 만들어낼 지를 예지하고 예정하셨다.

사람들은 기름이 힘의 근원이며 상실한 원형을 복원시키는 기능이 있다고 믿었다.[41] 상처의 회복을 위해서도, 신적 임재의 표식을 위해서도 기름을 사용했다. 나중에는 제왕의 대관식에서 왕으로 취임하는 자의 머리에 기름을 붓는 의식이 보편화 되었다. 하나님은 이러한 인류의 문화가 정착되기를 기다리셨다. 하나님은 자기 백성에게 명령할 때, 충분히 이해가 가능할 때까지 기다렸다가 상대가 알아들을 만하면 그때 말씀한다. 하나님의 말씀이 사람들에게 이해되려면, 인간의 지적 수준과 환경이 뒷받침되어야 한다. 즉 인프라(infrastrructure)가 사전에 조성되어 있어야 한다.

하나님이 노아에게 방주를 만들라고 명할 때, 당시에 방주라는 배가 없었다면 하나님의 뜻은 노아에게 전달되기 어렵다. 다행히 나무로 정방형 배를 만들어 물 위에 띄우는 문화가 있었기에 하나님은 노아에게 방주를 만들라고 명령할 수 있었다. 하나님이 아브라함에게 할례를 지시할 때에도 당시 근동지역에서 할례는 여러 가지 목적으로 여러 민족들이 관행으로 하고 있었다. 그렇기 때문에 하나님이 아브라함에게 할례를 명할 때, 아브라함은 하나님께 '할례가 무엇입니까?'라고 질문하지 않았다. 극단적인 설명일 수도 있겠지만, 아브라함 당시 중동의 우상숭배 관행 중에는 맏아들을 희생 제물로 바치는 인신제사가 있었기에, 아브라함은 독자 이삭을 바치라는 하나님의 음성에 순종하기로 결단할 수 있었다. 이처럼 인류의 문명은 오랜 세월 동안 삶의 시행착오와 지혜가 만들어낸 산물이다. 하나님은 그 문명과 문화를 감안하면서 자기 백성에게 계시하는 방식을 채택한다.

---

41 Hartley, 『WBC 주석: 레위기』, 174. 앞의 '기름의 속성'을 참고하라.

고대 시대에 기름을 부어서 취임시키는 관행이 싹트고 발전한 것은, 하나님이 기름을 그렇게 귀한 피조물로 창조하셨기 때문이고, 인류 스스로의 경험으로써 기름을 다방면에서 유용하게 사용하는 지혜를 터득하였기 때문이다. 양을 치는 목동들은 털을 깎는 계절이 오면 양의 피부와 건강에 좋은 기름을 개발하여 발라 주었다.[42] 양에게 기름을 부어 양이 제구실을 하게 하는 목축의 비법이, 왕을 세우는 취임식 문화에서 하나의 절차로 채택되었을 것으로 볼 때, 기름부음을 받지 못한 왕은 정통성과 자격을 갖춘 왕이 아니었다.

이런 문화 가운데서 하나님은 제사장과 왕과 선지자를 기름 부어 세우는 제의로서 채택하시고 계시하심으로써 하나님의 백성들이 비로소 기름부음의 제의를 실행하게 되었다. 하나님은 인류의 문명과 문화에 민감하다.

3) 관계를 드러내며 의인(義認)하는 하나님

사람들의 중요한 행습 중에는 종교가 있다. 인류는 신을 설정하고 종교를 만들어내고 그 신을 숭상하면서 종교생활을 한다. 하나님은 인류의 종교를 어떻게 바라보고, 종교를 어떻게 받아들이며, 그 종교에 빗대어 어떻게 섭리하는가도 이 연구의 주요 관심사 중 하나이다. 창조주이신 성부 하나님께서 성자 예수님을 기름부음 받은 자로 성육신하여 비하하게 하심과, 사람들의 종교적 관행과의 사이에는 상당한 관련성이 있다.

---

42 본서 제5장 1. 1) 모세 이전의 기름부음 시대를 보라.

성부 하나님은 메시아 사상에 부응하여, 성자로 하여금 성육신하게 하여 메시아로 보낸다. 그 당시 이스라엘의 메시아 사상은 충분히 숙성했음에도, 하나님이 삼위일체로 계시면서 제2위이신 성자 예수님을 메시아로 보내리라는 것을 미리 안 사람은 하나도 없다.[43] 예수께서 메시아로 와서 자신이 삼위 하나님으로서 성자임을 밝히기 전까지 하나님의 계심이 삼위일체라는 개념은 아직 이 땅에 없었다. 성부 하나님이 성자를 메시아로 보냄에는 우리가 일일이 서술할 수 없는 많고도 깊은 하나님의 계획이 있었을 터이다. 성부께서 그 누구도 아닌 성자를 이 땅에 메시아로 보냄의 필연성은 구약성서가 계시해 온 메시아를 추호의 부족함이 없이 만족시키는 하나님의 지혜라는 데서 찾을 수 있다.

이 연구의 제2장 구약성서에 나타나는 기름의 다양한 의미에서 기름부음의 여러 함의들을 추적해보았다. 그 모든 신학적 주제들을 만족시키는 메시아로서 성자 예수님이 왔다. 이미 메시아에 대한 구약의 계시와 신약성서를 통해서 드러난 예수님의 내러티브를 알고 있는 우리로서는 성자 예수님의 그리스도 됨이 아니라면, 그 어떤 선택이나 섭리도 구약성서에서 드러나고, 이스라엘의 메시아 사상으로 일정 부분 드러난 메시아의 오심은 불가능하리란 것을 알고 있다.

그러나 하나님이 성자 예수님을 메시아로 보냄에는 여러 가지 부담으로 생각해볼 수 있는 여지도 만만치 않다. 그 중에서 가장 큰 문제는 메시아로 이 땅에 온 예수님의 신성이 도외시 되고 오로지 인성에만 치우친 나머지, 사람들이 예수님을 석가, 공자, 마호메트와 더불어 인류의 4대 성현으로 추앙하게 되는 일이다. 하나님의 창조주 되심이라는 관점

---

43 본서 제3장 이스라엘의 메시아 사상에서 '메시아 사상의 한계'를 보라.

에서 성자 예수님이 피조물인 다른 인물 세 사람과 같은 반열에 올리어져 추앙을 받는다는 것은, 하나님의 입장에서는 대단한 양보이다. 하나님은 이를 예측하지 못하고 보내셨을 리는 없다. 그럼에도 하나님은 성자를 메시아로 보냈다.

하나님의 메시아 섭리에 그 다음으로 문제가 되는 것은 성자 예수님을 종교의 창시자로 인식하고 기독교라는 종교의 교주로 인식하는 사람들의 오해이다. 이로 인한 문제점은 성부 하나님의 창조주 되심과 삼위 하나님의 위격 간에 불균형이 초래된다는 것인데, 이는 물론 세 위격으로 계시는 하나님의 문제가 아니라 인류의 하나님 인식에 관한 문제이기는 하지만, 어쨌든 성자께서 메시아로 옴으로써 이런 문제가 야기된 것만은 사실이다.

오늘날 많은 기독교인들이 자기들의 신앙을 세상에 존재하는 여러 종교들 중의 하나로 인지하는 경향이 있으며, 자신들은 여러 종교들 중에서 비교우위에 있다고 생각하는 기독교를 선택했다는 의식을 지닌 기독교인도 다수이다. 이들은 또한 자기네 종교의 교주로 인식하고 있는 예수님이 인류의 4대 성현으로 추앙됨을 오히려 자랑스럽게 생각하기도 하는데, 이는 여러 면에서 온전한 신앙으로 나아가는 길목의 걸림돌이다. 이것은 기독교의 정식(定式)이 바르게 정립되기에 넘기 힘든 난관으로 작용한다.[44]

---

[44] 만일 어떤 기독교인이 기독교의 정식(定式)을 "나는 하나님의 피조물로서, 하나님은 나를 보내시기에 앞서서 부모와 조상을 먼저 이 땅에 보내심으로 나를 보내셨음을 믿음으로 고백하며, 부모를 공경하고 조상을 추모하며 하나님을 예배한다"는 것으로 정리했다면, 기독교는 세상에 존재하는 여러 종교 중에서 택할 수 있는 선택사항이 아니다. 부모가 선택사항이 아니며, 육신의 부모가 인류의 귀감이 되는 성현이라서 공경하는 것이 아니라 자기를 낳아주신 분이라서 공경함과 같이, 하나님을 향한 사랑의 고백도 그분이 뛰어나서가 아니라 창조의 주님이시기 때문이다. 하나님이 성자를 메시아로 보냄에는 이 진리

하나님이 성자 예수님을 메시아로 보낼 때는 위에서 지적한 문제점들을 하나님은 익히 알고 있었다. 그럼에도 그렇게 한 일은 인류의 문화로서 종교의 행습을 백안시하지 않고 인정했기 때문이다. 예수 그리스도의 인성을 먼저 바라보고 예수님의 인품이 세계의 4대 성현으로 추앙되는 것도 기꺼이 인정하고, 그렇게 해서라도 세상이 예수님을 대하기를 기대하며, 또 기독교가 여러 종교들 중의 하나라는 것을 객관적으로 바라보고 선택적으로라도, 하나님과 화해할 수 있는 길을 만들어 그 길로 올 수 있도록 길을 연 것이다.

하나님은 고대 중동의 기름부음의 관습을 존중했듯이 인류의 종교적 행습 또한 백안시 하지 않으며, 피조물인 사람들 중에서 인품이 뛰어난 인물을 선정하여 마치 창조주를 숭앙하듯 위인으로 떠받드는 인류의 관행도 알고 있었다. 이와 같이 하나님의 기름 부으심은 인류의 문화와 대단히 밀접한 관련성에 기초하고 있다. 세상의 문명은 하나님의 주요 관심사항 중의 하나이다. 하나님은 세상의 문명을 경원시하거나 도외시하지 않고 문명 속 인류에게 하나님 스스로를 계시하면서 다가선다.[45] 그렇게 하는 섭리와 경륜 중에서도 대단히 중요한 사건이 하나님의 기름부음이다.

이 사건은 창조주 하나님이, 자기를 예배하는 신앙이 사람들에게 종교로 인지될 수도 있고, 성자 예수님이 사람들 중에 위인의 반열에서 회자될 수도 있는 안타까움을 감수하고 용인한 일이다. 하나님은 그렇게라도 함으로써 죄인을 의인으로 인 치시는 의인(義認)의 길을 연다.

지키기에 위험 부담을 초래한다.

[45] 하나님이 인류의 문명과 문화를 용인하신다는 것과 하나님의 구원은 별개의 문제이다. 하나님은 구원의 대상인 사람들이 창출해내는 문명과 문화를 깊이 아시고, 그 문화를 가진 사람들 중에서 일부만이 구원을 받는다.

4) 경륜 속에 패턴(pattern)이 있는 하나님

하나님은 일하는 분이다(요 5:17). 하나님이 하는 일을 높여서 이르기를 경륜이라 한다. 하나님의 경륜은 무계획적이거나 임시방편적이 아니다. 하나님은 주도면밀하게 기획하는 속성을 위에서 보았다. 기름부음 프로젝트를 수행하는 하나님의 경륜 속에는 일정한 패턴이 있음을 발견하게 된다. 이에 대하여 세 가지 경우를 보게 될 것이다.

첫째, 기름부음 의식에 쓰이는 기름이 어떻게 변화하는가이다.
하나님이 모세에게 기름을 부어 제사장을 위임하도록 명령할 때에는 그때 사용할 기름에 대하여 대단히 엄격한 율례를 두어 지키게 했다. 그때의 기름은 관유로서 특별하게 제조된 기름부음용 기름이었다(출 30:22-33). 그러나 사무엘이 사울에게 기름을 부을 때는 관유를 쓰지 않고 보통의 감람기름을 사용한 것으로 보인다. 기름부음에 쓰이는 기름이 까다로운 관유에서 일반적인 감람유로 간소화되었다. 그 후에 이스라엘의 포로기 무렵에는 굳이 감람유였는지조차 묻지 않는다.

더 나아가 기름부음의 의식 실행 여부보다도 하나님의 기름부음 받은 자로 선포됨이 훨씬 중요해졌다. 어떤 기름이 사용되었느냐, 또 어떻게 절차를 필했느냐보다는 그 인물이 하나님의 의중에 부합하는지의 여부가 더 중요시 되었다. 관유라는 특수한 기름에서 감람기름으로 간소화되고, 나중에는 굳이 기름부음이라는 격식이 없더라도, 하나님으로부터 기름부음을 받았다고 선포됨으로써 기름부음 받은 자가 되는 상황으로 이끌다가, 영적으로 기름부음을 받아야 하는 신앙화로 귀결시킨다.

둘째, 기름을 붓는 하나님의 대행자에 대한 변수가 있다.

처음에는 모세나 사무엘이라는 대단히 특별한 인물이 기름부음을 행했다. 그 후에는 이스라엘 장로와 백성들이 기름부음을 행했다. 기름부음의 대행자에 대한 까다로움이 걷혀졌다. 그 후에는 굳이 누가 기름을 부었는지 묻지 않는다. 종래에는 '거룩한 자'로 지칭되는 신앙의 예식으로 정착이 된다(요일 2:20, 27). 여기서도 특수한 격식에서 간소화되고 일반화를 거쳐서 신앙화되는 패턴을 보인다.

셋째, 기름부음을 받는 자의 변천을 보자.

모세로부터 기름부음을 받고 제사장으로 위임된 사람은 아론과 그의 아들들이다. 대단한 혈통에 속한 자였다. 아무나 기름부음을 받은 것이 아니다. 왕과 선지자로 기름부음 받는 일도 특별했다. 그러나 이방의 두로 왕이나 고레스가 기름부음을 받는다. 아론, 사울, 다윗, 엘리야 등의 특별한 경우의 사람들이 기름부음을 받다가 점차 기름부음이 간소화되며 이방인도 기름부음 받은 자로 하나님께 쓰인다. 예수님 이후에는 성도가 기름부음을 받음으로써 신앙화한다. 하나님은 특수에서 보편을 지향하고, 보편에서 신앙화로 정착시키는 패턴으로 일하심을 드러낸다.

5) 변화를 추구하는 속성의 하나님

위의 네 가지 하나님의 속성에서 이미 드러났지만, 정리해 둘 필요가 있는 하나님의 속성으로서 시간, 공간, 공감으로 접근하여 변화를 추구하는 하나님의 속성이 있다. 이중에 시간, 공간도 기름처럼 피조물이라는 점에 주목하고자 한다.[46] 하나님은 자기의 피조물들을 충분히 활용함으로 섭리하고 경륜을 펴나가신다는 속성에 괄목해볼 때 기름부음 프로젝트를 통해서 드러난 하나님의 속성 중에는 시간을 충분히 사용하는 기획으로서 접근한다는 점이다. 하나님은 조급해하지 않으시고 일한다. 하나님은 공간 활용에 있어서도 빈틈이 없다.

팔레스타인 지역의 작은 민족을 제사장 나라로 선택하시어, 전 세계 모든 인류의 구원을 도모하신다. 하나님의 기름부음 프로젝트는 창조주로서 자신의 피조물을 쓰면서, 그 피조물의 속성을 익히 알고 모든 일에 규모와 짜임새 있는 진행을 보인다. 기름의 특성은 물론 시간을 충분히 할애하고, 공간을 최대한 넓게 쓰면서 섭리하신다. 이러한 관점에서 볼 때 인간 역시 하나님이 피조물임을 상기하게 된다.

하나님의 기름부음 프로젝트의 목적은 죄로 인해 하나님과 원수된 인류의 구원이 목적이다. 하나님의 형상을 닮아 피조된 인간이 구원의 대상이다. 하나님은 사람들의 이성과 감성을 존중하면서 다가선다. 이때 드러나는 하나님의 속성으로서 추가해야 할 것은 하나님은 공감하는 분이라는 점이다.

하나님은 상대가 아직 죄인이지만 그들의 생각, 삶의 모습, 그들의 문명과 문화에 깊은 이해를 바탕으로 한 공감으로 접근하신다. 기름, 시간, 공간, 공감으로 하나님이 도모하시는 일은, 죄인된 사람들의 죄 문제를 해결하고 의인으로 평결하는 의인(義認 patient for justification)의 경륜이다. 이 연구를 진행하면서 체감한 하나님의 속성으로 하나님을 송축한다.

---

46   St. Augustinus, 『성 아우구스티누스 고백록』, 김기찬 역 (고양: 크리스챤 다이제스트, 2000), 301-35.

제6장

초대교회 이후의 기름부음

하나님의 기름부음을 통한 섭리는 하나님이 펼치시는 구원의 역사 흐름에서 중심을 차지한다. 아담과 하와의 타락 직후 발표된 원시복음(창 3:15)의 선포에서부터 기름부음의 섭리는 모습을 드러냈다. 이후 이방의 기름부음 문화가 이스라엘의 여호와 하나님 신앙의 예식으로 채택이 되고 제사장, 왕, 선지자가 기름부음으로 위임되는 시대를 열었다. 그러나 포로기를 겪으면서 이스라엘 민족 안에서 기름부음 받은 자가 오리라는 이른바 메시아 사상이 발전하고, 중간기를 지나 메시아가 이 땅에 왔다.

하나님의 기름부음의 섭리와 경륜은 메시아로 오신 예수님에서 정점을 이루었지만 기름부음이 거기서 멎은 것은 아니다. 예수님은 기름부음 받은 자로서 이 땅의 사람들을 제자로 삼아 그들에게 영적으로 개념화 한 기름부음을 행함으로써(요일 2:20) 기름부음은 새로운 지평을 열었다. 예수님은 이 땅에 기름부음 받은 자들의 공동체를 위한 터를 닦았다. 예수님의 십자가 죽음에 이은 부활, 그리고 승귀 이후 이 땅에는 기름부음 받은 자들의 공동체가 탄생했다. 그 공동체는 초대교회로 일컬어진다.

이 장에서는 초대교회 이후 하나님의 기름부음 섭리는 어떤 양상으로 드러나는지 연구함에 있어서,

첫째, 초대교회의 기름부음을 살피고,

둘째, 로마 가톨릭의 기름부음,

셋째, 개신교 진영의 기름부음과 관련하여 오순절 운동에서의 기름부음 인식과 기름부음이라는 용어의 사용 실태에 대한 분석을 시도한다.

1. 초대교회의 기름부음

메시아로 오신 예수께서 공생애 기간 동안 자신이 기름부음 받은 자됨에 대하여 직접 언급한 일은 한 번뿐이다. 침례 요한으로부터 침례를 받고, 이어서 시험 산에서 사탄으로부터 시험을 받은 이후, 어느 안식일에 갈릴리 나사렛 회당에서 이사야 61장 1-2절을 읽었다.

> 주의 성령이 내게 임하셨으니 이는 가난한 자에게 복음을 전하게 하시려고 내게 기름을 부으시고(눅 4:18a).

이 말씀을 읽고 나서 "이 글이 오늘 너희 귀에 응하였느니라"(눅 4:21)고 했는데, 이 구절은 이사야 선지자가 선포한 내용을 이룰 그 사람이 바로 자신이라는 선포로서 회당에 모인 사람들의 귀에 당사자가 직접 들려주고 있다.[1] 이후로 예수께서는 유대종교 지도자들과 빌라도 총독

---

1 Nolland, 『WBC 주석: 누가복음 1:1-9:20』, 406.

으로부터 심문을 받을 때 "네가 메시아냐"는 취지의 질문을 받고 에둘러 긍정하는 대목이 있을 뿐(마 27:11; 막 15:1-5; 눅 22:67-71; 23:1-3; 요 18:28-38), 스스로 메시아임을 드러냈다는 기록이 없다.

한편 예수님은 자신이 전하는 복음의 의례로서 물리적 기름부음을 추천하거나 시행한 일도 없다. 이는 이 연구에서 밝혀왔듯이 하나님의 기름부음 섭리와 경륜에 따라 삼위일체 하나님을 예배하는 신앙에서 기름부음의 예식은 영적인 개념으로 정착했기 때문이다.[2] 사복음서와 사도행전은 물론 신약의 기록에서 기름을 붓는 행위가 복음의 일부로서 행해졌다는 기록이 없다. 이는 초대교회에서도 마찬가지였다.

그렇다면 초대교회 이후 기독교에서 기름부음의 의미는 무엇인가?

초대교회에서 기름, 기름부음, 기름부음 받은 자의 주제가 어떻게 드러나는지를 보기 위해 초대교회의 생성과정을 먼저 본다.

1) 예수 이후 기름부음 받은 자들의 공동체

공생애 삼년 동안 예수님의 가르침 속에는 복음의 공동체로서 행해야 할 몇 가지에 대한 명령들이 있다.

① 회개하라(마 4:17; 막 1:15).
② 예수를 믿으라(막 1:15; 행 16:31).
③ 주의 만찬을 기념하라(눅 22:19; 고전 11:24-25).
④ 복음을 전하라(막 16:15; 마 28:19).

---

2   본서 제5장에서 기름부음의 속성을 보라.

⑤ 침례를 베풀라(마 28:20).

⑥ 가르쳐 지키게 하라(마 28:20).

⑦ 성령을 받으라(요 20:22).

    초대교회는 이 명령들에 순종하는 공동체이다. 이 명령들 중에서 "성령을 받으라"는 명령에 따라 주의 사도와 제자들은 예루살렘의 마가 다락방에서 기다리며 기도하는 중에 오순절에 성령의 강림을 체험하고 나서 매일같이 한데 모여 있었다. 이들이 모여서 한 일들 중에는 예수께서 잡히시기 전날 밤 행한 마지막 유월절 식사에서 "떡을 가져 감사 기도하시고 떼어 그들에게 주시며 이르시되 이것은 너희를 위하여 주는 내 몸이라 너희가 이를 행하여 나를 기념하라"(눅 22:19)는 말씀의 의미를 깨닫고 떡과 포도주를 나누는 주의 만찬을 기념하면서 예수님을 예배하기 시작했다.[3]

    사도행전 4장에서는 이 공동체에 대하여, 모든 물건을 서로 통용하며(32절), 큰 권능으로 예수님의 부활을 증언했으며(33절), 그 중에 가난한 사람이 없게 되었다(34절)고 기록했다. 오순절 성령강림 직후 이들은 사유재산을 공동으로 소유하는 형태의 공동체를 이루었다. 첫 신자 공동체가 물건을 공동으로 소유하면서 필요에 따라 나누어 쓴 일은 어떤 면에서는 예수님의 공생애 기간 동안 열두 제자와 함께 지냈던 일에서 비롯된 것으로 보기도 한다. 그때 열두 제자들은 공동재산을 소유하고 있었으며, 그 공동재산의 관리 담당자가 가룟 유다였다(요 12:6; 13:29).[4]

---

[3] James D. G. Dunn, 『첫 그리스도인들은 예수님을 예배했는가?』, 박규태 역 (서울: 좋은씨앗, 2016), 16-7.

[4] Frederick Fyvie Bruce, 『신약사』, 나용화 역 (서울: CLC, 1999), 239.

이 공동체는 이른바 '예루살렘 시도'(Jerusalem Experiment)로 불리기도 한다.[5] 그런데 이 공동체가 기독교 공동체로서 모형이 되는지에 대해서는 논란의 여지가 있다. 첫 신자들이 이렇게 공동체를 형성한 것은 임박한 재림에 대한 섣부른 기대 때문으로서 나중에는 결국 공동체 유지가 어려워졌으며, 이를 해결하기 위하여 사도 바울이 헬라의 교회들로부터 헌금을 모금하여 구제하지 않으면 안 되는 가난의 원인으로 보기도 한다(행 24:17-18). 또한 이들의 재산 출연이 강제가 아닌 자발적이었다는 점에 비추어 성령의 감화를 받은 성도라고 하여 꼭 이렇게 유무상통의 공동체를 이루는 것이 주님의 뜻이라고 주장할 수도 없다는 것이다.[6]

어쨌든 첫 신자들이 유무상통의 공동체가 된 것으로 보아 이들은 매일 만나서 떡을 떼며 기도하기를 힘쓰는(행 2:42) 독특한 모형을 보이고 있다. 그러나 나중에는 이 공동체가 흩어지고 특별한 날에 모임을 갖는 교회의 모습으로 나아간 것으로 보인다.

2세기의 순교자 저스틴이 불의하게 증오와 박해의 대상이 된 그리스도인들을 보호하기 위하여 안토니오 비오 황제에게 보낸 편지에 따르면 "우리는 태양의 날이라고 불리는 요일에 도시나 시골에 사는 모든 사람들이 같은 장소에서 모입니다"라는 내용을 담고 있는데, 당시 그리스도인들에게 태양은 부활의 상징으로 여겨지고 있었다. 이 편지에서는 이렇게 모인 그리스도인들은 침례를 행하고 주의 만찬을 함으로써 주님이 기념하라 하신 명령에 순종한다고 적고 있다.[7]

---

5   John Stott, 『BST시리즈 사도행전 강해』, 정옥배 역 (서울: 한국기독학생회출판부, 1992), 120.
6   Ibid., 120.
7   Inos Biffi, 『견진성사 전에 꼭 알아야 할 미사의 역사』, 김정훈 역 (고양: 가톨릭출판사, 2013), 61.

2) 초대교회 안의 이슈들과 기름부음

초대교회 첫 신자 공동체에서 신앙에 관한 주제로 대두되어 토론을 하거나 논쟁을 거친 것 중에서 기름부음에 대한 이슈가 대두되지 않은 것은 오늘날의 관점으로 보면 의아한 면이 있다. 뒤에서 보겠지만 로마 가톨릭과 개신교 진영의 오순절 은사주의 계통에서 기름부음에 대한 논란거리가 있기 때문이다.

유대교를 바탕으로 하여 시작되는 기독교의 초대교회 내부에는 적지 않은 논란거리가 우후죽순처럼 솟아났다. 공동체 안의 구제 문제의 불평등으로 인한 헬라파 유대인과 히브리파 사람들과의 대립은 일곱 집사를 선발하여 해결함으로써 교회 안에 집사 제도가 시작되는 근거를 제공하는 한편, 사도와 제자들의 임무가 무엇인지를 분간하는 계기가 되었다(행 6:1-6). 이때 선발된 집사 중 한 사람인 빌립이 예배하려 예루살렘에 왔다가 돌아가는 에디오피아 내시에게 성경을 가르치고 침례를 베푼 일(행 8:26-40)과 이방지역의 전도 문제 등도 내부적으로 해결해야 할 쟁점들이었다.

구약의 전통으로서 정한 음식과 부정한 음식을 나누고 부정한 음식을 멀리하던 유대의 전통은 베드로의 환상을 통해서 해결이 되고, 이방인에게 복음을 전파하고 성령을 받게 하는 사역이 복음의 정통성 안의 범주에 포함되기에 이르렀다(행 10:1-43). 또한 우상 제사에 드려진 음식을 먹을 수 있느냐의 문제도 초대교회가 해결해야 할 논란 거리였다(고전 8:1-13).

바울과 바나바는 선교 여행을 통하여 선교사 전통의 근거를 마련하면서 마가 요한의 동행 문제로 심한 다툼이 일어나 서로 결별하기도 했다

(행 15:36-41). 이후 바울은 아덴에 가서 세상의 철학과 복음이 대면하는 경험을 제공하면서 논란을 겪기도 한다(행 17: 16-34). 이러한 숱한 논쟁들 중에 가장 심각한 문제는 할례에 대한 것이었다.

베드로가 환상 중에 큰 보자기 속 동물을 보고 부정한 짐승은 먹지 않겠노라고 했을 때 "하나님이 깨끗하게 하신 것을 네가 속되다고 하지 말라"(행 11:9)는 음성을 들은 이후 이방인에게도 복음이 전해져야 함이 주님의 뜻임을 깨달았다. 그 후 베드로는 할례 받지 못한 고넬료의 집에 들어가서 식사를 했는데, 이에 대해 유대의 성도들이 비난함으로써 촉발된 할례논쟁은 격하게 전개되었다. 급기야 첫 번째 종교회의를 소집하여 해결해야 했다.

이 논란에서 초대교회 지도자들은 당시로서는 파격적인 결론을 이끌어냈다. 복음을 영접하고 구원 받는 일에 할례를 받거나 안 받거나 상관이 없다고 결정했다(행 15:1-21). 이 결정은 향후 기독교의 세계화에 결정적인 영향을 미쳤다. 유대교가 할례와 율법을 끝내 포기하지 못함으로써 유대인의 울타리를 벗어나지 못했다는 점을 감안할 때 예루살렘 종교회의의 결정은 대단한 것이었다.[8]

예루살렘 종교회의에서 할례는 구원과 무관하다는 결정을 할 수 있었던 초대교회 지도자들, 그들을 움직인 것은 무엇이었을까?

그 담대함은 어디에서 비롯되었을까?

물론 성령의 인도하심으로 나온 결정임을 믿지만, 초대교회 성도들에게 유대교에서는 찾아볼 수 없는 담대하고 굳건한 믿음의 뿌리는 기름부음 받은 자로서의 신앙이었을 것으로 진단할 수 있다. 유대교 안에는

---

[8] Paul Johnson, 『기독교의 역사 I 』, 김주한 역 (파주: 살림출판사, 2005), 36-46.

아직 없는 진정한 메시아, 기름부음 받은 자 예수님의 복음이 그러한 결정으로 인도했기 때문이다. 이 연구는 이 점에 착안하여 연구를 계속 진행해 나간다.

한편 의아스러운 것은 수많은 논란과 분쟁이 초대교회 안에 있었는데, 이 연구의 주제인 기름부음에 대한 논란은 왜 전혀 없었을까 하는 것이다. 초대교회 안에서 기름부음의 주제가 주목을 끌지 못했다는 것은 쉽게 납득이 되지 않는다. 그렇다면 기름부음의 주제는 이제 담론의 가치가 빈약해진 주제라고 결론을 내야 하는가. 그렇게 치부하기에는 이 주제는 결코 가볍지 않다. 이 문제와 관련하여 첫 신자 공동체가 어떤 이름을 얻게 되는지 유심히 볼 필요가 있다.

3) 첫 신자 공동체가 획득한 이름

첫 신자 공동체의 복음 전파 운동이 초기에는 도(道; The Way)라고 불렸으며(행 9:2; 19:9, 23; 24:14, 22),[9] 이 공동체를 유대사회에서는 '나사린파'(Nazarenes) 혹은 '나소리안파'(Nazoraens)라고 불렀다. 이 명칭들은 나사렛이란 지명에서 파생한 것으로 본다. 그러나 당시 이와 유사한 명칭의 공동체들이 몇몇이 있었기 때문에 이 칭호가 첫 신자 공동체를 부르는 고유한 명칭으로 정착할 수는 없었다.[10] 이 공동체에 대한 적절한 칭호는 이방의 안디옥 사람들에 의해서 붙여진다.

첫 신자 공동체에 의해서 예수님의 소식, 복음은 사방으로 전파되기

---

9 Bruce, 『신약사』, 241.
10 Ibid., 241-3.

시작한다. 예수님에게서 완결된 하나님의 기름부음은 이제 모든 민족에게 전해지고 가르쳐 지키게 해야 할 차례이다. 이스라엘 민족 유대인의 역사 가운데서 장구한 시간에 걸쳐서 진행된 하나님의 기름부음 프로젝트는 간략하게 설명하기 어려운 기나긴 내러티브이다. 이 이야기가 이스라엘 사람들의 역사에는 관심조차 없는 이방인들에게 어떻게 확산이 될지 흥미롭기조차 하다.

초기에는 유대인의 회당에서만 십자가 부활 승천의 예수 내러티브가 전해졌지만 스데반 집사의 순교 사건(행 7:60)으로 예루살렘에 집결되어 있던 예수님의 제자들은 박해를 피하여 국경을 넘어 곳곳으로 흩어져야 했다. 그 중에 더러는 "베니게와 구브로와 안디옥에까지 이르러 말씀을 전하는데, 구브로와 구레네 몇 사람이 안디옥에 이르러 헬라인에게도"(행 11:19-20) 그리스도를 전파했다. 놀랍게도 헬라인들 중에서 예수님을 믿는 사람들이 생겼다. 예수님은 일찍이 사마리아와 땅끝까지 복음이 전파되리라고 선포했으나(행 1:8), 첫 신자 공동체는 복음이 이방인에게까지 확장되리라고는 상상하지 못했다.[11] 그럼에도 이방인들이 복음을 영접했다.

이 소식을 들은 예루살렘 교회에서는 바나바를 안디옥으로 파송했다. 바나바는 안디옥 현장을 확인하고 이방인에게도 성령의 감동으로 복음이 전파되는 것을 보고 기뻐하여, 당시 다소에 있던 사울을 찾아가서 소식을 전하고 함께 안디옥으로 와서 큰 무리를 가르쳤다.

이때 안디옥 사람들이 예수님의 제자된 무리를 향하여 '그리스도인'(크리스티아노스 Χριστιανός)이라고 일컫기 시작했다(행 11:26). 당시 안디옥

---

11 Robert E. Webber, 『예배의 역사와 신학』, 정장복 역 (서울: 한국장로교출판사, 1998), 47.

사람들은 별명붙이기로 정평이 나 있었으며, 그들이 예수님의 제자들에게 그리스도인이라는 별칭으로 부른 이유는 아마도 예수님의 제자들이 때를 얻든지 못 얻든지 '예수는 그리스도'라는 은유의 아포리즘을 끊임없이 되뇌면서 그리스도의 십자가와 부활과 승천을 증거하였기 때문이었을 것으로 보인다.

안디옥 사람들이 '그리스도인들'(Christianoi)이라고 작명하게 된 배경을 보면 그들이 헤롯 당원들을 향해서는 '헤롯의 사람들'이라는 뜻으로 '헤로디아노이'(Herodianoi)로 이름 지어 부르고, 로마 황제 가이사 휘하의 사람들에게는 '가이사의 사람들'이라는 뜻으로 '가이사리아노이'(Kaisarianoi)로 불렀는데, 이와 같은 맥락으로 예수님을 믿는 이들을 향하여 그리스도의 사람, 그리스도의 추종자들, 그리스도의 종들이라는 의미로 '크리스티아노이'(Christianoi)라는 별칭을 만들어 붙여준 것으로 보인다.[12] '예수는 그리스도'라는 경구를 입에 달고 살면서 하나님의 기름부음 받은 자 예수를 증거하는 예수님의 제자들은 크리스천이라는 애칭을 얻게 되어 자신들의 정체성을 안팎으로 인정하고 드러내는 귀한 이름이 되었다.

그리스도인들이 이방인에게 '예수는 그리스도'라고 전파할 때 이방인들은 기름부음에 관한 유대인들의 장구한 역사에 대해 알 길이 없었고 또 굳이 알려고 하지도 않았지만, 어쨌든 복음은 그리스도라는 칭호로 이방인들에게 다가 갔다. 당시에는 이방인들에게 '기름부음 받은 자'는 무의미한 술어였다.[13] 그럼에도 복음은 이방이라는 두터운 울타리를 뚫고 들어갔다.

---

12 Stott, 『BST시리즈 사도행전 강해』, 238-9.
13 Ladd, 『신약 신학』, 167.

초대교회에서 기름부음의 주제가 외견상 주목을 끌지 못한 것 같지만 가장 중요한 공동체의 이름에 반영이 되었다는 역사적 사실을 볼 때, 기름부음의 주제는 하나님의 섭리와 경륜에서 가장 중요한 주제 중의 하나로 밝혀진 것으로 보아도 무리는 아니다. 이는 하나님이 전개하시는 기름부음의 섭리와 경륜에 따른 결과이다. 치열한 논란의 주제가 되어야만 그것이 더 중요하다고 할 수는 없다. 기름부음의 주제는 신약 시대가 오기 이전에 이미 복음의 가장 밑바탕에서 가장 크고 넓고 든든하게 기초가 되어 있었다. 그로 말미암아 첫 신자 공동체는 그리스도인이라는 가장 적합한 이름을 획득하게 되었다.

2. 로마 가톨릭의 기름부음

예수 그리스도의 놀라운 사역으로 가장 중요한 기름부음의 주제는 복음의 밑바탕에 튼튼하게 다져졌다. 초대교회는 기름부음이 영적으로 개념화한 기초 위에 자리를 잡고 일어섰다. 그러나 로마 가톨릭은 기름부음의 의례를 가시적 예식으로 다시 끄집어내어 하나님의 기름부음에 대한 섭리와 경륜의 흐름에 흠집을 내고 말았다. 오히려 초대교회 시대에 치열한 논란을 거쳐 결정된 가치들 즉, 할례 문제나 부정한 음식의 문제, 우상에게 바쳐졌던 음식에 대한 견해 등은 오랜 시간이 흘러도 당시의 결정이 존중되고 있는데, 기름부음은 어느 정도 시간이 흐른 다음에 온당치 않게 불거졌다.

1) 가톨릭 성례전의 기름부음

초대교회 이후 로마 가톨릭이 기름부음에 대한 신앙적 관행을 어떻게 이해하고 수용했는지 자세하게 파악한다는 것은 쉽지 않은 일이다. 이 연구의 흐름에 비추어 초대교회의 기름부음 행습은 예수님의 착한 사마리아 사람 비유(눅 10:25 -37)에 나오는 치유의 기름부음만이 구약에서부터 연속성을 가지고 있었다. 예수께서 제자들을 파송하였을 때 제자들이 나가서 병자에게 기름을 발라 고친 일(막 6:13), 그리고 야고보서에서 병든 자는 장로를 초청하고 장로는 주의 이름으로 기름을 바르며 그를 위하여 기도하라는 말씀(약 5:14)에 따라 병든 자에게 기름 바르는 치유의 기름부음 사역은 초대교회에서 지속되었다. 그 외의 다른 목적을 위한 기름부음이 행해졌다는 기록은 없다. 그러나 가톨릭의 예식인 일곱 가지의 성사에서 기름부음의 의식이 있다.

오늘날 행해지는 가톨릭의 일곱 가지 성사는 세례, 견진, 성체, 고해, 병자, 성품, 혼인성사이다. 이중에 기름이 쓰이는 성사는 세례, 견진, 병자, 성품의 네 가지 성사이다. 가톨릭에서 칭하는 성사(Sacrament 聖事)는 개신교 진영에서는 성례전으로 부르는 것으로서 개신교에서는 침례(세례)와 주의 만찬 두 가지만을 성례전으로 인정하고 있으며, 이 두 가지의 성례전에는 기름을 전혀 사용하지 않는다. 가톨릭의 성사에서 행해지는 기름부음의 실태와 문제점을 보자.

가톨릭의 전통적인 세례성사는 6개월간의 예비신자 교육을 이수한 이들이 세례받기 전날 정해진 장소에 모여 밤새 깨어 있으면서 성경 말씀을 듣고 배우다가 첫닭이 우는 새벽에 이르러 담당 주교가 수세자에게 먼저 "마귀를 끊어 버리겠는가"라고 묻고 "그렇다"는 대답을 들은 후 '구마의 기름'을 발라준다. 세례 받을 자에게 구마의식을 먼저 진행하는 것이다. 이어서 순차적으로 성부, 성자, 성령을 믿느냐고 묻고, 그때마다 수세자는 "저는 믿나이다"라는 정형화된 어구로 대답하면 대답이 끝날 때마다 몸을 물속에 담그거나 머리에 물을 뿌린다. 이렇게 세례예식을 마친 사람에게 신부가 기름을 발라준다.

이후 성당 안으로 들어와 이들에게 안수해주고 이마에 성유를 바르며 성호경을 그은 다음 평화의 인사를 나눈다. 이런 절차를 마치고, 다시 성당 안에서 주교로부터 두 번째 도유와 안수를 받음으로써 세례성사가 완성되었다. 그런데 이러한 세례성사가 어느 시점에서 둘로 나뉘게 되는데, 세례성사와 견진성사이다. 위에서 설명한 세례성사의 마지막 부분인 두 번째 도유와 안수 절차가 세례성사에서 분리되어 견진성사가 되었다.[14]

당초 하나였던 세례성사와 견진성사가 분리된 이후 가톨릭에서는 견진성사를 성인식에 준하는 형식으로 발전시켜 세례성사를 받은 자가 일정한 연령에 도달하기까지 기다렸다가 시행하고 있으며, 견진성사를 통하여 비로소 완전한 그리스도인이 되는 것으로 간주하고 견진성사를 받음으로써 세상에 복음을 전하는 사역도 감당하도록 하고 있다. 견진성사를 시행할 때, 주교는 오른손 엄지에 기름을 묻혀 견진성사 받는 자의 이마에 십자를 그려 준다. 이때 주교가 사용하는 기름은 '크리스마 성유'로 불리는데 이는 올리브기름에 향유를 첨가한 것이다.[15]

성체성사는 개신교의 주의 만찬에 해당하는 것으로서 가톨릭의 미사

---

[14] 손희송, 『일곱 성사』 (서울: 가톨릭출판사, 2015), 78-81. 이후 일곱 성사에 대한 내용 설명도 여기서 인용함을 밝힌다.

[15] Anselm Grun, 『견진성사』, 윤선아 역 (왜관: 분도출판사, 2010), 40.

가 곧 성체성사라고 할 수 있다. 초대교회 예루살렘 공동체로부터 시행된 것으로 주장되는 성체성사에는 기름이 쓰이지는 않는다. 고해성사는 성도가 고해사제 앞에 가서 자기의 죄를 고백하는 성사인데 여기에서도 기름은 쓰이지 않는다.

다음으로 병자성사인데, 이 성사에는 기름이 사용되고 있다. 병자성사를 집전하는 사제는 먼저 병자에게 성경 말씀을 들려주고 그를 위한 기도를 한 다음에 침묵하면서 안수한다. 안수를 마치면 병자에게 바르기 위해서 준비된 '병자 성유'를 병자의 이마와 두 손에 발라준다. 이때 이마에 기름을 바르면서 외우는 기도가 정해져 있으며, 두 손에 기름을 바르면서 외우는 기도 역시 정해져 있어서 집례자는 그 기도를 하게 된다.

본래 병자성사는 병든 자의 초청에 따른 성사였지만 의학이 발달하면서 병자성사를 청하는 성도가 줄어들어 나중에는 종부성사 곧 죽기 전에 받는 성사로 바뀌었다. 이런 현상은 대략 8세기경부터 나타나 12세기경부터는 명칭이 마지막 도유 혹은 병자성사로 불리게 되었다. 이를 제2차 바티칸 공의회[16]에서 원래의 명칭인 병자성사로 환원했다. 성품성사는 주교와 사제와 부제로 서품 받는 예식의 성사이다. 이때에도 기름이 사용된다. 가톨릭에서는 각종 성사에 쓰이는 기름을 성유라 부르고, 성유를 성유 되게 하는 절차를 필하는 미사를 성유축성미사라 한다.[17]

---

16 1962년부터 1965년까지 로마의 바티칸에서 열린 가톨릭의 공의회.
17 손희송, 『일곱 성사』 (서울: 가톨릭출판사, 2015), 205-10.

2) 모세의 관유와 가톨릭의 성유

오늘날 가톨릭의 성례전에서 쓰이는 기름부음 혹은 기름바름의 예식이 성경적으로 부합한지를 보기 위해서는 모세가 아론과 그의 아들들에게 기름 부어 제사장으로 위임할 때 어떤 기름을 썼는지 살펴볼 필요가 있다. 모세가 위임식에서 쓴 기름은 관유(출 30:22-33)였다. 하나님은 관유에 대하여 세세하게 제조법을 설명하고 관유의 용도에 대해서도 엄격하게 규정했다.

하나님은 모세에게 명령하기를 "너는 제일 좋은 향료를 이렇게 구해 들여라. 나무에서 나와 엉긴 몰약을 오백 세겔, 향기 좋은 육계향을 그 절반인 이백오십 세겔, 향기 좋은 향초 줄거리를 이백오십 세겔, 들계피를 성소 세겔로 오백 세겔, 그리고 올리브기름 한 힌을 마련하라"(출 30:23-24 공동번역)고 하여 이것들로 거룩한 관유로 만들라고 했다. 이 관유로서 회막과 증거궤 등 성막의 모든 기구들에 발라서 거룩하게 구별하도록 하고, "너는 아론과 그의 아들들에게 이 기름을 발라주어 나를 섬기는 사제로 성별하여라"(출 30:30, 공동번역)고 하시고, 이 기름은 대대로 성별하는 데에만 써야 한다(출 30:31, 공동번역)고 분명히 규정하고, 이 기름은 몸치장에 쓸 수 없으며, 또 그런 배합 법으로 똑같은 것을 만들어서도 안 된다(출 30:32, 공동번역)고 규정했다. 이어서 "이것을 타인에게 붓는 모든 자는 그 백성 중에 끊어지리라 하라"(출 30:33, 개역개정)고 관유의 용도를 엄격하게 명시했다.

이로 보아 모세가 아론과 그의 아들들에게 기름부음으로 위임식을 했을 때는 이 관유를 쓴 것이 확실하다고 볼 수 있다. 그러나 관유에 대한 언급은 출애굽기 30장에 한정된다. 이스라엘이 이후부터의 왕과 선지자에게 기름 부을 때 반드시 이 관유를 사용했다는 언급은 없다. 그렇다면 이스라엘이 제사장, 왕, 선지자로 위임할 때 붓는 기름은 어떤 기름이었는지 궁금하다.

사무엘이 사울에게 기름부음의 기록은 사무엘상 10장 1절의 기록이 있을 뿐이다.

> **이에 사무엘이 기름병을 가져다가 사울의 머리에 붓고 입 맞추며 이르되 여호와께서 네게 기름을 부으사 그의 기업의 지도자로 삼지 아니하셨느냐**(삼상 10:1).

여기의 기름은 히브리어 '셰멘'(שֶׁמֶן)이고 출애굽기 3장 25절의 관유는 '셰멘 마쉬아흐'(שֶׁמֶן מִשְׁחָה)이다. 셰멘이 동일하게 쓰였지만 관유에는 마쉬아흐가 수식하고 있다. 유추하기 나름일 수도 있겠지만, 다른 기름으로 해석할 수도 있고, 동일한 기름으로 볼 수 있는 여지도 있다.

그러나 모세의 기름부음 예식이 대단히 복잡한 절차를 거치면서 관유를 아론과 그의 아들들에게 붓는 일은 여러 과정 중 하나였으며, 이후 제사장 위임식이나 왕의 대관식과 선지자로 세우는 예식이 '기름부음'이라는 순서 하나로 집약되면서 예식에 대한 명칭도 단순 상징화하여 '기름부음'으로 불리어지는 구약의 역사를 이 연구에서는 규명했다.

대단히 복잡한 예식의 위임식이 시간이 흐름에 따라 기름부음의 예식 하나만을 남기고 간소화되면서, 관유 규정도 이와 궤를 같이했을 것으로 보는 것은 자연스럽다고 할 수 있다. 또한 이 연구에서 밝혔듯이 나중에는 기름을 부었다는 기록이 생략되면서 꼭 필요한 대목에서 '그가 기름부음 받은 자'라고 천명한다. 포로기에 이르러서는 물리적 기름부음을 받았다고 볼 수 없는 시드기야 왕이나 고레스 왕도 하나님의 기름부음 받은 자로 거론됨을 보았다. 포로기를 전후하여 가시적이며 물리적인 기름부음 없이 하나님은 무형적인 기름부음으로 섭리하신다고 규명했다.[18] 이로써 신약 시대 이후로는 환자로부터 초청받은 장로가 환부에 기름을 발라주고 기도하는(약 5:14) 유형적 기름부음만이 남게 되었고, 예수님의 제자들이 환자에게 바르는 치유의 기름(막 6:13) 외에는 기름부음으로 사역하셨다는 기록이 없다.

이러한 역사적, 성서적 해석에 비추어 볼 때, 가톨릭의 성례전에서 실제 기름을 붓거나 바르는 일은 논란의 여지가 크다. 특히 가톨릭의 성례전에서 세례와 견진에 쓰이는 '크리스마 성유'는 올리브기름에 향유를 첨가하여 제조한 것인데 거기에 특별한 이름을 붙인 것과, 병자성사에서 쓰는 '병자 성유' 등 이 모든 기름에 대한 성서적 근거는 매우 희박하다.

3) 종교개혁과 기름부음

앞에서 대략적으로 가톨릭의 예식 중에서 기름을 사용하는 성사를 살펴보았는데, 16세기 종교개혁으로 시작된 개신교에서는 일곱 가지의 성사 중에서 침례(세례)와 성체성사에 해당하는 주의 만찬 두 가지만 성서에 근거한 성례전으로 인정했다. 견진, 성품, 고해, 병자, 혼인성사는 성례전으로 인정하지 않음으로써 개신교 진영에서는 침례와 주의 만찬 두 가지만 시행하게 되었으며, 침례(세례)를 행함에 있어서도 가톨릭의 세

---

18 본서 제5장의 기름부음을 기준으로 한 시대 구분과 기름부음의 속성을 보라.

례와 견진성사에서는 기름이 사용되지만 이 기름부음 의식도 성서에 근거가 없으므로 개혁교회 진영에서는 기름을 사용하지 않는 형식으로 정착시켰다. 이러한 종교개혁가들의 성서해석과 성례전 확정은 성서적이며 온당하다.

가톨릭의 성사는 하나님과의 보이지 않는 교제를 눈에 드러나 보이게 함으로써 육신으로 살아가는 성도들의 신앙에 중요한 역할을 한다는 취지[19]는 일견 수긍되는 면이 있다. 그러나 성서가 호응하지 않음에도 성사를 위하여 무형의 기름부음을 유형의 기름부음 예식으로 창설하는 것은 예수님 당시 이미 영적인 개념으로 정립된 것을 거스르는 일이다.

16세기 종교개혁 이후 500여 년 동안 개신교에서는 가시적 기름부음 의식이 없는 성서적이며 불가시적인 영적 개념의 기름부음의 신앙을 확립해 왔다. 그렇게 하다 보니 메시아, 그리스도라는 단어를 말하면서도 '기름'을 연상하지 않는 것이 보편적 현상이 되었다. 단지 '예수'라는 말을 할 때 그때그때 적절하게 앞뒤에 붙여 쓰는 수식어 정도로 무심코 쓰는 말이 되기도 한다. 그러나 분명한 것은 예수님은 기름부음 받은 자로 오셨으며, 기름부음은 주도면밀한 하나님의 계획에 따라 섭리되었고, 그 계획은 한 치의 어긋남 없이 하나님의 경륜으로 전개되어 왔다. 또한 가장 중요한 공동체의 고유한 이름이 기름부음 받은 자들 즉, 크리스천으로 정해졌음은 그 의미가 결코 작지 아니하다.

---

19 Leonardo Boff, 『성사란 무엇인가』, 정한교 역 (왜관: 분도출판사, 1981), 26-50.

3. 근 · 현대교회의 기름부음

종교개혁 이후 새롭게 출발한 개혁교회를 비롯한 복음주의 교회들이 하나님의 기름부음의 섭리와 경륜을 어떻게 해석하고 수용했는지를 보면 아직도 기름부음에 대한 확고한 개념 정의가 부족함을 드러낸다. 로마 가톨릭이 성례전에서 기름을 다시 사용함으로서 명백한 오류를 드러내고 있음에 비하여 개신교 진영은 이의 문제를 적절히 해석하고 적용하는 듯 해왔지만 꼭 그렇다고 단정할 수 없다. 아직도 예수께서 기름부음을 언제 받았는가 하는 논란이 그렇다. 예수께서 기름부음을 받았다는 명시적 기록이 신약성서에 없음을 지적하면서, 기름부음 받은 자 즉 메시아로 오신 예수의 기름부음 받음을 분명히 해 두고자 하는 태도는, 자칫 기름부음을 영적 개념으로 해석하지 않고 가시적인 의식으로 여기는 오류를 불러올 수 있다.

1) 예수의 기름부음 받음에 대한 논란

예수님이 가시적 기름부음을 받았다는 기록은 성경에 나타나지 않는다. 이 점에 대해서 일부 신학자들은 예수께서 침례 요한으로부터 침례를 받을 때가 곧 기름부음을 받은 때라고 주장하면서[20] 이를 메시아 대관식으로 부르기도 한다. 그러나 요아킴 예레미아스(Joachim Jeremias)는 예수님이 요한으로부터 침례 받았을 때 들려온 하늘의 선포는 왕의 즉위나 입양의식 즉, 메시아 개념의 영역으로 이해될 것이 아니라 하나님

---

20 John Nolland, 『WBC 주석: 누가복음1-9』, 김경진 역 (서울: 도서출판 솔로몬, 2003), 353, 402.

의 종에 대한 성경 말씀의 영역으로 이끌어가는 것이라고 주장한다.[21]

박경은은 요한으로부터의 침례 받음이 예수님에 대한 기름부음이라는 주장은 많은 의구심을 불러일으킨다고 지적한다. 침례 요한으로부터 침례를 받은 자들은 예수님만이 아니기 때문이다. 예수님이 요한으로부터 침례를 받음으로써 '기름부음 받은 자'가 되었다면 침례 요한으로부터 침례를 받은 다른 모든 사람들도 '기름부음 받은 자' 곧 그리스도가 되어야 한다. 이러한 반론을 의식하고 예수께서 요한으로부터 침례를 받고 물에서 나올 때(마 3:16; 막 1:10), 혹은 기도할 때(눅 3:21), 하늘이 열리며 성령이 비둘기 같은 형체로 그 위에 강림하시며 "너는 내 사랑하는 아들이라 내가 너를 기뻐하노라"(눅 3:22)는 음성이 들렸을 때라고 주장하기도 하는데, 여기에도 문제점이 있을 수밖에 없다.

이때가 예수님의 기름부음 받음이라면, 오순절 성령강림 사건 때 "홀연히 하늘로부터 급하고 강한 바람 같은 소리가 그들이 앉은 온 집에 가득하여 마치 불의 혀처럼 갈라지는 것들이 그들에게 보여 각 사람 위에 하나씩 임하여"(행 2:2-3) 그 자리에 있던 모든 사람이 다 성령의 충만함을 받았다. 그러니 이 자리에 있었던 120명의 제자들도 모두 메시아 혹은 그리스도가 되어야 한다는 주장이 나올 수 있다.

그렇다고 여인들이 예수님에게 향유를 부은 사건이 그때라고 주장하기도 무리가 있다. 예수님은 그 기름부음에 대하여 자신의 장례를 준비하기 위한 것이라고 밝히고 있기 때문이다(막 14:8; 마 26:7-12). 이와 흡사한 사건으로 누가복음 7장 37-50절의 기름부음은 예수님의 머리에 기름을 부은 것이 아니라 발에 기름을 부었으며, 이 사건은 기름을 부은

---

21 Joachim Jeremias, 『신약신학』, 정충하 역 (고양: 크리스챤 다이제스트, 2009), 93.

여인의 죄 문제와 연관되어 있다.[22]

이러한 모든 논란에 대한 성서적 답변을 찾는 것이 이 연구의 취지이며, 이 논문에서 이 문제에 대한 적절한 대답을 제시했다. 하나님의 기름부음에 대한 섭리와 역사에서 기름부음은 포로기를 전후하여 영적인 개념이 되었다. 예수께서 이 땅에 메시아 혹은 그리스도로 오실 때는 기름부음이 가시적인 신앙의 의례가 아니다. 기름부음은 영적인 일로서 예수님을 비롯하여 예수님 이후의 기름부음 받은 자들이 언제 기름부음을 받았는가에 대한 문제도 똑같이 영적으로 접근해야 할 일이다.[23]

'예수는 그리스도'라는 선포에 감동되어 예배하고 기도하고 찬송하며 성서를 읽는 순간 그는 향후 어느 땐가 기름부음을 받아야 할 자가 아니라 이미 자기 안에 "기름부음이 거하는 자"이다(요일 2:27). 예수님은 '기름부음 받을 자'로 성육신하신 것이 아니라 '기름부음 받은 자'로 성육신했다.

2) 오순절 운동과 기름부음

기름부음의 주제가 근·현대교회 안에서 문제가 되는 경우는 예수님의 기름부음 받음에 대한 것과 오순절 운동이다. 예수님의 기름부음 받음에 대한 논란에서 기름부음이 영적인 개념이냐 아니면 실제적 기름부음이냐의 문제였음을 지적했다. 오순절 운동과 관련한 기름부음 논란은 오순절 진영에서 "성령의 기름부음"이라는 용어를 구사하면서 주장하기

---

22 박경은, "예수님, 언제 기름부음 받았나?" http://www.dang dangnews.com/news/articleView.html?idxno=5029, 2016년 10월 4일 접속.
23 본서 제4장과 제5장을 보라.

를, 성령의 기름부음을 받으면, 초대교회 오순절 성령강림 시 일어난 방언을 하고, 모든 은사를 받을 수 있을 뿐 아니라 교회가 성장하게 된다고 주장한다. 여기서 "성령의 기름부음"이라는 용어를 사용하여 강조하기 때문에, 기름부음에 대한 전혀 새로운 측면의 문제가 야기되었다. 이러한 오순절 진영에서 말하는 성령의 기름부음과 이 연구의 주제는 어떤 관계에 있으며, 이 연구의 결과 오순절의 성령강림을 어떻게 해석할 수 있는지를 규명하고자 한다.

(1) 오순절 운동에 대하여

오순절 운동(Pentecostalism)은 1906년 캘리포니아 주 아주사에서 있던 아주사 부흥 운동이 모체가 되어 1914년에 오순절교파 교단이 설립되면서 시작한 운동으로 보는 것이 일반적이다. 오순절 운동의 특징은 오순절 성령강림 사건(행 2:1–13) 때와 동일한 성령의 강림이 다시 임하여, 성령을 받은 자들이 각기 다른 나라의 언어들로 말했듯이 현대에도 똑같이 재현되어 나타날 수 있다고 주장하면서, 계속적으로 되풀이되는 오순절 성령강림을 추구하는 운동이다.[24]

박명수는 오순절 운동은 원래 19세기의 성결 운동 내의 작은 집단에서 시작된 것으로서 이제는 가톨릭에서 장로교에 이르기까지 널리 확산되었는데, 오순절 운동은 성령세례[25]에 관한 교리를 새롭게 덧붙여, 성령세례를 받으면 방언이 증거로 나타나는 현상으로 정의한다. 이 운동

24　"오순절 운동," 위키백과, https://ko.wikipedia.org/wiki/%EC%98%A4%EC%88%9C%EC%A0%88%EC%9A%B4%EB%8F%99, 2016년 10월 4일 접속.

25　침례교 교의에 따라 이 논문에서는 세례라는 표현을 지양하고 침례로 표기함을 원칙으로 했으나 오순절 운동 진영에서는 독특하게 '성령세례'라는 용어가 일반적으로 쓰이기 때문에 오순절을 논하는 대목에서는 성령세례라는 말을 쓴다.

의 근저에는 성결 운동이 있는데, 성결 운동이란 18세기 영국의 웨슬레의 성결론에 기초하여 그리스도의 선지자직으로서 죄를 깨닫게 하시고, 제사장직으로서 우리의 죄를 용서하시고, 왕 되시는 그리스도가 우리의 죄를 정복하여 우리를 온전히 구원(full salvation)하신다는 성령의 역사를 강조하면서 성령세례와 신유를 드러내는 운동이었다.

이러한 성결 운동이 19세기에 미국으로 건너가 구원이라는 제1의 축복에 이어 성결이라는 제2의 축복으로서 성화의 기쁨을 누리는 데서 그치지 않고, 강력한 방언에 의한 성령과 불세례 즉, 황홀경과 함께 놀라운 환희의 세계를 경험하는 제3의 축복을 누려야 한다고 가르치면서 불세례를 경험하자는 것이 오순절 운동이 되었다.[26]

배덕만은 오순절 운동이 20세기의 시작과 함께 찰스 팔함 목사의 주도 하에 시작되었으며 1906년 로스앤젤레스 아주사 거리에서 윌리엄 시모어 목사의 '사도적 신앙선교회'(Apostolic Fath Mission)를 통해 세계적 부흥 운동으로 폭발했다고 말한다. 방언 중심의 성령체험을 특징으로 하는 이 운동은 묵시적 종말신앙과 선교 운동이 결합하여 미국은 물론 전 세계로 급속히 확산되어 기독교 세계의 신앙적 체질을 변화시켰다고 주장한다.

배덕만은 이어서 오순절 운동과 오순절 신학과의 괴리를 지적하기도 한다. 오순절 운동은 신학적 약점이 많고, 짧은 역사 가운데 이루어지다 보니 실천적 결함과 목회적 부작용도 많았는데, 이를 신학의 뒷받침이 결핍된 현상으로 분석하며 오순절 운동과 오순절 신학이 나란히 가지 못함으로써 상호 공존보다는 갈등하면서 불신의 부정적 관계가 이어지

---

26 박명수, "근대 오순절 운동의 기원," 「오순절 신학 논단」, 제1호 (1998): 10-11.

고 있다고 지적했다. 오순절 운동은 로고스(logos)보다는 파토스(pathos)에 호소하며, 진지한 신학적 탐구보다는 현장 사역에 몰두하여, 오랜 시간 동안에 걸친 학문적 수련보다는 즉각적이며 초자연적인 은사에 치중하는 약점을 보인다고 지적했다.[27]

임열수는 한 통계를 인용하여 2008년 현재의 오순절 교단의 성도 수를 비교했다. 이 통계에 따르면 2008년도에 전 세계 인구 중 기독교인은 21억 명으로 33.3%를 점하는데, 이 중에 오순절, 은사주의, 신 은사주의 계열에 속한 성도의 수가 6억 명을 상회하여 전체 기독교인의 28.4%로서 기독교인 열 사람 중 세 사람이 오순절에 속한다고 했다. 1900년경에는 98만 명으로 기독교 인구 중에서 0.2%에 불과했는데, 불과 1백 년 사이에 오순절 성도는 기독교의 대세가 되었으며 지금도 오순절 성도의 증가세가 복음주의 성도의 증가세를 훨씬 앞지르고 있다는 보도를 인용했다.[28] 이 기간 중 결성된 오순절 교단들은 하나님의 성회, 오순절 성결교단, 포스퀘어 가스펠, 엘림(Elim) 등이 있으며 이 외에도 다수가 있다.[29]

스탠리 그렌즈(Stanley J. Grenz)는 오순절 운동에 대한 논란은 "회심"이라 부르는 하나님과의 만남과 신약성서의 "성령침례"(고전 12:13)라 부르는 체험과의 관계를 둘러싼 논쟁으로 설명한다. 회심은 하나님의 은혜로 죄를 자각하고 회개함으로서 그리스도를 영접하는 만남을 일컬으며,

---

[27] 오순절신학연구소, 『21세기에 읽는 오순절 신학』(대전: 복음신학대학원대학교출판부, 2009), 8–15.

[28] David Barret, "Missiometrics 2008: Reality Checks for Christion World Communions" in *International Bulletin of Missionary Research*, Vol. 32, No. 1 (January 2008): 27–30; 오순절신학연구소, 『21세기에 읽는 오순절 신학』, 19–20에서 재인용.

[29] R. T. Kendal, 『거룩한 불』, 박철수 역 (서울: 도서출판 순전한 나드, 2015), 20.

성령침례는 회심 이후에도 지속되는 죄악된 욕망을 박멸하고 승리를 쟁취해가는 성화과정이다. 신약성서에 성도의 회심과 성령침례는 때로는 각각의 사건으로(행 8:12, 14-17), 혹은 동시적으로(행 10:44-48) 체험되기도 한다. 그러나 오순절 운동은 전자의 사례에만 치중하여 회심의 때에는 성령침례를 받을 수 없기 때문에 성령침례로서 두 번째 은혜의 역사를 체험하여 방언으로 자기의 구원과 믿음을 증거하고, 그때 받은 은사로 섬기며, 그리스도인으로서의 삶을 위한 권능을 따로 받아야 한다고 주장한다고 조직신학적 차원으로 적절하게 지적한다.[30]

김승진은 이러한 오순절의 신앙체계가 처음 예수님을 믿을 때 구원을 받는 일과 추후에 별도의 성령체험을 분리하는 것은 "예수님을 믿는 일"과 "성령을 받은 것"을 동시적 사건이 아닌 별개의 사건으로 분리하는 결과를 가져오며, 이는 예수님을 믿어도 구원은 받지만 성령은 못 받을 수도 있다든지, 예수님을 믿기 시작할 때 구원의 성령을 받고 나중에 능력의 성령을 받아야 한다는 등의 오류에 빠지게 됨을 지적하면서 경계한다.[31] 오순절 운동에 대한 비판적 시각이 적지 않음은 주지의 사실이다.

박영호는 오순절 운동의 하나인 토론토 축복집회에서 사회자가 '성령의 쏟아짐'이라고 표현한다든지, 양탄자 시간[32]이 목회 사역을 위한 기름부음을 받는 과정이라고 말하면서 이때가 기름부음 속을 유영하는 것이라고 주장하는데, 이것은 심각한 문제가 있으며 은사주의는 성경 지식

---

30 Stanley J. Grenz, 『조직신학』, 신옥수 역 (고양: 크리스챤 다이제스트, 2003), 602-12.
31 김승진, "오순절 성령 체계에 대한 성서적인 조명," 2016년 6월 3일, 침례신학대학교 목회대학원, 3-15.
32 오순절 운동의 집회에서 참가자들이 아무런 제재나 인도자 없이 모두가 긴장을 풀고 탈혼의 상태에서 양탄자 위에 누워서 웃거나 떠드는 등의 시간.

의 쇠퇴를 초래하여 성도들이 문제의 답을 성경에서 찾으려 하지 않게 되어 결국에는 하나님 말씀의 기근 현상이 생긴다고 지적한다.[33]

(2) '성령의 기름부음'이란 용어에 대하여

위에서 본 신학자들의 견해만을 본다면 오순절 운동과 이 연구의 기름부음의 주제는 서로 상관관계가 깊지 않다. 그러나 신학자들과는 달리 오순절 운동의 선봉에 선 목회자들의 저술을 보면 괄목할만한 현상을 발견하게 된다. 앞에서 스탠리 그렌즈(Stanley J. Grenz)가 오순절 운동의 특색을 성령침례를 받음으로써 방언을 하고, 신령한 은사를 받으려는 체험적 운동이라고 했음을 적시했는데, 오순절 진영의 현장 목회자들은 성령침례를 더욱 강조하려는 의도인지는 불분명하지만, "성령침례"라고 해야 마땅할 것으로 보이는 대목에서 "성령의 기름부음"이라는 용어를 구사하고 있다.[34]

이 연구의 본래적 의도와 출발은 하나님의 기름부음 섭리에 대해서

---

[33] 박영호, 『빈야드 운동 평가: 토론토 축복 해부』 (서울: CLC, 1996), 22-89.
[34] 이 연구를 시작하면서 필자는 도서의 제목에 '기름부음'이라는 주제어가 포함된 용어로 검색한 도서들을 섭렵했다. 그 도서들은 이 논문의 참고자료에 모두 수록되어 있는데, 대부분 오순절 계통의 현장 목회자들의 저서로서 그들은 한결같이 '성령침례,' '성령강림' 혹은 '성령충만'이라는 표현을 쓰지않고 '성령의 기름부음'이라는 표제어로 제목을 삼았다. 이러한 예들은 손기철, 『기름 부으심』 (서울: 규장, 2008); 안두영, 『성령의 기름부음을 받으라』 (서울: 베다니출판사, 2011); Michelle H. Corral, 『기름부음』, 크리스 차 역 (서울: 도서출판 예루살렘, 2006); Kenneth Hagin, 『신선한 기름부음』, 김진호 역 (성남: 믿음의 말씀사, 2005); Kenneth Hagin, 『기름부음의 이해』, 김진호 역 (성남: 믿음의 말씀사, 2007); Kenneth Hagin, 『치유의 기름부음』, 김진호 역 (성남: 믿음의 말씀사, 2005); John D. Harvey, 『성령의 기름부음』, 황의무 역 (서울: 개혁주의신학사, 2015); R. T. Kendall, 『내일의 기름부음』, 박정희 역 (서울: 도서출판 순전한 나드, 2014); Barbara Wentroble, 『당신은 기름부음 받은 자』, 권지영 역 (서울: 쉐키나 출판사, 2007); Smith Wigglesworth, 『기름 부으심』, 전두승 역 (서울: 도서출판 순전한 나드, 2006); John Wimber 외 17인, 『제3의 물결을 타고』, 변진석, 변창욱 역 (서울: 도서출판 무실, 1991).

이다. 그러므로 '기름부음'은 이 연구의 가장 중요한 핵심 주제어이다. 그런데 오순절 계통의 현장 목회자들의 도서 제목과 내용 중에 '성령의 기름부음'이 거의 예외 없이 중요한 표제어와 내용으로 들어가 있다. 이 저술들은 대부분 "성령의 기름부음을 받으라, 성령의 기름부음을 받아야 한다"고 주장하면서 성령의 기름부음이라는 용어를 빈번하게 구사한다. 이런 현상은 이 연구에서 규명하는 하나님의 기름부음과 부조화를 이루는 측면이 있어 문제가 된다. 기름부음은 성서에서 드러나듯이 하나님이 이끄시는 구원사의 근간을 이루는 대단히 중요한 주제이다. 오순절 진영에서 '성령의 기름부음'이라고 쓰는 것은 기름부음 주제와 맞지 않는다. 또한 이 용어는 어문학적으로도 문제가 적지 않다.

"성령의 기름부음을 받으라"는 문장의 일차적 해석은, 화자가 청자에게 "여기 성령의 기름부음이라는 사물이 있으니 받아 가지라"이다. 또 다른 해석은 성령을 주어로 하여 "성령이 주시는 기름부음이 있으니 그것을 받으라"이다.

오순절 진영의 주장이 이 둘 중의 하나에 해당할까?

위에서 본 그렌즈(Stanley J. Grenz)와 김승진의 지적처럼 오순절 진영의 주장은 "성령을 받으라"는 의미가 될 터인데, "성령의 기름부음을 받으라"고 함으로써 '성령'이 '성령의 기름부음'으로 대체되어 바른 전달이 어렵게 되었다. 아마도 오순절 진영이 의도한 것은 "성령 받으라"를 강조하기 위하여 "성령을 기름부음 받듯이 받으라"는 것일 터인데 적합한 문장의 구조는 아니다. 더욱이 기름부음이라는 성서 속의 큰 주제를 훼손하는 데 문제가 있다. 언어의 비약을 아무리 넓게 허용한다 하더라도 이런 현상에 대해서는 심각하게 숙고하고 연구할 필요가 있다.

이런 문제점을 오순절 진영의 신학자들은 알고 있음이 분명하다. 오순절 진영의 신학자들의 논문과 저술들에서는 오순절 운동을 논할 때 '성령의 기름부음'이라는 용어를 거의 쓰지 않는다.[35]

하나님의 기름부음의 경륜에 있어서 이 연구는 신약 시대의 기름부음은 영적인 개념의 기름부음으로 규명했다. 그런데 오순절 운동의 현장에서 성령의 임재 혹은 성령의 충만으로 드러나는 신앙의 한 현상을 '기름부음'으로 설명하거나, 오순절 신앙의 감동에 동참하기 위해서는 '성령의 기름부음'을 받아야 한다는 유의 언어구사는 신학적 혼란을 초래한다.

4. 하나님, 성서, 언어로서의 기름부음

일찍이 보캄(Bornkamm)은 바울의 의인(義認)사상을 논함에 있어서 로마서 1장 17절 말씀이 마르틴 루터를 만나 바르게 해석되기까지 무려 일천오백 년 동안 잠자고 있었음에 대해 탄식하면서 다음과 같이 말했다.

> 현대 서구의 언어 중 어느 하나도, 바울과 성서의 말에 함축된 의미를 적절하게 재현할 수 있는 개념을 가지고 있지 않다[36]

인류가 사용하고 있는 언어, 그 중에서 서구 언어의 한계를 절실하게

---

35 앞에서 인용한 박명수, 배덕만, 임열수 그리고 Stanley J. Grenz를 참고하라.
36 Gunther Bornkamm, 『바울, 그의 생애와 사상』, 허혁 역 (서울: 이화여자대학교 출판부, 1978), 191-2.

깨닫고 한 말이다.

그렇다면 서구 언어 이외의 언어는 어떨까?

창조주 하나님과 피조물 인간 사이에서 하나님의 계시와 인간의 반응을 매개하는 수단은 여러 가지가 있다. 환상, 꿈, 영감, 직감, 깨달음을 비롯하여 오랜 전통으로 쌓아온 것들까지 하나님과 인간 사이의 교감의 수단으로 동원된다. 이 중에서 가장 중요하고도 보편적인 수단으로 동원되는 것이 인류가 창안해 낸 언어이다. 사람들은 언어로 하나님을 설명하고, 언어로 하나님의 말씀을 기록하고, 언어로 다른 사람에게 하나님의 이야기를 전한다. 그러다보니 종종 사람들은 자기네의 언어로 모든 것을 온전하게 전하고 있다는 교만에 젖기도 한다.

언어는 사람과 사람 사이에서도 자주 오해를 불러일으킨다. 하물며 영이신 하나님과 육신적 존재인 인간 사이에서는 더 말할 나위가 없다. 보른캄은 바로 그 한계를 지적하고 있다. 19세기 말 혹은 20세기 초에 발생한 오순절 운동에서 "성령의 기름부음을 받으라"는 말에 대한 해석 과정에서 보른캄의 지적을 상기한 것은 언어의 한계 때문이다. 특히 성서에 기록된 성령님에 대한 언급은 우리로 하여금 당황스럽게 한다. 이에 대한 성서의 기록을 따라가 보려한다.

1) 성령에 대한 언설

구약성서에서 성령에 대한 언설이 시기적으로 가장 이른 때는 모세의 언급을 통해서이다. 민수기 11장에서 모세가 여호수아에게 말하는 다음의 대목을 보자.

> **네가 나를 두고 시기하느냐 여호와께서 그의 영을 그의 모든 백성에게 주사 다 선지자가 되게 하시기를 원하노라**(민 11:29).

여기서 여호와의 영은 성령이다. 하나님은 자기의 영을 모든 백성에게 주신다(give)고 한글 성경은 번역했다. 여기서 '주다'는 히브리어 나탄(נָתַן)이 쓰였는데, 나탄은 주다(give), 두다(put), 놓다(put), 세우다(set), 만들다(set) 등의 뜻으로 쓰이는 단어로서 구약에 2,200여 회가 사용된 단어이다.[37]

나탄은 이외에도 금하다(창 41:48), 갚다(출 21:23), 바르다(출 29:12; 레 4:7; 겔 43:20) 등의 대단히 다양한 의미로 해석이 되는 단어이다. 영어 성경 NIV는 이 대목을 "Lord would put his spirit on them"으로 번역했다. give가 아닌 put을 썼다. '주다'를 쓴 것보다는 놓아 두다로 해석할 수 있는 put을 쓴 점이 돋보인다. 그럼에도 성령님과 사람과의 관계를 어떻게 표현하는 것이 가장 적절한지에 대한 모호성은 가시지 않는다.

다음으로 출애굽기 35장 30-36절인데, 성막을 지을 때 성령께서 브살렐과 오홀리압에게 일을 시키는 대목이다.

> **하나님의 영을 그에게 충만하게 하여 지혜와 총명과 지식으로 여러 가지 일을 하게 하시되**(출 35:31).

성부께서는 이들에게 성령이 '충만'하게 하셨다. 여기서 충만은 히브

---

37 "주다," 바이블렉스 9.0.

리어 말레(מָלֵא)이다. 말레는 채우다, 가득 차다, 충만하다를 뜻한다.[38] 하나님이 "브살렐과 오홀리압에게 성령을 주셨다"고 하지 않고, "충만하게 하셨다"라고 한 것이다. 연이은 35절에서 말레는 한 번 더 쓰인다.

> **지혜로운 마음을 그들에게 충만하게 하사 여러 가지 일을 하게 하시되**(출 35:35).

똑같이 말레가 쓰였지만 성격은 다르다. 30절에서는 이들에게 성령이 충만했고, 35절에서는 지혜로운 마음이 충만했다. 성령이 충만함으로서 브살렐과 오홀리압에게 지혜가 충만하게 되었다.

34절에서는 성령께서 오홀리압을 "감동시키사(나탄 벨리보, נָתַן בְּלִבּוֹ) 가르치게 하시며"라고 함으로써 성령은 사람들을 감동시키는 분으로 묘사되었다. '감동시키다'에 나탄(נָתַן)이 쓰였음이 주의를 끈다. 나탄은 위에서 본 민수기 11장 29절에서 '주다'로 번역된 단어이다. 그런데 여기서는 '감동시키사'로 번역이 되었다. 성령님에 대한 언어 사용이 대단히 까다로움을 드러내고 있다.

구약성서에서 성령과 관련되어 가장 주목을 끄는 곳은 요엘 2장 28-29절이다.

> **그 후에 내가 내 영을 만민에게 부어주리니 그 때에 내가 또 내 영을 남종과 여종에게 부어줄 것이며**(요 2:28-29).

---

38 "충만," 바이블렉스 9.0.

여기서 '부어주다'는 샤파크(שָׁפַךְ)가 쓰였다. 샤파크는 따르다, 붓다, 쏟다, 흘리다를 뜻하는 동사이다.[39] 성령에 대한 언설에서 구약성서 히브리어는 나탄(נָתַן), 말레(מָלֵא), 샤파크(שָׁפַךְ) 등으로 여러 단어가 쓰이고, 번역에 있어서도 '주다,' '충만하게 하다,' '감동시키다' 등으로 복잡한 양상을 드러낸다. 성령과 관련되어 서술해야 할 때는 성서의 기자들조차 적절한 맞춤형 단어를 찾기가 쉽지 않았기 때문이다.

2) 기름부음에 대한 언설

기름부음과 관련하여 메시아 예수님과 가장 밀접한 구약성서는 이사야 61장 1-3절이다.[40] 여기서 성령과 기름부음이 동시에 언어로서 어떻게 표현되고 있는지를 볼 수 있다.

> **주 여호와의 영이 내게 내리셨으니(알, עַל) 이는 여호와께서 내게 기름을 부으사(마샤흐, מָשַׁח) 가난한 자에게 아름다운 소식을 전하게 하려 하심이라(사 61:1).**

위에서 '내리셨으니'는 알(עַל)이라는 전치사가 쓰였다. 알은 '~위에,' '~곁에,' '~위쪽의' 등으로 쓰인다. 성령과 관련된 단어가 나탄, 말레, 샤파크 외에 알이 하나 더 추가되었다. 여기서 유의하여 볼 것은 기름부음(마샤흐, מָשַׁח)이다. 마샤흐는 칠하다, 기름을 바르다 혹은 붓다는 의미

---

39 "부어주다," 바이블렉스 9.0.
40 예수께서 공생애 초기 나사렛 회당에서 이 구절을 읽은 후, "이 글이 오늘 너희 귀에 응하였느니라"(눅 4:21)고 선포했다.

의 동사이다.

　이사야 61장 1절과 관련하여 주목하고자 하는 것은 성령과 기름부음의 뜻을 밝히는 것보다, 언어학적으로 성령의 "내려옴"과 기름의 "부어짐"에 대한 연상 작용에 있어서, 독자들은 성령과 기름이 위로부터 내려오는 것으로써 부어지고 쏟아지는 이미지를 갖게 된다. 위에서 지적한 '성령에 대한 언설'과 더불어 기름부음은 공통적으로 위에서 쏟아지며 부어져 내리는 것이라는 관념을 갖게 한다는 뜻인데, 여기서 지적하고자 하는 것은 기름부음은 분명히 위로부터의 "부어지고 쏟아짐"이 맞지만, 성령의 속성은 꼭 그렇지만은 않다는 것이다.

　물론 성령은 하나님의 영이기 때문에 위로부터 오는 것은 맞지만, 성령이 마치 기름부음과 같이 부어지거나 쏟아지는 것이 아닐 수도 있음을 이해해야 한다. 그래서 성령과 관련한 단어들은 나탄, 말레, 샤파크, 알로서 다양한 언어들이 동원된다. 그럼에도 하나님의 일하심으로 사람들에게 성령이 임재하심을 기름이 부어지는 동태적 현상과 동일하게 인지한다는 것은 미묘한 문제를 제기한다. 이러한 인식의 미세한 차이는 뒤에서 보겠지만 언어상의 혼란을 가중시킨다.

　이사야 61장 1절에서 또 하나 지적하고자 하는 것은 하나님의 영이 내게 내리신 일과, 내게 기름을 부으신 일을 동일한 사건으로 인지할 개연성이 있다는 점이다. 독자들은 이 대목에서 성령을 받음과 기름부음 받음을 구분하기보다는 동일시하려는 관성을 보인다. 물론 이 두 가지 사건은 예수님 한 분에게 모두 일어났으며, 그로 인해 침례 요한이 감옥에 갇혀 있으면서 자기의 제자를 예수님께 보내어 예수님의 정체성을 확인하고자 했을 때에, 예수님은 이사야 61장 1-3절에 나오는 성령의

임재와 기름부음 받은 자로서 해야 할 사명을 지금 자신이 감당하고 있노라고 전하도록 했다.[41]

그러나 이사야 61장 1절에서 "성령이 내게 내리셨으니"와 "내게 기름을 부으사"는 구별되어야 한다. 원전에서 '내리셨으니'는 알(עַל)이 쓰였으며, '기름을 부으사'는 마샤흐(מָשַׁח)가 쓰였다. 알은 전치사로서 어떤 것이 다른 것의 윗부분에 있을 때를 의미한다.[42] 마샤흐는 익히 알려진 대로 '기름을 붓다'(anoint)이다. 성령이 내리신 일과 기름부음을 받은 사건은 동일시 할 수 없는 전혀 별개이다. 시편 23편의 경우도 보자.

> **주께서 내 원수의 목전에서 내게 상을 차려 주시고 기름을 내 머리에 부으셨으니 내 잔이 넘치나이다**(시 23:5).

이 구절의 해석에 있어서도 '주께서 내 머리에 부으신 기름'과 '상에 차려진 잔에 넘치는 것'이 어떻게 다른지 구분해야 한다. 머리에 부은 기름은 이 연구의 주제로서 '하나님의 기름부음'에 해당하는 기름이며, 잔에 넘치는 것은 하나님이 기름부음 받은 자에게 허락하시는 과분한 복락이다. 언어상의 혼선을 빚을 수 있는 구절로서 사도행전 10장을 보자.

> **하나님이 나사렛 예수에게 성령과 능력을 기름 붓듯 하셨으매 그가 두루 다니시며**(행 10:38a).

---

41   Bruce, 『신약사』, 178.
42   "알(עַל)," 『로고스 히브리어 사전』.

이 구절을 언뜻 보면 성령 임재와 기름부음 받음을 동일시하는 것처럼 보이기도 한다. 그러나 여기서의 '기름 붓듯'은 '호스 에크리센'(ὡς ἔχρισεν)으로서, 에크리센(ἔχρισεν)은 '크리오'(χρίω)의 3인칭 단수 능동태 부정과거 직설법으로 '호스'(ὡς)라는 부사와 함께 사용되어 "그가 기름 붓는 것처럼 하셨다"라는 뜻으로 하나님께서 예수님께 기름을 부었다는 뜻이 아니라 마치 기름을 붓는 것처럼 성령과 능력을 가득 내려 주셨다는 뜻이다.[43]

3) 침례와 성령침례에 대한 언설

구약성서에서 성령의 임재와 기름부음에 대한 주제에 대한 기록에서 성서의 기자는 물론 독자들까지 언어상의 한계로 말미암은 당황스러움을 살펴보았다. 신약 시대에 와서는 성령강림과 기름부음 문제에 더하여 침례의 문제까지 덧붙여져 상황을 복잡하게 한다. 침례 요한의 다음 말을 보자.

> 나는 너희에게 물로 침례를 베풀었거니와 그는 너희에게 성령으로 침례를 베푸시리라(막 1:8).

이 구절 안에는 성령, 기름부음, 침례(세례)의 세 가지 문제가 복합되어 있다. 가장 먼저 제기하고자 하는 것은 성령이 물에 대비되어 성령이 마치 어떤 사물처럼 인식되고 있는 듯한 느낌을 준다는 것이다. 이는 구약에서 제기된 문제의 연속이다. 원전을 보면서 문제를 짚어보고자 한다.

---

[43] 강병도, 『카리스 종합주석: 사도행전 10–18』, 강병도 편 (서울: 기독지혜사, 2006), 60.

> **에고 멘 에밥티사 휘마스 엔 휘다티 아우토스 데 밥티세이 휘마스 엔 프뉴마티 하기오** Ἐγὼ μὲν ἐβάπτισα ὑμᾶς ἐν ὕδατι αὐτὸς δὲ βαπτίσει ὑμᾶς ἐν πνεύματι ἁγίῳ(막 1:8).[44]

위의 구절 번역에 있어서 핵심은 ὕδατι(휘다티, 물 水)와 πνεύματι(프뉴마티, 영 靈) 앞의 전치사 ἐν(엔)을 어떻게 해석하느냐의 문제이다. 전치사 엔은 공간적으로는 '~안에'를 비롯하여 '~위에,' '~곁에,' '~가운데,' '~을 가지고' 등으로 해석이 가능하다. 그런데 한글 개역개정판 성경과 공동번역에서 엔 휘다티(ἐν ὕδατι)는 "물로," 엔 프뉴마티 하기오(ἐν πνεύματι ἁγίῳ)는 "성령으로"라고 번역했다. 영어성경 NIV는 "with the Holy Sprit"로서 한글 성경과 대동소이하게 전치사 with를 써서 번역했다.

그러다보니 뒤에 있는 '성령'이 먼저 나온 '물'과 같은 하나의 사물로 인지될 수 있는 소지가 농후해졌다. 그러나 이 말을 한 당사자 요한이라면 이 구절이 어떻게 번역되기를 원할지 생각해볼 일이다.

이 구절의 해석은 밥티조(βαπτίζω)를 세례로 이해하느냐 아니면 침례로 이해하느냐에 달려 있다. 한글이나 영어 성경은 밥티조를 세례로 받아들인 결과가 아닌가 한다. 세례는 물을 그릇에 담아 사람의 머리 위로 뿌리거나 적시는 형태이기 때문에 물을 사용한다는 의미로 "물로"라고 번역했다. 그러나 밥티조(βαπτίζω)를 침례로 받아들인다면 "물로"보다는 "물에서"가 적합하다. 그리고 이어서 "성령으로"가 아니라, "성령 안에서"로 번역했을 것이다.

당사자인 요한은 어떤 번역을 원했을까?

---

[44] 원어 성서원, 『스테판 원어성경』 (서울: 도서출판 원어성서원, 1994), 289–90. 어떤 사본에는 ὕδατι(휘다티, 물)와 πνεύματι(프뉴마티, 영) 앞의 전치사 ἐν이 없다.

결과적으로 밥티조를 세례로 주장하고 침례가 아닌 세례를 시행하면서 성서 안의 성령, 기름부음, 침례(세례)를 서술하고 이해하는 데 어려움이 가중되었다. 그리고 성령을 마치 사물처럼 말하고 기록하는 오류가 일상사가 되고 말았다. 이 문제는 신약에서 중요한 주제로 등장하는 성령침례(세례)와 직결된다.

> **우리가 유대인이나 헬라인이나 종이나 자유인이나 다 '한 성령으로'**(엔 헤니 프뉴마이 ἐν ἑνὶ πνεύματι) **침례를 받아 한 몸이 되었고 또 한 성령을 마시게 하셨느니라**(고전 12:13).

위에서 이 문제와 연관 지어 문제점을 보자. 마가복음 1장 8절에서와 동일한 문제에 부딪힌다. 역시 전치사 엔(ἐν)의 해석상의 문제이다. "성령으로"라는 번역은 성령을 사물처럼 인식하는 듯한 느낌이 강하다. 영어성경 NIV 역시 대동소이하다. "For we were all baptized by one Spirit into one body." "성령으로"에서 전치사 by를 써서 번역했다. 엔(ἐν)을 "으로" 혹은 "by"를 써서 번역한다고 해서 꼭 성령을 사물인양 취급하는 것은 아니지만 성서의 번역에서 성령을 세례 때 사용하는 물이나 혹은 주고받을 수 있는 사물로 여기는 경향이 있음은 부인할 수 없다.

예수님은 성령을 거론할 때 어떻게 말씀할까?

> **이 말씀을 하시고 그들을 향하사 숨을 내쉬며 이르시되 성령을 받으라**(요 20:22).

이 구절은 예수님이 부활하신 후 제자들에게 나타났을 때 하신 말씀이다. 여기서 "받으라"는 헬라어 '람바노'(λαμβάνω)이다. 람바노의 뜻은 '취하다'를 기본적인 의미로 하며, 자신에게로 취하다, 받다, 수집하다, 붙잡다 등으로 해석이 가능하며, 중간태로는 "어떤 물건이나 사람을 붙들거나 잡다"를 의미한다.[45]

한편 람바노(λαμβάνω)는 "우리의 연약한 것을 친히 담당하시고"(마 8:17)에서 "담당"으로, "자기 십자가를 지고 나를 따르지 않는 자도"(마 10:38)에서 "지고"로, "영접하는 자 곧 그 이름을 믿는 자들에게는"(요 1:12)에서 "영접"으로, "죽임을 당하신 어린 양은 능력과 부와 지혜와 힘과 존귀와 영광과 찬송을 받으시기에 합당하도다"(계 5:12)에서 "받으시기에"로 번역이 된 단어다. 이로 보아 요한복음 20장 22절에서 "받으라"로 번역함으로써 성령을 세례 받을 때 뿌리거나 부어지는 물처럼 받으라는 모양으로 오해될 소지가 발생했다. 이러한 번역상의 문제점 중의 많은 부분은 침례(βαπτίζω)를 세례로 대체하면서 발생한 것으로 보인다.

성서에서 밥티조는 전신이 물에 잠기는 침수례(immersion)이다. 그러나 2세기 초반에 부득이한 경우에는 침수례를 간소화하여 물을 그릇에 떠서 침례 받는 자의 머리에 세 번 부으라는 『디다케』(The Didache)[46]의 기록으로 볼 때 급속한 복음의 전파에 따라 침례의식을 간소화한 것으로 볼 수 있다. 그러나 이후에도 침수례는 상당한 기간 동안 지속되었다.[47]

---

45 "λαμβάνω" 바이블렉스 9.0.
46 기독교 초기 시리아와 팔레스타인 교회의 편람으로 전해오는 것으로 편집자 미상의 저작물이다.
47 노영식, 『침례와 세례 무엇이 다른가?』 (서울: 요단출판사, 2006), 97-130.

A.D. 313년 로마가 기독교를 공인할 무렵에도 '침수례' 방식의 침례 의식으로 거행되었다. 그 후 416년에 로마 가톨릭에서 관수례(pouring)도 인정하여 침수례와 관수례가 병행되었는데, 687년에 물을 뿌리는 살수례(sprinkling)까지 받아들여 로마 가톨릭교회 안에는 세 가지 방식의 침례가 용인되었다. 그러나 1311년 라벤나 공의회(Council of Ravenna)에서 세 가지의 침례의식 중 살수례만을 인정하고 시행하기 시작했다.

이후로 살수례를 제외한 다른 방식은 불허하면서 침수례를 고수하는 성도를 압박하고 나중에는 이단으로 정죄했다. 종교개혁 시 루터, 칼빈은 침수례가 성경적임을 인정은 했지만, 전통을 그대로 답습함으로써 이 문제는 해결되지 못하고 현대에 이르고 있다.[48]

밥티조에 대한 해석의 역사는 성경의 번역에 지대한 영향을 미쳤다. 침례가 아닌 세례로 전통을 만들어오면서 성경을 세례와 부합하도록 번역하고 해석해왔다. 이 결과 각종의 번역 성경들의 성령님에 대한 언설 부분에서, 성령님이 마치 예수님과 제자들 사이에서 거래되는 것처럼, 하나님이 하나님의 백성에게 부어주고 쏟아주는 사물처럼 잘못 이해될 수가 있는 애매한 문장이 되었다. 예수님의 다음 말씀을 보자.

> **보혜사 곧 아버지께서 내 이름으로 보내실 성령 그가 너희에게 모든 것을 가르치고 내가 너희에게 말한 모든 것을 생각나게 하리라**(요 14:26).

예수님의 이 말씀으로써 성령은 사물이 아니라 인격체임이 분명히 밝

---

[48] Ibid., 131-54.

혀진다. 이러한 제 문제에 대하여 브루스(F. F. Bruce)는 다음과 같이 말한다.

> 세례라는 용어가 성령을 물에 비교될 수 있는 액체인 물질로 생각하게 했다는 모든 견해는 그들 가운데 계시는 성령의 인격적 임재에 대한 강력한 의식에 의해서 깨뜨려졌다.[49]

오순절 진영에서 빈번하게 사용하며 강조하는 "성령의 기름부음을 받으라"는 조어(造語)는 위에서 본 것처럼 침례냐 세례냐의 문제로 복잡해진데다가, 하나님의 계시에 반응하는 인간이 사용하는 언어의 한계까지 보태어져 바르지 못하게 만들어진 문장이 되었다. 위에서 성경의 번역상의 제 문제를 살펴보면서 '성령의 기름부음'이라는 말의 쓰임을 일견 수긍할 수 있는 면도 없지 않지만, 성령을 물질처럼 취급한다는 점과 성령을 무슨 사물처럼 '받는 것'으로 인식하게 된다는 지적은 피할 수 없다.

또한 기름부음의 주제와 성령충만의 주제를 불합리하게 연결하여 사용함으로써, 하나님 앞에 선 하나님의 백성으로서의 신실함이 저하될 소지마저 있다. 성령은 피조물 인간이 받을 수 있는 크기의 사물이 아니라, 그 안으로 달려가 안기고 풍덩 잠길 수 있는, 바다보다도 더 큰 창조주이시다.

---

49 Bruce, 『신약사』, 236.

제7장

성서적 기름부음의 현대 목회적 적용

여기에 이르기까지 성서적 기름부음에 대한 주제 연구가 진행되었다. 이제는 성서적 기름부음 주제를 현대 목회에 어떻게 접목할 것인가를 모색할 차례이다. 그러기 위해서 먼저 해야 할 것은 '현대'라는 시대에 대한 정의가 이루어져야 한다. 다음으로는 목회의 정의가 뒤따라야 한다. 그래야 세 번째로 성서적 기름부음이 현대 목회에 어떻게 적용될 수 있는지 논증할 수 있기 때문이다. 먼저 현대라는 시대의 특성을 규명할 터인데, 여기서는 이 연구가 추구한 성서적 기름부음의 주제는 그 특성상, 어떤 시대적 관점에 맞춰 목회적으로 적용할 수 있는 성질의 것인가에 초점을 두고 시대를 논하게 된다.

1. 현대 시대

일반적으로 시대의 구분은 대체로 원시 시대(primitive age, B.C. 4000년 이전), 고대 시대(Ancient times, B.C. 4000년부터 A.D. 476년 서로마제국 멸망까지), 중세 시대(Middle age, A.D. 476년부터 1453년 동로마제국 멸망까지), 근대 시대(late modern period, 1453년부터 1914년 제1차 대전 발발 이전)에 이어 현대(modern times, 1914년 제1차 세계대전 발발 이후 현재까지)로 나뉜다.[1] 그렇다면 지금 우리가 살아가고 있는 현대 시대의 가장 큰 특징을 보자.

폴 존슨(Paul Johnson)은 현대 세계는 1919년 5월 29일에 시작되었다고 상징적으로 정의한다. 그 날은 알베르트 아인슈타인의 특수상대성 이론을 검증한 날이다. 이때는 제1차 세계대전이 끝나기 전인데, 영국의 왕립천문학회 간사 에딩턴이 프린시페 섬에서 그날 오후 1시 30분, 일식이 시작되기 직전부터 16장의 사진을 찍어 특수상대성 이론을 검증해 냈다. 이는 그때까지의 과학계의 대세인 뉴턴의 만유인력으로 상징되는 절대적인 원칙을 상대적 원칙으로 갱신한 날이다.

아인슈타인의 상대성 이론이 증명된 이후, 그것은 단지 하나의 과학 이론으로 그치지 않았다. 이때부터 세상에 절대적인 것은 없다는 믿음이 대중에게 퍼져나갔다. 시간, 공간, 선과 악, 지식과 가치에 대한 절대 기준이 서서히 무너져 내리기 시작했다. 근대 시대까지 지배했던 뉴턴의 절대 원칙에 입각한 가치관은 상대주의 앞에 물러나야 했다. 아이러니하게도 과학이 인류의 사상적 가치를 지배하기 시작한 것이다.[2]

사실 하나님은 이 세상을 창조하실 때 무엇 하나 절대적으로 만들어 놓지 않으셨다. 시간도 공간도 빛도 하나님의 피조물이다.[3] 하나님은 시간, 공간, 빛을 절대적인 것으로 짓지 않으셨다. 오직 하나님 스스로만

---

1 아라블로그, "역사 시대의 구분," http://blog.naver.com/Post View.nhn?blogId=adonis5050&dogNo=220588378637, 2016년 12월 6일 접속.

2 Paul Johnson, 『모던타임스 Ⅰ』, 조윤정 역 (파주: 살림출판사, 2008), 12-8.

3 St. Augustinus, 『성 아우구스티누스 고백록』, 김기찬 역 (고양: 크리스챤다이제스트), 301-35.

절대적으로 계신 분이다(출 3:14; 사 41:4; 44:6; 계 1:8). 시간도 공간도 빛도 휘어지고 구부러진다. 그동안 몰랐을 뿐이었던 이런 사실을 아인슈타인이 특수 상대성 이론으로 밝혀냈을 뿐이다. 그러나 사람들은 예나 지금이나 절대적인 가치를 찾는 본성을 가지고 있다. 절대적인 것을 최고의 것으로 여기고 거기에 순응하려는 속성을 가지고 있다. 그리고 막연하게 절대적일 거라고 믿어버리고 신봉한다.

그런 분위기에 편승한 로마 가톨릭은 절대적 가치에 대하여 혼돈을 일으켰다. 하나님만이 절대적이라는 진리에서 벗어나 피조물 중에도 불변하면서 절대적인 것이 있다는 입장에 서 있었다. 이를테면 태양이 지구 주위를 돈다든가 지구는 평평하다는 인식에 절대성을 부여했다. 그리고 지동설을 주장하거나 지구의 모양이 평평하지 않다고 주장하는 학자들을 탄압했다. 이러한 가톨릭의 오류는 자연히 반발을 불러왔다. 여기에 날로 진보하는 과학과 인문학은 대중으로 하여금 진실한 절대자 하나님과 하나님에 대한 언설의 절대성까지 외면하게 했다. 결국 중세 시대를 마감하고 인본주의가 신본주의보다 우위에 서는 현대 시대를 도래하게 했다. 이런 현상에 대해 존슨(Paul Johnson)은 말한다.

> **아인슈타인이 무심코 휘두른 상대성 이론의 칼날은 유대-기독교 문화의 도덕과 신념이라는 전통적인 뿌리에서 서구 사회를 잘라내 버렸다.**[4]

오랫동안 인류는 시간, 공간, 빛 등의 자연에서 절대적 가치를 찾아

---

4 Paul Johnson, 『모던타임스 I』, 19.

신봉했다. 시간은 전 우주적으로 동일한 속도로 오직 미래로만 흐르고, 빛은 빠른 속도로 오직 직진만을 하며, 공간은 휘어짐이나 어떠한 왜곡됨이 있을 수 없다는 신념에 차 있었다. 그러나 아인슈타인의 상대성 이론에서 지구와 우주 공간에서의 시간 흐름이 다르고, 빛은 태양 근처에서 휘어지며, 공간도 굴곡이 생기는 현상이 입증되었다. 절대적인 것으로 믿었던 가치들이 상대적임을 알고 인류는 방황하기 시작했다. 절대적 가치에 따라 행동해 오던 오랜 신념이 무너진 것이다.

이때부터 인간 행동의 동기를 밝히려는 학자들의 새로운 연구가 시작되었다. 아인슈타인의 논문보다 20년 앞서 발표된 프로이트의 『꿈의 해석』은 정신분석학으로 인간의 심리를 진단하며 인간 행동의 근저에는 성적 충동이 작용한다고 주장했다. 아인슈타인의 상대성 이론과 프로이트의 사상을 기초로 모더니즘이 싹트기 시작했다. 공동체와 금욕과 절제의 가치는 무너지고 성의 무한한 자유를 주장하며 누리고, 인생의 아름다움을 구가할 수 있는 개인의 권한을 주장하고, 죽음을 찬양하는 모더니즘이 지배하기 시작했다.

이런 것들이 하나님 신앙과 성서적 담론의 빈자리를 대신하기 시작했다.

이제 사람들은 무엇을 추구해야 하는가?

무엇이 사람들을 움직이는 동인인가에 대한 새로운 탐색이 본격적으로 시작되었다. 19세기 독일출신 세 사람이 각기 이에 대한 나름대로의 자기주장을 펼쳤다. 위에서 언급한 프로이트의 성 충동 이론에 더하여, 인간이 행동하는 이유로서 마르크스는 '경제적 이익'이라 했고, 니체는 '권력에의 의지'라고 주장했다. 이 세 사람은 각자의 이론을 발표하면서 현대 시대에는 자기가 주장하는 가치가 신앙의 자리를 차지하게 될 것

이고, 또한 그렇게 되어야 하며, 그렇게 될 수밖에 없다고 주장했다.[5]

이러한 흐름에 편승한 많은 저술가들은 종교의 미래에 대해 암담하게 내다봤다. 과학의 발달, 문자 해독의 확산, 미신과 미개함의 추방으로 인해 종교는 완전히 사라지거나 가족단위의 제의로 남게 될 것으로 추측했다. 이제 종교가 정치를 휘두르는 일은 없을 테고, 종교가 문화를 이끄는 현상도 다시는 없을 것으로 점쳤다. 그러나 이런 예상은 빗나갔다. 21세기에 들어서면서 종교는 전혀 주눅 들지 않았다. 각종 통계조사에서 종교 인구는 오히려 증가한 것으로 밝혀지고 있다. 그러나 종교 행위의 양상은 이전과 확연히 달라졌다.

중세 시대 이전처럼 내세를 위한 종교가 아니라, 현대 시대 현대인들이 종교를 갖는 이유는 현실의 삶을 좀 더 좋게 만들려는 욕심 때문이다. 현세를 위한 종교가 현대 시대 종교의 특색으로 드러났다. 기독교 역시 여기서 크게 다르지 않다.[6]

왜 이렇게 되었을까?

사람들은 절대적인 것을 찾아 거기에 최고의 가치를 부여하고, 그 가치에 순종하려는 본성이 있다. 인간이 신을 찾는 이유가 여기에 있으며, 인간의 이러한 행동양태는 창조주가 사람을 그렇게 지었기 때문이다. 시대는 아무리 변하더라도 신이라는 절대적 존재를 갈구하고 거기에 의지하려는 인간의 본성은 변하지 않는다.[7]

절대적 가치가 무너지고 상대적 가치가 절대가치로 둔갑한 시대가 오기까지 교회는 어떻게 대응했는지를 보자. 존 맥아더(John F. MacArthur)

---

5 Ibid., 19-99.
6 Harvey Cox, 『종교의 미래』, 김창락 역 (서울: 문예출판사, 2010), 9-10.
7 Newberg 외 2인, 『신은 왜 우리 곁을 떠나지 않는가』, 13-24.

는 고린도후서 10장 5절 "모든 이론을 파하며 하나님을 아는 것을 대적하여 높아진 것을 다 파하고 모든 생각을 사로잡아 그리스도에게 복종케"하라는 말씀을 인용하면서 다음과 같이 강력하게 말한다.

> 우리는 성경의 진리를 왜곡시키는 모든 시도를 저지해야 한다. 오직 성경만이 천국과 영적 세계에 대한 참된 진리를 말해준다(고전 2:9-10). 그러나 안타깝게도 교회조차도 세상의 유행을 그대로 따르는 경우가 허다하다.[8]

그는 이어서 기독교 서점의 베스트셀러 목록을 보면, 예수님을 세상에서 가장 훌륭한 위인쯤으로 가르치는 책들, 세속적 마케팅 전략으로 교회를 성장시킬 수 있다는 내용의 책들, 그밖에도 천사를 비롯한 영적 존재를 경험하고, 환상 중에 천국을 다녀왔다는 이야기 책들이 대부분이라고 지적한다. 그러면서 우리는 아브라함처럼 "하나님이 경영하시고 지으실 터가 있는 성"(히 11:10)을 바라보며 나그네처럼 살아야 할 하나님 나라의 백성임을 강조한다.[9]

맥아더의 이러한 기독교계 진단은, 하비 콕스(Harvey Cox)가 분석한 21세기 세계 종교 현상과 일맥상통한다. 현대 시대 종교를 찾는 사람들은 늘었지만 그들의 종교적 태도가 내세가 아닌 현세에 치중한다는 하비 콕스의 분석과 현대의 기독교인이 하나님 나라를 희구하고 하나님의 백성이 되기보다는 현실을 살아가는 중에 마음의 위로를 얻고자 한다는

---

[8] John F. MacArthur, 『존 맥아더, 천국을 말하다』, 조계광 역 (서울: 생명의 말씀사, 2008), 11.
[9] Ibid., 11-2.

지적은 같은 이야기이다.

이러한 시대, 이 연구에서 규명한 기름, 기름부음, 기름부음 받은 자에 대한 하나님의 섭리와 경륜은 어떻게 목회에 적용이 되어야 할 것인지 방안을 찾기 위하여 이번에는 목회에 대한 정의를 밝혀볼 차례이다.

2. 목회의 정의

목회의 정의를 알아보기 위해서 먼저 현대 시대 일반인들이 이해하는 목회의 의미를 살피고, 이어서 신학적으로 접근하는 것이 바람직하다고 생각된다. 목회에 대한 국어사전의 뜻풀이를 보면 "목사가 교회를 인도하는 일,"[10] "목사가 교회를 맡아 설교를 하며, 신자의 신앙생활을 지도하는 따위의 일"[11]이다. 그리고 인터넷에서 목회를 검색한 결과 "목사가 교회를 맡아 설교를 하며 신자의 신앙생활을 지도함"[12]으로 나와 있다.

이로 미루어 볼 때, 세상 사람들이 인지하고 있는 목회 개념 속에는 목사, 교회, 설교, 신자가 주요한 관점이다. 현대 시대 현대인들은 종교를 향하기는 하지만, 목회에는 큰 관심이 없다는 것이 이러한 정의에서 엿보인다. 기독교, 목회 또는 종교의 개념을 거대한 세상 한 귀퉁이의 상식 수준으로 폄하하고 있음이 느껴진다. 현대인들의 종교에 대한 냉소적 태도, 그러면서도 종교를 가까이 하는 이중성이 그들의 목회에 대

---

10 "목회," 『동아 마스타 국어사전』, 1979년판, 718.
11 "목회," 『민중 엣센스 국어사전』, 2006년판, 834.
12 "목회," http://dic.daum.net/word/view.do?wordid=kkw0000 90306&supid=k-ku000112154#kku000112154, 2016년 10월 5일 접속.

한 정의에서 드러난다. 이어서 한 신학자의 목회에 대한 견해를 보고자 한다.

이명희는 목회의 개념을 넓은 의미에서부터 좁혀 들어가는데, 목회란 '공공을 위한 봉사의 일'[13]로서 세속적인 봉사와 기독교적인 봉사로 대별했다. 기독교적인 봉사는 다시 기독교 단체의 사역과 기독교 교회의 사역으로, 기독교 교회의 사역은 또 교회 회원의 사역과 목회자의 목회로 세분화했다. 여기에서 기독교란 '성경을 통해 나타난 하나님의 계시에 기초하여 성립되는 신앙체계'이므로 기독교 목회라 할지라도 교회 안에만 영향력을 끼치는 것이 아니라 전 우주적으로 해당된다고 보았다. 왜냐하면 전 우주는 하나님의 피조물이기 때문이라는 것이 이명희의 목회 개념이다.[14] 이명희에 의하면 목회는 전 우주적인 사역이다.

목회를 폐쇄된 공간 안에서 행해지는 목사의 일이라고 대단치 않게 여기는 세상 사람들을 향해 목회는 우주적인 사명감으로 다가가야 하는 것이라는 시대적 사명에 찬 개념 정의이다. 하나님의 피조물 우주 공간 안에서 하나님의 섭리와 경륜과 성서에 드러난 하나님을 세상에 선포하는 일이 목회이다. 이 연구에서는 응당 우주적인 사명감으로 접근하는 목회 개념을 지지한다.

---

13 이명희, 『21세기 목회론』 (대전: 침례신학대학교출판부, 2013), 22.
14 Ibid., 22-5.

3. 성서적 기름부음 내러티브

앞에서 현대라는 시대의 속성을 정리하고 목회의 정의를 규명했다. 이제는 기름부음의 목회적 적용을 모색할 차례이다. 우리가 현대 시대 목회 지향점은 어디가 되어야 하는지 고려할 때 검토해볼 것이 하나 있다. 기독교는 중세 시대까지의 신앙양태에서 드러난 하나님과 하나님 언설의 절대성이 존중되던 소중한 경험을 하나 가지고 있다. 로마가 기독교를 공인하고 황제가 기독교인이 되고, 기독교가 국교가 되면서 하나님과 성서의 이야기는 로마시민사회에서 절대서사 즉 메타내러티브 (the metanarrative 절대서사 혹은 거대담론)로서 존중받았던 경험이다. 메타내러티브란 모든 문화 모든 시대의 사람들에게 절대적으로 적용되는 진리를 내포한다고 믿으며, 전체를 아우르는 절대적 이야기이다.

한편 이 시대는 크리스텐덤(Christianum, 기독교 세상)으로 불리어지는데, 이는 서구 중세와 근대 시대의 특징 중 하나였다.[15] 주후 313년 콘스탄티누스의 밀라노 칙령은 크리스텐덤을 여는 계기가 되었다. 오늘날에는 콘스탄틴이 "세상을 교회 속으로 끌어들였다"는 비판을 받는다.[16] 그러나 그로 인하여 역사에서 오랫동안 하나님과 성서의 담론은 메타내러티브로서 당대의 사람들에게 행동의 제일원칙으로 적용되었던 점은 수긍해야 할 것이다. 이 경험은 하나님과 성서의 담론이 기독교인들에게 어떻게 적용되어야 하는지에 대하여 하나의 전형을 제공한다.

그런데 사실 그 시대에 성경은 완전하게 열려 있지 않았다. 물론 종교

---

[15] Michael Frost and Alan Hirsch, 『새로운 교회가 온다』, 지성근 역 (서울: 한국기독학생회출판부, 2009), 26-9.

[16] 김두식, 『교회 속의 세상, 세상 속의 교회』 (서울: 홍성사, 2010), 109-55.

개혁으로 인하여 성경이 독일어를 비롯한 많은 나라의 언어로 번역이 되고 프로테스탄트 진영에서는 개방이 되었지만, 로마 가톨릭 진영에서 미사가 각 나라의 언어로 진행이 되고, 평신도에게 신학공부가 허락된 것은 1962년 10월에 개회된 제2차 바티칸 공의회의 결정이 있고나서 였다.[17] 그럼에도 크리스텐덤 안에서 하나님과 성서의 서사가 메타내러티브로서 기능했다는 사실은 경이로운 경험이다.

인쇄술의 발달과 종교개혁 그리고 문예부흥과 산업혁명, 계몽주의 시대를 거쳐 현대 시대에 이르면서 성서가 여러 나라 언어로 활발하게 번역이 되고 복음이 세계 곳곳으로 퍼져나감과 함께, 세상의 학문과 사상은 더 빠르게 발달하여 "하나님을 아는 것을 대적하여"(고후 10:5) 높아져 갔다. 1859년 다윈이 발표한 『종의 기원』(Origin of Species)의 영향력은 많은 기독교인들은 물론 신학자들까지 절망케 했다. 세상의 학문이 발전할수록 하나님을 아는 것을 대적하는 진은 더욱 견고해진다. 세상의 철학과 사상과 학문이 필요악은 아니지만 하나님과 성서의 내러티브를 절대성에서 상대성으로 격하시키는 역할의 선봉에 있음은 부인할 수 없다. 그래서 일찍이 사도 바울은 선포했다.

> **누가 철학과 헛된 속임수로 너희를 사로잡을까 주의하라 이것은 사람의 전통과 세상의 초등학문을 따름이요 그리스도를 따름이 아니니라**(골 2:8).

오늘날 크리스텐덤에 대해서는 로마 정권의 적극적 개입으로 이뤄진

17　Hans King, 『가톨릭의 역사』, 배국원 역 (서울: 을유문화사, 2003), 236-43.

것이라 해서 부정적 평가를 받지만, 기독교인에게 하나님과 성서의 서사가 메타내러티브가 되어야 함은 시대를 무론하고 포기할 수 없는 진리다. 크리스텐덤의 복고는 취할 바 아니지만, 목회와 신학은 메타내러티브를 포기할 수 없다. 맥아더의 지적처럼 "모든 이론을 파하며 하나님을 아는 것을 대적하여 높아진 것을 다 파하고 모든 생각을 사로잡아 그리스도에게 복종케"(고후 10:5) 하라는 명령은 하나님과 성서가 메타내러티브가 되어야 함을 뜻한다.

성서와 성서의 언설들이 이 시대 목회자들은 물론 모든 기독교인에게 메타내러티브가 되어야 한다. 교회의 사명 중 하나로서 "견고한 진"(고후 10:4)을 무너뜨리는 일은 포기할 수 없다. 이러한 차원에서 성서적 기름부음 내러티브가 절대서사로서 현대 목회에 적용되어야 한다.

목회는 절대성을 상실한 하나님과 성서에 대한 내러티브가 다시 절대적인 자리를 회복하도록 하는 사역이다. 이 연구에서는 하나님과 성서에 대한 내러티브 가운데 기름, 기름부음, 기름부음 받은 자를 주제로 연구를 진행했다. 기름에 관한 이야기, 기름부음에 관한 이야기, 기름부음 받은 자에 관한 이야기는 하나님에 대한 언설이며 성서를 근거로 한 내러티브이기 때문에 절대적이다. 지금까지의 연구를 토대로 하여 기름, 기름부음, 기름부음 받은 자의 내러티브를 정리하여 예시한다.

1) 기름 내러티브: 네 겹 사랑의 교제

이 서사는 기름을 중심에 두고 창조주 하나님과 피조물 사람 사이에서 주고받는 교제를 네 겹으로 해석하는 성서적 이야기이다. 태초에 하나님은 천지를 창조하셨고(창 1:1), 하나님의 피조물 중 하나인 기름은,

역시 피조물인 인류가 신을 떠올릴 때 수반된 물질로서의 중요한 가치를 지닌다. 사람들은 신적 임재를 상징하는 사물에 기름을 부었다(창 28:18). 신께 제사를 드릴 때 사람들은 기름을 바쳤다. 다른 사물과 달리 기름은 신이 열납 한다는 의식이 있었기 때문이다. 동물의 힘은 체내의 기름에 있다고 믿고 신께 바쳤다. 모세는 성막을 지을 예물과 제사로 드릴 물품목록에 기름을 포함시켰다(출 25:6; 35:8-15). 이는 피조물이 창조주에게 드리는 예물이다.

피조물이 창조주에게 예물을 드리는 이유는 하나님의 창조 사역으로 자기 존재가 가능해졌음에 대한 감사의 표시이다. 창조주와 피조물 사이에서 처음으로 주고받는 교제가 이루어졌다. 첫 번째는 창조주께서 사람을 지은 일이고, 두 번째는 피조물로서의 사람들이 하나님께 기름을 드린 교제이다. 첫 번째 겹과 두 번째 겹 사랑의 교제이다.

세상의 모든 자녀가 부모에게 효도하지는 않는 것처럼, 모든 사람이 하나님께 감사하지는 않는다. 어떤 자녀는 부모에게 효도하지만 또 어떤 자녀는 부모에게 불손하다. 부모는 불손한 자녀도 사랑하듯이 하나님도 모든 사람을 사랑한다. 그러나 하나님께 기름을 드림으로써 둘째 겹 사랑의 교제를 청하는 예배자들에게 하나님은 축복이라는 선물을 준다. 그 축복은 성서에서 "곡식과 포도주와 기름"으로 나타난다.[18] 이는 하나님과 사람 사이의 세 번째 겹 사랑의 교제이다.

이번에는 "곡식과 포도주와 기름"으로 복을 받은 사람들이 하나님을 송축한다.[19] 시편에서 빈번하게 등장하는 "여호와를 송축하라"(시 16:7;

---

18 본서 제2장, 축복으로 받는 기름을 보라.
19 본서 제4장, 1, 3) 누가복음에서는 예수께 옥합을 깨뜨려 기름을 부은 여인의 행동을 송축으로 해석했다.

26:12; 103:1-2, 20-22; 104:1, 35; 115:18)에서 "송축"은 히브리어 바라크 (בָּרַךְ)다. 바라크는 무릎을 꿇다, 복을 주다, 축복하다, 찬양하다는 뜻을 가진다.[20] 이중에서도 시편에서 쓰일 때는 무릎을 꿇다, 찬양하다로 쓰였다. 하나님과 사람 사이에는 이렇게 네 번째 겹 사랑의 교제가 이루어진다.

구약성서 시편에서의 송축은 신약성서에서 "하나님께 영광을 돌렸더라"는 관용구로 등장한다. 이스라엘 백성들은 하나님의 권능이 드러날 때마다 하나님께 영광을 돌렸다.[21] 성서적 기름의 주제는 하나님과 사람 사이 네 겹의 교제 즉, "창조-감사-축복-송축"의 내러티브를 드러낸다. 네 겹의 교제에 기름이 모두 포함되어 있다. 피조물 기름, 예물 목록으로서의 기름, 곡식과 포도주와 기름, 옥합을 깨뜨리고 붓는 기름이다.

목회는 일차적으로 사람들로 하여금 창조주 하나님께 감사하도록 해야하며, 이차적으로는 하나님께 영광을 돌려드리도록 돕는 일이다. 또한 목회는 이러한 하나님과 사람 간의 "네 겹줄 사랑의 교제 내러티브"가 절대적인 서사가 되도록 가르치고 이끄는 사역이다.

2) 기름부음 내러티브: 일하시는 하나님

기름부음 주제 연구를 통해서 볼 때 하나님은 일하시는 분으로 드러난다. 사람들은 창조주의 사역을 여러 곳에서 감지할 수 있지만 기름부

---

20   "בָּרַךְ," 바이블렉스 9.0.
21   본서 제6장에서 이스라엘의 송축 신앙 사례들을 보라.

음의 섭리와 경륜을 밝히는 연구과정에서도 일하시는 하나님을 만났다. 이 연구는 모세에게 명하여 아론과 그의 아들들에게 기름 부어 제사장으로 위임토록 한 이후 기름부음이 어떤 과정을 거치면서 예수 그리스도가 기름부음 받은 메시아로서 왔는지 밝혔다.

예수님 이후로도 기름부음의 섭리와 경륜은 멈추지 않는다. 오늘날 신실한 기독교인들은 모두 기름부음 받은 자이다. 사도 요한의 선포(요일 2:20, 27)를 통해서 알 수 있듯이 기름부음의 섭리는 지금도 계속되고 있다. 하나님은 "거룩한 자"(요일 2:20)로서 기름부음의 경륜을 지속하고 계신다. 예수께서는 "내 아버지께서 이제까지 일하시니 나도 일한다"(요 5:17)고 선포했다. 이에 따른 성도의 고백도 "주님이 일하시니 나도 일한다!"가 되어야 할 것이다.

하나님은 기름부음으로써 사람들을 세워 지금도 일하는 분이다. 기름부음으로 사명을 부여하고, 권위를 위임하고, 거룩성과 정결함으로써 하나님의 사람으로 세워 일하게 하심으로 경륜을 펴신다. 하나님이 기름부음으로 하신 일 중에 가장 큰 경륜이 독생자 예수님에게 기름 부어 일하게 하심으로 세상을 구원하는 일이다. "주님이 일하시니 나도 일한다"는 내러티브가 기름부음의 서사이다. 하나님은 지금도 기름부음 사역을 지속하신다. 이 기름부음은 종말의 때까지 계속되는 하나님의 경륜이다.

세상은 일하지 않고도 살아갈 수 있는 목표를 지향한다. 편하게 사는 것이 행복이라고 여기고 실행하는 문화와 문명을 유토피아로 설정한다. 그러나 목회자는 하나님은 일하시는 분이고 그분의 백성 또한 일하는 사람으로서 헌신과 봉사를 지향하도록 목회해야 한다.

3) 기름부음 받음 내러티브: 성도가 행동하는 이유

구약성서에서 제사장은 기름부음 받아 제사장으로 활동하고, 왕은 왕으로 기름부음 받아 왕의 일을 했다. 선지자는 선지자로 기름부음 받아 선지자직을 수행했다. 하나님의 백성으로 부름을 받은 성도에게 행동하는 제일 원인은 "거룩하신 자에게서 기름부음 받았으니"(요일 2:20)가 되어야 한다. 다른 것이 자기 행동의 원인이 되어서는 안 된다. 중세 시대가 지나가고 현대 시대에 들어와 현대인들이 행동하는 이유로서 프로이트의 성 충동 이론, 마르크스의 경제적 이득 이론, 니체의 권력에의 의지 이론 등 세 가지 있다고 위에서 밝혔다.[22]

오늘날 이 이론은 전 세계에서 정설로 받아들여지고 있다. 니체의 권력지향설은 성공 이론의 대명사가 되었고, 마르크스의 주장은 경제 이론의 근간이 되었고, 프로이트의 성 충동 주장은 심리학과 상담학의 뿌리가 되었다. 이 세 가지가 20세기 이후 교회 안에도 고스란히 들어와, 하나님을 아는 것을 대적하며 높아진 견고한 진이 되었다. 그 결과 현대 기독교인들은 하나님께 영광을 돌려드리는 네 겹줄 사랑의 교제에서 송축의 신앙에까지 이르지 못하고 있다. 하나님의 나라가 아니라 지금 이 자리에서의 번영을 위한 종교가 대세를 이루었다는 하비 콕스의 주장과 예수님을 경영의 귀재 혹은 성공의 비결을 가르치는 위인으로 설명하는 저술이 기독교 서점의 베스트셀러라는 존 맥아더의 진단이 이를 증명한다.[23]

---

[22] Paul Johnson, 『모던타임스 I』, 조윤정 역 (파주: 살림출판사, 2008), 12-8.
[23] 본서 p. 279쪽을 보라.

예수님을 믿으면 복을 받는다는 기복 사상은 예수님 믿으면 '경제적 이득'과 '권력'과 '성적 자유 누림'을 아울러 가지게 된다는 뜻을 표현한 말이기도 하다. 현대 시대 교회에서 신학과 목회학은 성도들로 하여금 경제적 이득 추구, 권력 지향, 성적 욕구에 대한 자유 누림을 위하여 행동하지 않고, 오직 하나님의 기름부음 받음이 추동력이 되어 행동하도록 이끌어야 한다.

성서는 현대 시대에 이런 현상이 올 줄 알고 성에 대하여, 경제에 대하여, 권력에 대하여 이미 말씀해 두셨다. 하나님은 일찍이 "둘이서 한 몸을 이루는"(창 2:24) 1부 1처의 결혼 제도를 창설하였다. 예수님은 성 충동의 위험성에 대하여 분명하게 경고한다.

> **음욕을 품고 여자를 보는 자마다 마음에 이미 간음하였느니라**
> (마 5:28).

권력에의 의지는 예수님의 제자들 중에서도 적나라하게 드러난다. 그들에게 예수님은 "크고자 하는 자는 종이 되고 섬기는 자가 되어야 한다"(마 20:20-28; 막 10:35-45)고 가르쳤다. 경제적 이득을 추구하는 자에게도 "돈을 사랑하지 말라"(딤전 3:3; 딤후 3:2; 히 13:5)고 경계하며, "돈을 사랑함이 일만 악의 뿌리"(딤전 6: 10)라고 했다. 구약성서에서는 세상 만물의 소유권이 사람이 아닌 하나님께 있다는 점을 분명히 한다(학 2:8).[24]

현대인들에게 성에 대한 해방과 경제적 이득 추구와 권력에의 지향은

---

[24] 이형원, "배금주의 시대에 사는 그리스도인들을 위한 구약 성서적 교훈들," 「복음과 실천」, 57집 (2016): 15-43.

지극히 당연한 것으로 여겨지는 세상이 되었다. 이러한 삶의 자리에 있는 사람들이 현대 목회의 대상이다. 그들에게 오직 "기름부음 받음으로 행동하라"고 가르치는 것이 목회이다. 기름부음을 받음은 사명을 받음이고, 권위를 받음이고, 거룩과 정결함을 받음이다.

하나님은 사람들에게 기름 부어 행동하게 하시는 분이시다. 하나님의 기름부음이 없는 사람은 성적 충동과 경제적 이득과 권력에의 의지로서 행동한다. 여기서 돌아서는 길은 하나님의 기름부음을 받는 길 뿐이다. 성도로 하여금 세상이 주장하는 세 가지의 가치로부터 돌아서서 기름부음 받음으로 행동하게 하고, 기름부음 받음으로 살도록 기도하고 이끄는 것이 현대 목회이다.

"내가 그렇게 행동하는 이유는 하나님의 기름부음 때문이다!"

이것이 기름부음 받은 자 내러티브다. 기름과 기름부음의 주제는 오늘날 현대인들을 위한 절대 서사로서의 자리를 회복해야 한다.

4. 기름과 생태학

성서적 기름부음의 현대 목회적 적용에서 간과할 수 없는 것은 기름에 대한 성서적 차원의 재 인식이다. 기름은 인류와 대단히 밀접한 관계에 있다. 기름은 지금까지 이 연구에서 밝힌 종교적 제의에서 쓰이는 역할뿐 아니라, 생리학적으로 섭취해야만 하는 필수 영양소이며, 피부에 발라 상처를 회복시키고 건강과 품위 유지를 도모하는 중요한 수단으로 쓰인다. 이처럼 식용과 미용과 의료용으로 개발되어 쓰일 뿐 아니라, 인류 문명이 발달하면서 기름의 용도는 획기적으로 확장되기 시작했다.

인류가 식물성 기름과 동물성 기름을 활용하는 단계를 벗어나 광물성 기름을 발굴하여 쓰기 시작하면서 문명의 발전은 급속히 빨라지기 시작했다. 인류는 광물성 기름의 개발과 사용으로 산업화를 이루고 경제를 발전시켰다. 그러나 산업화와 경제부흥의 이면에는 하나님의 피조물 기름이, 마르크스가 주장한 대로 경제적 이윤 추구의 수단이 되었다. 그 결과 환경파괴라는 심각한 문제에 직면했다.

기름의 과다 사용은 새로운 기름 문제를 유발했다. 지구 온난화의 주범이 된 프레온 가스도 기름의 문제이다. 공장의 굴뚝에서 솟는 배출물 또한 기름의 문제로 귀착한다. 이는 결국 생태계를 파괴시키는 주범이 되었다. 그제야 문제의 심각성을 알아채고 생태관련 문제를 학문적으로 접근해야 한다는 주장이 나오기 시작했다.

'생태학'이라는 말은 독일 생물학자 에른스트 헤켈(Ernst Haeckel)이 1866년 처음 사용했다. 생태학은 인간의 과도한 욕망에 따라 파괴된 자연의 균형을 지적하면서 인간의 간섭과 착취로부터 자연을 해방시켜 인간과 자연의 조화로운 삶을 탐구하는 학문으로서 자연 중에서도 생물계의 파괴에 초점을 맞추면서 문제점을 지적한다.[25] 이후 각종의 환경관련 단체가 결성되어 다각도로 생태계의 보존을 위한 노력을 기울이고 있으나 개선될 여지는 보이지 않는 것이 현실이다.

최근 한국에서 일어난 가습기 살균제로 인한 사고[26]와 치약에 섞인 독

---

[25] Fritjof Carpa, 『생명의 그물』, 김용정 역 (서울: 범양사, 2001), 55-7, 전현식, "생태신학과 교회론," 『교회론』, 한국조직신학회 기획시리즈 1 (2009): 463에서 재인용.

[26] "가습기 살균제 사건," 위키백과, https://ko.wikipedia.org/wiki/ %EA%B0%80%EC%8A%B5%EA%B8%B0_%EC%82%B4%EA%B7%A0 %EC%A0%9C_%EC%82%AC%EA%B1%B4, 2016년 10월 31일 접속.

소로 인하여 많은 제품을 회수하는 사태[27]는 다름 아닌 기름을 잘못 사용한 대표적인 사례이다. 물론 이러한 사태의 원인으로서 기름이 아닌 화학원료도 작용하지만 각종 의약품과 세제와 미용관련 제품과 화장품에는 광물성 기름에서 추출한 합성 계면활성제가 야기하는 심각성도 기름의 문제이다. 그동안 인류는 기름의 사용에 있어서 신중하지 못하고, 경제적 이득을 위한 목적만으로 오남용한 사실을 직시해야 한다. 이제라도 기름의 사용에 있어서 하나님의 창조 섭리에 맞는 용도로 사용하지 않으면 인류는 더 큰 재앙에 직면할 수 있다. 기업은 이제 경제 원리에 입각한 경영만 추구할 것이 아니라 여러 제품의 주원료인 기름을 씀에 있어서 하나님의 창조 섭리와 목적에 맞는 합당한 기름 사용을 하도록 해야 한다.

인류는 지속적으로 기름을 개발하여 외모는 물론 체내의 병까지 다스리는 약으로 개발하여 쓰고 있다. 이처럼 기름은 신학적인 의미와 상관없이 세상에서 요긴하게 쓰이고 있다. 기름은 인체의 건강을 회복시키는 효능을 발휘하고 있지만 인류가 과연 기름의 사용에 있어서 발전적인 방향성을 유지했는가는 의문이다. 기름의 과용과 오용은 끊임없이 새로운 질병을 초래하고 때로 인명의 살상이라는 결과를 가져오기 때문이다. 그럼에도 인류가 이토록 기름에 집착할 수밖에 없는 운명에 처한 것은 온갖 기름부음을 다 가져도 하나님의 기름부음을 갖지 못한 기갈 때문이다. 정작 가져야 할 하나님의 기름부음을 못 가졌으니 늘 갈급하고 목이 마르다. 이 시대 기름부음 받은 자들이 선포해야 할 사명의 콘텐츠가 바로 이것이다.

---

27 "치약 환불 사태," YTN보도, http://www.ytn.co.kr/_ln/0103_201609301109013457, 2016년 10월 31일 접속.

현대 목회와 신학에서는 피조 세계의 기름이 하나님의 창조물임을 부각시키고, 모든 기름에는 하나님이 의도하신 목적과 기능이 있음을 해당 분야의 과학과 연계하여 밝힘으로써, 하나님이 주신 귀한 자원을 창조 목적에 거스르지 않게 사용하여 인류에게 복이 되게 해야 한다. 특히 독성이 함유된 광물성 기름에 대한 주의를 기울이도록 촉구해야 하는 사명이 현대의 교회에 있다. 교회는 하나님이 기름을 피조 세계에 두신 신학적 근거를 제공하여 하나님의 창조 목적을 지지하는 생태신학으로 헌신할 수 있도록 해야 한다.

5. 삼위일체의 신앙적 균형회복

하나님이 독생자 예수님을 기름부음 받은 자로서 이 세상에 구원자로 보내심에 따라 세상의 모든 관심이 예수 그리스도에게 집중이 되었다. 이후 예수께서는 자기의 신분을 점차 드러냄으로써, 하나님은 삼위일체 하나님으로 계심이 알려졌으며, 하나님의 백성들이 그리스도 예수를 본 것은 곧 하나님을 본 것임(요 14:9)이 밝히 드러났다.

그 결과 신학과 목회의 관심은 성부 하나님보다는 자기들의 역사 속으로 들어온 성자 예수님에게 집착하는 경향이 나타났다. 목회자의 설교도 구약보다는 신약에 치중한다. 이런 흐름은 예수 그리스도를 기독교라는 종교의 교주로 인식하게 했으며, 하나님을 신앙하는 일이 세상의 많은 종교들 중에서 선택 가능한 선택지로서 주어지고 사람들은 여

럿 중에서 하나를 선택해서 종교생활을 하게 되었다.[28]

기독교 안에서 상대적으로 가리어진 일이 하나님의 창조주 되심이다. 물론 요한복음은 예수님이 말씀으로 선재하셨고, 말씀이 창조하셨으며 말씀이 곧 예수님이라고 선포하지만(요 1:1-2), 사람들은 그 예수님을 여러 종교들 중의 하나인 기독교의 교주로서 이해하며, 말씀이 하나님과 함께 하셨고 그 말씀이 곧 예수님이라는 교의에는 쉽게 접근하지 못하는 현상이 일어났다. 자칫 기독교는 현실 세계 속에 존재하는 여러 종교들 중의 하나가 되고, 예수님은 그 종교의 교주가 되어 선택의 폭을 넓혀 준 것에 불과한 지경에 이르게 되었다.

이는 삼위일체 하나님의 제2위이신 성자 예수께서 기름부음 받은 자로서 이 땅에 성육신하신 사건이 애초부터 배태하고 있던 충분한 가능성이었다. 하나님은 이 모든 것을 아시고 기름부음 받은 자 곧, 메시아 사상의 응답으로서 그렇게 하셨다. 하나님은 그렇게 해서라도 인류가 죄에서 떠나 하나님께 다시 오는 계기를 제공한다.[29]

신학이나 목회 현장에서 예수님을 강조할 때 사람들에게 어필하는 부분은 예수님의 신성보다는 인성이다. 왜냐하면 사람들에게 신성은 손에 잘 잡히지 않지만 인성은 늘 느끼는 현실이기 때문이다. 신학의 주제나 목회 현장에서의 설교에 있어서도 예수 그리스도의 신성을 설득력 있게 선포하는 일이 예수님의 인성을 드러내는 일에 비하여 훨씬 힘들고 어려운 과제이다. 그래서 목회자들은 고통스럽고 힘든 설교로 예배 분위

---

28 본서 제5장. 성서적 기름부음에 대한 신학적 재고에서 3) 양보하심으로 의인(義認)하시는 하나님을 보라.
29 여기서 "계기"라 함은 하나님의 구원을 바라보도록 관심을 촉발하는 것을 의미한다. 계기를 제공한 일과 구원은 별개이다.

기를 경직시키기보다는 손쉽게 예수 그리스도의 인성에 치중하여 목회한 결과 오늘날 교회의 위기를 가져왔다.

기름부음의 주제는 기름부음 받은 자로 성육신한 예수 그리스도뿐 아니라 그를 보내신 성부 하나님의 섭리와 경륜을 새롭게 일깨운다. 삼위일체 하나님에 대한 균형을 회복하여 성도들이 세상의 가치인 성적 충동, 경제적 이득, 권력에의 의지로서 자아실현을 하려는 잘못된 태도에서 돌려세워, 하나님의 기름부음 받음이 삶의 방향을 제시하고 성도 안에 있는 기름부음이 모든 행동의 원동력이 되도록 하는 목회가 되어야 한다.

6. 기름부음과 전 신자 제사장 교리

기름부음 주제는 '전 신자 제사장'(Priesthood of All Believers)[30] 교리와 직결된다. 구약성서에서 제사장이 되는 일은 기름부음을 통해서 가능했으므로 제사장이 되었다는 것은 기름부음 받았다는 것을 의미한다. 신약 시대에 이르러 모든 신자가 제사장이 되었다는 전 신자 제사장 교리는 예수 그리스도 이후 모든 신자가 기름부음 받은 사람이 되었다는 뜻이다. 현대의 기독교인이 언제 기름부음을 받고 제사장이 되었는가 하는 질문에 이 연구를 통해서 적절한 답을 제시했다고 본다. 영적으로 개념화한 기름부음을 예수님의 제자들 모두가 받았다. 그러므로 모든 신자가 제사장이 되었다.

---

[30] 전 신자 제사장이라는 용어와 같은 뜻으로 쓰이는 말로 "신자의 보편적 제사장직 원리," "만인 사제론" 등이 있다.

이에 대한 성경적 근거는 구약의 두 구절에서 근거를 찾아볼 수 있다.[31]

> 너희가 내게 대하여 제사장 나라가 되며 거룩한 백성이 되리라 너는 이 말을 이스라엘 자손에게 전할지니라(출 19:6).

> 오직 너희는 여호와의 제사장이라 일컬음을 받을 것이라 사람들이 너희를 우리 하나님의 봉사자라 할 것이며 너희가 이방 나라들의 재물을 먹으며 그들의 영광을 얻어 자랑할 것이니라 (사 61:6).

구약에서 예고된 전 신자 제사장 교리는 신약에 와서 대표적으로 베드로전서의 다음 두 구절이 증명한다.[32]

> 예수 그리스도로 말미암아 하나님이 기쁘게 받으실 신령한 제사를 드릴 거룩한 제사장이 될지니라(벧전 2:5b).

> 그러나 너희는 왕 같은 제사장들이요 거룩한 나라요 그의 소유가 된 백성이니 이는 너희를 어두운 데서 불러내어 그의 기이한 빛에 들어가게 하신 이의 아름다운 덕을 선포하게 하려 하심이라(벧전 2:9).

---

31 "제사장과 레위인," 『기독교대백과사전』.
32 "제사장과 레위인," 『기독교대백과사전』.

한편 히브리서 기자는, 예수님이 아론의 반차가 아닌 멜기세덱의 반차를 잇는 대제사장 됨을 일관되게 기록함으로써(히 5:6; 6:20; 7:11, 17), 모든 성도들의 제사장 됨과 아울러 예수님과의 연관성을 밝힌다.

구약에 뿌리를 두고 사도들이 분명히 밝힘에 따라 전 신자 제사장 교리가 초대교회에서는 별 저항 없이 받아들여진 듯하다. 교부 이레네우스(Irenaeus, 140-203)가 남긴 글에서 "모든 의인은 성직자의 신분을 소유한다." "주님의 모든 제자는 레위인이자 제사장들이다"는 기록이 있으므로 봐서 그렇게 단정할 수 있다.[33] 또한 평신도들의 활발한 교회 활동에서도 확인할 수 있다. 아우구스티누스(Augustinus, 354-430)가 신학을 전공하지 않았음에도 회중의 강청에 의해 감독직에 오른 일은 당시의 상황이 성직자와 평신도 사이의 구분이 분명하지 않았기 때문으로 보이며, 이는 전 신자 제사장의 원칙이 지켜진 근거로 볼 수 있다.

그러나 그 당시에 이미 교회 안에는 평신도의 지위가 급격히 약해지고 성직자에 의해 주도되는 교회로서 체제가 잡혀가고 있었다.[34] 2세기 무렵까지만 해도 기독교 사역을 일반 성도의 일과 성직자의 일로 구분하지는 않았던 것으로 보인다. 그런데 침례와 주의 만찬이 성례전으로 정착하는 3세기부터는 성례전을 전담하는 이들을 '사제'로 부르기 시작하고, 이를 계기로 전 신자 제사장 교리는 힘을 잃어가기 시작했다.[35]

로마 가톨릭은 325년 제1차 니케아 공의회 법규 5조와 18조에서 공의회에 참석하는 주교들의 집단을 성령의 기관으로 규정짓고 이들이 영적인 사람으로서 신적 권위를 가지고 교회 안에서 징계를 담당한다고

---

[33] Hendrik Kraemer, 『평신도 신학』, 홍병룡 역 (서울: 도서출판 아바서원, 2014), 63.
[34] Ibid., 59-60.
[35] "제사장과 레위인," 『기독교대백과사전』.

천명했다.36 이런 상황에서 아우구스티누스가 평신도임에도 감독직에 오른 일은 괄목할만하지만 이후에는 그런 사례를 찾아보기 어렵게 되었고, 전 신자 제사장 교리는 성경책 갈피 속 깊은 침묵에 빠졌다.

1천 년 이상을 잠자고 있던 전 신자 제사장 교리가 다시 주목을 끈 것은 종교개혁을 통해서다. 마틴 루터(Martin Luther)는 『그리스도인 귀족을 향한 연설』(*To the Christian Nobility*)에서 성서 속에 있는 전 신자 제사장 교리를 다음과 같이 선포 한다.

> 모든 그리스도인은 진정 사제들이고 직분을 제외하면 그들 사이에 아무런 구별이 없다. 세례를 받은 사람은 누구나 자신이 사제나 주교, 혹은 교황으로 성별되었다고 주장해도 좋다.37

그러나 루터의 호기 있는 선포도 교회의 제도 정비과정에서 다시 후퇴하고 만다. 헨드릭 크레머(Hendrik Kraemer)는 이에 대하여 다음과 같이 적절하게 분석했다.

> 첫째, 1천 5백여 년 동안 세례 받은 그리스도인은 진정한 의미에서 기독교 신자라 할 수 없었다. 그들은 사제들의 통제가 필요한 사람들이었다.
> 둘째, 오랫동안 영적 미성숙 상태에 방치되어 있던 평신도들이 루터의 선포에 따라 갑자기 영적 어른이 되는 것이 아니었다.

---

36 Kraemer, 『평신도 신학』, 59–60.
37 Ibid., 68.

셋째, 종교개혁이 전 신자 제사장 교리를 선포하는 한편, 설교 직분자의 탁월성을 집중하여 강조함으로써 전 신자 제사장 교리는 발아하지 못했다.[38]

전 신자 제사장 교리의 실현이 교회 공동체라는 현실의 벽을 넘어 적절한 방안을 찾는 것은 만만치 않은 일이라는 것을 보여준다. 여기서는 그 해결책 제시보다는 이 연구의 주제와 관련하여 원칙론을 정리해보고자 한다.

전 신자 제사장 교리는 기름부음과 밀접한 관련이 있다. 제사장은 기름부음을 받음으로써 위임되는 직책이기 때문이다. 그렇다면 기름부음으로 세워지던 왕과 선지자 직임은 전 신자 제사장 교리와 어떤 관계가 있는지 볼 필요가 있다. 베드로 사도는 전 신자 제사장 원리를 선포할 때 분명히 왕과 선지자직임을 아울러 선포했음을 유의하여야 한다(벧전 2:5, 9). 특히 베드로전서 2장 9절을 자세히 보면 "왕 같은 제사장이요," "아름다운 덕을 선포하게 하려하심이라"고 함으로써 왕, 제사장, 선포하는 선지자직임을 동시에 거론했다. 베드로 사도는 기름부음으로 위임되는 제사장, 왕, 선지자직임을 염두에 두었음에 틀림없다.

요한 사도도 요한계시록에서 전 신자 제사장 교리와 관련된 선포를 하면서 왕과 제사장을 동시에 거론한다(계 1:6; 5:10; 20:6). 계시록의 전 신자 제사장 교리 선포에는 선지자 직임이 거론되지 않고 있다. 이는 계시록의 특성상 종말의 때이니만큼 더 이상의 선지자 직임은 의미가 없기 때문일 것으로 본다. 그러므로 전 신자 제사장 교리는 무엇보다도 기름부음과 연관되어 연구되어야 할 성서적 주제이다.

---

38   Ibid., 71–2.

1517년의 종교개혁은 초대교회 이후 로마 가톨릭의 교권주의 체제 구축으로 인하여 전 신자 제사장 교리가 가려져 있었다고 분석하고, 전 신자 제사장 신앙은 교권주의의 해체로 인하여 바르게 살아날 것으로 보았다. 그러나 개혁교회 진영도 설교자 직분자의 탁월성을 강조하면서 전 신자 제사장 개념은 다시 수면 아래로 잦아들어야 했다.

이처럼 전 신자 제사장 교리를 설교자나 사제 등 교회 체계와 맞물려서 해석하려는 경향은 다시 생각해볼 여지가 있다. 구원받은 성도가 모두 제사장인 것은 성서적으로 틀림없으나, 교회 공동체 안에는 여전히 해결해야 할 문제점들이 발생한다. 오순절 성령강림으로 천하 각국의 언어로 복음을 전파한(행 2:3) 성도 공동체인 초대교회 안에도 많은 문제들이 있었다. 초대교회 지도자인 사도들은 아나니아와 삽비라와 같이 성령을 속이는 부류(행 5:1-11)에 대한 문제도 처리해야 했으며, 헬라파 유대인과 히브리파 유대인 간의 알력으로 빚어진 구제의 문제(행 6:1-6)도 적절히 해결해야 했다.

이는 교회 구성원 모두가 제사장이지만 공동체를 형성했을 때는 필연적으로 문제가 발생하며 그 문제를 해결해야 하는 지도자가 있어야 함을 보여준다. 전 신자 제사장 교리와 관련하여 바울 사도의 언급도 눈여겨볼 필요가 있다.

> 이 은혜는 곧 나로 이방인을 위하여 그리스도 예수의 일꾼이 되어 하나님의 복음의 제사장 직분을 하게하사 이방인을 제물로 드리는 것이 성령 안에서 거룩하게 되어 받으실만하게 하려하심이라(롬 15:16).

위에서 바울 사도는 자신의 사역을 "제사장 직분"으로 표현했다. 여기서 전 신자 제사장 교리 실현의 단서를 찾을 수도 있을 것으로 본다. 기름부음 받은 자들의 공동체인 교회 안에서 전 신자 제사장 교리가 획일적으로 적용될 것이 아니라, 바울 사도와 같은 탁월한 지도자가 이끄는 가운데 전 교인이 제사장이 되는 실마리를 찾는다면 초대교회 이후 성공하지 못했고, 종교개혁자의 굳은 의지도 꺾일 수밖에 없었던 현실을 극복하고, 전 신자 제사장 교리가 보편화될 수 있음에 대한 일말의 희망이 보인다.

제8강

결론

하나님은 천지를 창조할 때 생명인 피 못지않게 중요한 물질로서 기름을 곳곳에 두어 피조물이 창조 때의 형상을 유지하도록 하셨다. 사물에서 기름이 빠지면 형상이 허물어진다. 하나님은 자기의 피조물이 모두 제 모습을 간직하고 있기를 바라지만, 시간이 흐르면서 처음 모습은 점차 훼손되었다.

하나님은 사람이 창조 당시의 형상을 상실한 것에 대해 탄식하시고 그들에게 다시 기름을 충만하게 하기 위한 프로젝트를 수립하셨다. 좀 더 정확히 말하자면 하나님께서는 그리될 줄 미리 아시고 그에 대한 대책으로 일찌감치 "기름부음 받은 자"를 보내어 기름을 부을 계획을 하셨다. 이제 연구를 마무리하면서 먼저 이 연구에서 중점적으로 논의된 것들을 짚어본다.

1. 이 연구에서 중점적으로 논의된 주제들

기름은 사람들이 신에게 드리는 예물의 목록 속에 들어 있었다(출 25:1-9; 30:34-38; 35:4-19). 영적으로 계시는 하나님과 육적 존재인 사람과의 사이에서 주고받는 품목으로서의 기름에 대하여 이 연구는 주목하지 않을 수 없었다. 또한 하나님이 사람들에게 베푸시는 축복의 목록에도 기름이 있다. 성서 전편에서 "곡식과 포도주와 기름"이라는 관용구가 등장하는데 이는 하나님이 자기 백성에게 주는 축복의 대명사이다.

고대 근동지역에서 사람들은 왕의 대관식에서 왕이 될 자의 머리에 기름을 부었다. 이 관습을 하나님은 이스라엘 백성들의 신앙제의의 한 절차로써 채택하여 시행하게 하는데, 이는 죄로 인하여 원형을 잃은 사람들에게 기름을 부어 원래의 형상을 회복시키려는 하나님의 뜻과 부합한다.[1]

이스라엘의 메시아 사상은 다윗 언약(삼하 7:1-17)과 밀접하게 관련이 된다. 다윗 언약은 바벨론 유수를 계기로 새로운 언약으로 해석이 된다. 이 연구에서는 이 과정에 대하여 이스라엘 민족이 묵시의 관점을 갖게 되는 기회로 논증했다. 이스라엘은 포로기라는 묵시의 시대를 경험함으로써 기름부음 받은 자 즉, 메시아에 대한 대망을 품게 되었다.

그러나 정작 메시아 예수가 왔을 때, 그들 중 대다수는 예수님을 메시아로 영접하지 않았다. 이는 이스라엘의 메시아 사상의 한계이면서, 메시아 사상과 예수님 사이의 불연속성이었다. 메시아 사상에서 메시아로 올 자가 하나님의 아들이라는 예고는 없었다. 또한 메시아로 온 자가

---

[1] 본서 제5장. 1) 모세 이전의 기름부음 시대를 보라.

나무에 매달려 죽는 저주스러운 형태로 세상을 구원할 것이라는 내용도 없었다.[2]

　성서적 기름부음에 대한 신학적 재고를 위해서 기름부음을 중심으로 모세 이전의 기름부음 시대, 모세 이후의 기름부음 시대, 포로기의 기름부음 시대, 예수 이후의 기름부음 시대, 그리고 세상의 문화적 기름부음 시대로 구분을 시도했다. 여기서 예수님은 언제 기름부음을 받았는가에 대한 현대 신학의 논란에 대해 정의했다. 기름부음은 포로기를 전후하여 영적인 의미로 개념화된다.

　예수께서 성육신할 때는 이미 기름부음이 영적인 영역에 속한 때이다. 그러므로 예수님이 언제 기름부음을 받았느냐는 논란은 영적 개념의 기름부음으로 접근해야 함을 밝혔다.[3]

　한편 기름, 기름부음, 기름부음 받은 자에 대한 속성 규명을 논했다. 기름에는 원형을 회복하는 속성이 있고, 기름부음은 상실한 원형을 기원하는 예식으로서 인류 문명과 문화의 형태로 드러났다. 기름부음은 예수님을 정점으로 향해 수렴되고, 이후에는 기름부음을 가진 자가 성도가 되는 시대를 연다.

　이 연구의 주제인 기름부음과 관련한 하나님의 속성을 규명함에 있어서는 피조물이 창조주의 위대성을 드러내는 당위성에 입각한 송영론적 속성으로 접근했다. 기름부음에서 드러나는 하나님의 속성으로 첫째, 기획하시는 하나님, 둘째, 문화와 문명에 민감하신 하나님, 셋째, 관계를 드러내며 의인(義認)하는 하나님, 넷째, 경륜 속에 패턴이 있는 하나

2　본서 제3장. 이스라엘의 메시아 사상을 보라.
3　본서 제4장. 초대교회 이후의 기름부음, 3. 1) 예수의 기름부음에 대한 논란을 보라.

님, 다섯째, 변화를 추구하는 하나님이다.[4]

초대교회에서 가장 큰 이슈는 구원에 할례가 필수적 요소인가에 대한 것이었다. 이 문제를 해결하기 위해 첫 번째 종교회의인 예루살렘 회의(행 15:1-21)를 통하여 할례는 구원의 조건이 아니라는 획기적인 결정을 내렸다. 이는 유대교가 율법과 할례라는 굴레를 벗겨내지 못함으로써 변방의 종교로 남게 된 점을 감안해볼 때, 초대교회 첫 신자 공동체의 이 결정은 메시아 예수가 곧 하나님이시며 예수 케리그마가 복음이라는 진리가 온 우주적으로 보편화되기 위한 첫걸음이었다.

그럼에도 이 위대한 업적이 첫 신자 공동체의 상징이나 이름이 되지는 못했다. 첫 신자 공동체의 정체성을 드러내는 명칭은 '기름부음 받은 자' 주제가 반영되었다. 이방의 안디옥 사람들이 붙여준 "그리스도인"(행 11:26)이 이들의 이름이 된 것은 경이로운 하나님의 섭리이다.[5]

로마 가톨릭이 오늘날에 이르기까지 일곱 가지 성사 중 세례, 견진, 성품, 병자성사에서 실제로 기름을 사용한다. 이 연구에서 기름부음은 이미 영적으로 개념화했으므로 가톨릭의 성사에서 기름을 사용하는 일은 타당성이 결여된다고 규명했다. 또 기름부음의 주제와 관련된 오늘날의 기독교 진영의 문제점으로서, 오순절 운동의 대명사가 되다시피 한 "성령의 기름부음을 받으라"는 용어가 의미하는 바를 규명했다.

이 용어는 성령님을 마치 어떤 사물처럼 언급하는 오랜 관행에서부터 비롯한 문제점으로 보고 성서 안에서 해결점을 모색했다. 구약의 몇몇 구절에서부터 성령을 마치 주고받을 수 있는 사물로 오해됨직한 소지가

---

[4] 본서 제5장. 성서적 기름부음에 대한 신학적 재고를 보라.
[5] 본서 제6장. 초대교회 이후의 기름부음, 1. 3) 첫 신자 공동체가 획득한 이름을 보라.

있는 구절들(민 11:29; 출 35:30-36; 욜 2:28-29)로부터, 침례 요한이 "나는 물로 침례를 베풀었으나 예수님은 성령으로 침례를 베풀리라"(막 1:8)고 한 언급에 이르기까지 원전의 어원을 풀어가며 문제점을 추적했다.[6]

성령은 사물이 아니라 삼위일체 하나님의 제3위로서 인격체이신 분이다. 그럼에도 번역된 성서는 물론 오늘날 오순절 운동 진영의 현장 목회자들이 성령님이 마치 사물인 듯 말하는 경향이 있다. 이 연구는 이러한 문제점을 첫째, 사람들이 쓰는 언어의 한계 때문이고, 둘째는 헬라어 밥티조(βαπτιζω)를 침례가 아닌 세례로 해석하면서부터 빚어진 문제로 규명을 시도했다.

기독교 역사에서 침례가 세례로 확정된 것은 14세기 라벤나 종교회의이다. 이때부터 기독교인들의 의식 속에 밥티조는 사람이 물에 잠기는 것이 아니라 그릇에 물을 담아 머리 위에 붓는 것으로 각인되었다. 이에 따라 신약성서에서 밥티조는 침례 받는 자가 잠기는 '물'이 아니라, 침례를 시행하는 자가 그릇에 담아 머리에 뿌리거나 붓는 '물'로 해석하게 되어, 성령을 병렬시키는 대목에서(막 1:8) '세례'에 뒤따르는 '성령'도 마치 사물처럼 표현하기에 이르렀다는 분석을 내놨다.[7]

하나님에 대한 언설과 성서의 이야기는 중세 기독교 시대까지는 메타내러티브(the metanarrative)로서 기능을 했다. 이후 계몽주의와 인문, 과학의 발달로 인하여 절대적 개념이 사라지자 오직 절대적으로 계시는 하나님과 성서까지 상대적인 가치로 격하되었다. 그러자 인류에게 중요한 과제는, 무엇이 사람들로 하여금 행동하게 하는가에 초점이 모아졌다.

---

6 본서 제6장. 초대교회 이후의 기름부음, 3. 2) 오순절 운동과 기름부음을 보라.

7 본서 제6장. 초대교회 이후의 기름부음, 4. 하나님, 성서, 언어로서의 기름부음을 보라.

현대인들은 성 충동, 경제적 이득, 권력에의 의지를 당연시하고 그것을 위해 일생을 헌신하는 것을 자아실현으로 여긴다. 오늘날 교회 안에도 이러한 사조가 여과 없이 침투하였다. 이에 대하여 하나님의 기름부음이 성도를 움직이게 해야 한다고 이 연구는 주장했다. 그런 차원에서 기름부음에 대한 서사가 메타내러티브로서의 기능을 다시 회복해야 한다.[8]

예수 그리스도의 사역으로 기름기를 상실했던 이들에게 기름이 충만해졌다. 이들은 애초의 에덴동산에서 죄를 범하기 이전의 아담과 하와의 모습을 회복했다. 그 모습은 하나님이 처음 사람을 지으셨을 때의 형상이다. 기름부음 받음으로써 범죄하기 이전의 모습, 하나님이 주신 형상을 회복하게 되었다. 그리고 하나님의 직접 다스림을 받는 하나님 나라의 백성이 되었다. 하나님의 직접 다스림을 회복한 사람들과 하나님과의 사이에 이제는 제사장도 왕도 선지자도 필요 없게 되었다. 그들은 모두가 제사장이요 왕이요 선지자가 되었다.

그러나 전 신자 제사장 교리는 오늘날에 이르기까지 미해결 과제로 남아 있다. 이 연구에서는 전 신자 제사장 교리가 기름부음 주제와 밀접한 관련이 있음을 강조하는 한편, 전 신자 제사장 신앙의 회복이 종교개혁적 차원과 교회 직제 문제에 의해서 뿐 아니라 성서적인 접근의 필요성을 제시했다.

---

8 본서 제7장. 성서적 기름 및 기름부음의 현대 목회 적용, 3. 기름부음의 성서적 내러티브를 보라.

2. 미해결 과제 및 기름부음의 방향성

성서에 기름이 사용되는 사례는 빈번하지만 기름의 성격이 무엇인지에 대한 언급은 많지 않다. 레위기 3장 16절에서 "제사장은 그것을 제단 위에서 불사를지니 이는 화제로 드리는 음식이요 향기로운 냄새라 모든 기름은 여호와의 것이니라"가 있겠는데, 이에 반해 피에 대해서는 비교적 상세하게 밝힌다(창 9:4-5; 레 17:11, 14). 피가 곧 생명이고, 하나님은 그리스도의 피로 죄인을 구원하시기 때문이다.

구약의 제사 의식에서 많은 경우 기름은 피와 병행되어 나타난다. 피를 바르고 뿌리고 부은 다음 기름으로 똑같이 하는 제사 의식에서 왜 그렇게 해야 하는지 명확하게 밝혀내지 못했다. 기름과 관련하여 이 연구에서 더 깊이 다루지 못한 것 중에는 레위기 3장 16절에서 언뜻 비친 "향기로운 냄새"와 관련한 주제이다. 피와 견주어 진행되는 구약의 제사 의식 속에서 기름의 의미를 냄새 혹은 향기와 관련한 연구는 더 밝혀야 할 숙제로 남았다.

'기름부음 받은 자' 주제는 메시아, 그리스도라는 용어에서 드러나듯이 기독교의 근간이다. 기름부음의 주제 연구에서 기름의 의미에 천착하다보면 자칫 십자가 보혈의 대속의 영역을 침범할 수 있다. 죄로 잃은 형상을 회복하는 결정적인 요인은 예수님의 십자가 보혈이다. 그렇다면 기름은 어떤 역할을 하는지 보다 명확하게 규명되어야 할 필요가 있다. 하나님이 피로 구원하심과 기름으로 채우심의 관련성은 더 연구되어야 할 과제이다.

그리스도를 영접하는 성도에게 성령의 임재와 기름부음 받음과의 상관관계도 이 연구에서는 미진한 과제로 남길 수밖에 없었다. 성령의 임재와 예수님 이후 성도의 기름부음 받음은 동일한 성격으로 보아야 하는지의 문제가 있다. 그리고 성령 받음은 단회적인가의 문제와 맞물려 기름부음도 단회적인가 혹은 수회에 걸쳐서 받아야 하는 가의 문제도 있다. 물론 이러한 사항들은 조직신학에서 다루기도 하지만, 기름부음 주제와 관련된 차원에서 이 연구는 그 부분까지 심도 있게 다루지는 못했다.

기름부음에 대한 신약성서의 기록 중에서 비교적 후대의 것으로서, 또 가장 명쾌하게 선포된 부분이 요한일서 2장 20절과 27절이다. 그래서 이 연구에서는 사도 요한이 밝힌 예수님 이후 기름부음 받은 자의 속성을 비교적 자세하게 논증했다.[9]

요한의 선포에 따라 현대 시대의 성도는 자기 안에 있는 기름부음으로 신앙을 해야 한다. 자기 안에 있는 기름부음이 성도가 행동하는 동인이 되어야 한다. 그렇다면 이 과제를 위한 방법론이 뒤따라야 한다. 기름부음이 세상적 가치 이상으로 절실하게 체감될 때 성도는 세상의 것을 이기고 승리할 수 있다. 과연 승리를 위한 구체적 방법론은 무엇인가의 문제까지는 이 연구에서 접근하지 못했다.

현대 시대는 정보 산업의 발달로 인한 지식과 정보의 양이 많아지고 또한 날로 정교해지고 조직화한다. 이러한 세상의 학문이 사람들의 의식구조를 과거에 비하여 어떻게 변화시켰는지에 대한 연구와, 중세 이전 성서가 세상 사람들에게 접근하던 방식에 견주어 현대 시대 하나님에 대한 언설은 어떻게 세상에 접근해야 하는지에 대한 것도 기름부음 주제와 무관하지 않기에 과제로 남는다.

하나님의 기름부음 프로젝트는 세상의 그 무엇과도 견줄 수 없는 깊

---

[9] 본서 제5장. 성서적 기름부음에 대한 신학적 재고, 4. 4) 요한이 선포한 기름부음의 속성을 보라.

음과 높음과 넓음이 있는 주제이다. 시간적으로는 창조로부터 종말의 때까지 지속되고, 공간적으로는 인류가 사는 지구를 중심으로 하여 무덤 저편의 공동체에까지 이른다. 아멘, 할렐루야!

참고자료

1. 단행본

강성열 외 2인.『성서해석학입문』. 서울: 대한기독교서회, 2002.

강중은.『메시아 언약 신학』. 서울: 도서출판 영문, 2006.

권의구.『묵시 문학과 예수-인자기독론의 기원』. 서울: 한들출판사, 2004.

김균진.『기독교 신학 1』. 서울: 새물결플러스, 2014.

_____.『기독교 신학 2』. 서울: 새물결플러스, 2014.

김두식.『교회속의 세상 세상속의 교회』. 서울: 홍성사, 2010.

김용복.『침례교신학』. 대전: 침례신학대학교출판부, 2006.

김용옥.『기독교성서의 이해』. 서울: 통나무, 2012.

김승진.『종교 개혁가들과 개혁의 현장들』. 서울: 나침반출판사, 2015.

_____.『영.미.한 침례교회사』. 대전: 침례신학대학교 출판부, 2016.

김 진.『칸트와 선험화용론』. 울산: 울산대학교출판부, 1995.

남병두.『침례교의 특성 되돌아보기』. 대전: 침례신학대학교 출판부, 2015.

노영식.『침례와 세례 무엇이 다른가?』. 서울: 요단출판사, 2006.

박영호. 『빈야드 운동 평가: 토론토 축복 해부』. 서울: CLC, 1996.
박정수. 『기독교 신학의 뿌리』. 서울: 대한기독교서회, 2008.
박준서. 『구약세계의 이해』. 서울: 한들출판사, 2001.
복음신학대학원대학교 오순절신학연구소. 『21세기에 읽는 오순절신학』. 대전: 복음신학대학원대학교출판부, 2009.
서철원. 『하나님의 구속경륜』. 서울: 총신대학교출판부, 1996.
선한용. 『시간과 영원-성 어거스틴에 있어서』. 서울: 대한기독교서회, 1998.
손기철. 『기름 부으심』. 서울: 규장, 2008.
_____. 『치유와 권능』. 서울: 사단법인 두란노서원, 2006.
손희송. 『일곱 성사』. 서울: 가톨릭출판사, 2015.
안두영. 『성령의 기름부음을 받으라』. 서울: 베다니출판사, 2011.
엄용근. 『세상에 드러난 하나님의 비밀』. 대전: 도서출판 대장간, 2011.
엄원식. 『구약신학』. 대전: 침례신학대학교출판부, 2005.
왕대일. 『구약신학』. 서울: 도서출판 성서학연구소, 2003.
_____. 『묵시 문학과 종말론』. 서울: 대한기독교서회, 2004.
오택현, 김호경. 『성서 묵시 문학 연구』. 양평: 크리스천 헤럴드, 1999.
이명희. 『현대 목회론』. 대전: 엘도론, 2010.
_____. 『21세기 목회론』. 대전: 침례신학대학교출판부, 2013.
이성백. 『예수 이름에 숨겨진 비밀』. 서울: 쿰란출판사, 2012.
이주만. 『메시아 탄생의 기적』. 서울: 큰샘출판사, 2005.
이형기. 『하나님의 선교』. 파주: 한국학술정보, 2008.
이형원. 『하나님께 쓰임 받은 사람들』. 서울: 생명의말씀사, 2006.
_____. 『구약성서 비평학 입문』. 대전: 침례신학대학교출판부, 2002.
_____. 『구약성서해석의 원리와 실제』. 서울: 대한기독교서회, 1999.
_____. 『설교자를 위한 구약 지혜문학』. 대전: 침례신학대학교출판부, 2007.
전호태. 『디아스포라와 메시아 운동』. 울산: UUP(울산대학교출판부), 2004.

정동수.『오순절 표적부흥의 실체』. 서울: 도서출판 두루마리, 1999.

조영엽.『가톨릭(천주교)은 무엇인가? 가톨릭교회교리서』. 서울: CLC, 2015.

_____.『기독론』. 서울: CLC, 1992.

제자양육팀.『자랑스런 침례교회』. 서울: 침례회출판사, 2009.

천사무엘.『사해사본과 쿰란 공동체』. 서울: 대한기독교서회, 2004.

침례교신학연구소 편.『종교개혁 그 이전』. 대전: 침례신학대학교 출판부, 2016.

침례교 신학총서 집필위원회.『침례교 신학총서』. 서울: 요단출판사, 2016.

한민수.『메시아 예수』. 용인: 킹덤북스, 2014.

Alter, Robert.『성서의 이야기 기술』. 황규홍 외 2인 역. 서울: 아모르문디, 2015.

Anderson, A. A.『WBC 주석: 사무엘 하』. 박영호 역. 서울: 도서출판 솔로몬, 2001.

Anderson, Leith.『교회를 향한 제3의 물결』. 김철직 역. 서울: 기독신문사, 1998.

Aune, David E.『WBC 주석: 요한계시록 6-16』. 김철 역. 서울: 도서출판 솔로몬, 2004.

Barth, Karl.『교의학 개요』. 신준호 역. 서울: 도서출판 복있는사람, 2015.

_____.『교회 교의학 II/2』. 황정욱 역. 서울: 대한기독교서회, 2007.

Begg, Alistair and Sinclair B. Ferguson.『모든 이름 위에 뛰어난 이름』. 차수정 역. 서울: 부흥과개혁사, 2015.

Biffi, Inos.『견진성사 전에 꼭 알아야 할 미사의 역사』. 김정훈 역. 서울: 가톨릭출판사, 2013.

Boff, Leonardo.『성사란 무엇인가』. 정한교 역. 왜관: 분도출판사, 1981.

Bornkamm, Gunther.『바울 그의 생애와 사상』. 허혁 역. 서울: 이화여자대학교 출판부, 1978.

Bright, John.『이스라엘의 역사』. 엄성옥 역. 서울: 도서출판 은성, 2002.

_____.『하나님의 나라』. 김인환 역. 고양: 크리스챤다이제스트, 2006.

Bruce, Frederick Fyvie.『신약사』. 나용화 역. 서울: CLC, 1999.

Bultmann, Rudolf.『예수 그리스도와 신화』. 이동영 역. 서울: 한국로고스연구원, 1994.

Childs, Brevard S.『신구약성서신학』. 유명선 역. 서울: 도서출판 은성, 1994.

Cohen, Shaye J. D.『고대 유대교 역사』. 황승일 역. 서울: 도서출판 은성, 2004.

Cook, Stephen L.『묵시 문학』. 차준희 역. 서울: 대한기독교서회, 2015.

Corral, Michelle H.『기름부음』. 크리스 차 역. 서울: 도서출판 예루살렘, 2006.

Cox, Harvey.『종교의 미래』. 김창락 역. 서울: 문예출판사, 2010.

Dunn, James D. G.『첫 그리스도인들은 예수를 예배했는가?』. 박규태 역. 서울: 좋은씨앗, 2016.

Durham, John I.『WBC 주석: 출애굽기』. 손석태, 채천석 역. 서울: 도서출판 솔로몬, 2000.

Ebert Ⅳ, Daniel J.『지혜 기독론』. 곽계일 역. 서울: 개혁주의신학사, 2012.

Edersheim, Alfred.『메시아1-예수 그리스도의 생애와 시대』. 황영철, 김태곤 역. 서울: 생명의말씀사, 2012.

Eichrodt, Walther.『구약성서신학Ⅰ』. 박문재 역. 서울: 크리스챤다이제스트, 1994.

Frost, Michael and Hirsch, Alan.『새로운 교회가 온다』. 지성근 역. 서울: 한국기독학생회출판부, 2009.

Goldingay, John E.『WBC 주석: 다니엘』. 채천석 역. 서울: 도서출판 솔로몬, 2008.

Grenz J. Stanley.『조직신학』. 신옥수 역. 고양: 크리스챤다이제스트, 2003.

Groningen, Gerard Van.『구약의 메시야 사상』. 유재원, 류호준 역. 서울: CLC, 1999.

Grun, Anselm.『견진성사』. 윤선아 역. 왜관: 분도출판사, 2010.

Guelich, Robert.『WBC 주석: 마가복음 1-8:26』. 김철 역. 서울: 도서출판 솔로몬, 2001.

Guthrie, Donald.『그리스도-그리스도의 사역』. 이중수 역. 서울: 한국성서유니온, 1998.

Hagin, Kenneth E. 『신선한 기름부음』. 김진호 역. 성남: 믿음의 말씀사, 2005.

_____. 『기름부음의 이해』. 김진호 역. 성남: 믿음의 말씀사, 2007.

_____. 『치유의 기름부음』. 김진호 역. 성남: 믿음의 말씀사, 2005.

Hagner, Donald A. 『WBC 주석: 마태복음 14-28』. 채천석 역. 서울: 도서출판 솔로몬, 2000.

Hanson, Pal D. 『묵시 문학의 기원』. 이무용, 김지은 역. 고양: 크리스챤다이제스트, 1996.

Hartley, John E. 『WBC 주석: 레위기』. 김경열 역. 서울: 솔로몬, 2006.

Harvey, John D. 『성령의 기름부음』. 황의무 역. 서울: 개혁주의신학사, 2015.

Hengstenberg, Ernst Wihelm. 『구약의 기독론』. 원광연 역. 서울: 크리스챤다이제스트, 1997.

Hess, Richard S. 『이스라엘의 종교』. 서울: CLC, 2009.

Hughes, Philip E. 『성경과 하나님의 경륜』. 서울: 여수룬, 1991.

Jacob, Edmond. 『구약신학』. 박문재 역. 고양: 크리스챤다이제스트, 1999.

Jeremias, Joachim. 『신약신학』. 정충하 역. 고양: 크리스챤다이제스트, 2009.

Johnson, Paul. 『유대인의 역사 1, 2, 3』. 김한성 역. 파주: 살림출판사, 2009.

_____. 『예수 평전』 이종인 역. 서울: 알에이치코리아, 2012.

_____. 『모던타임스 Ⅰ, Ⅱ』. 파주: 살림출판사, 2008.

Kaiser, Walter C. Jr. 『구약에 나타난 메시아』. 류근상 역. 고양: 크리스챤 출판사, 2008.

_____. 『구약 성경 신학』. 류근상 역. 고양: 크리스챤 출판사, 2001.

Kendall, R. T. 『내일의 기름부음』. 박정희 역. 서울: 도서출판 순전한 나드, 2014.

_____. 『거룩한 불』. 박철수 역. 서울: 도서출판 순전한 나드, 2015.

King, Hans. 『가톨릭의 역사』. 배국원 역. 서울: 을유문화사, 2003.

Kraft, Charles H. 『기독교와 문화』. 임윤택, 김석환 역. 서울: CLC, 2006.

Kraemer, Hendrik.『평신도 신학』. 홍병룡 역. 서울: 도서출판 아바서원, 2014.

Kung, Hans.『가톨릭의 역사』. 배국원 역. 서울: 을유문화사, 2003.

Ladd, G. E.『신약신학』. 신성종, 이한수 역. 서울: 대한기독교서회, 2005.

Lane, William L.『WBC 주석: 히브리서 1-8』. 채천석 역. 서울: 도서출판 솔로 몬, 2006.

Loren, Julia.『초자연적 기름부음』. 김광석 역. 서울: 도서출판 순전한 나드, 2013.

MacArthur, John F.『성령의 은사와 진정한 영적 생활』. 박영철 역. 서울: 요단출 판사, 1981.

MacArthur, John.『다른 불』. 조계광 역. 서울: 생명의말씀사, 2014.

_____.『존 맥아더, 천국을 말하다』. 조계광 역. 서울: 생명의말씀사, 2008.

Martin, Lalph P.『WBC 주석: 야고보서』. 홍찬혁 역. 서울: 도서출판 솔로몬, 2001.

McGarvran, Donald.『기독교와 문화의 충돌』. 이재완 역. 서울: CLC, 2007.

Mead, James K.『성서신학』. 임요한 역. 서울: CLC, 2014.

Mey, Jacob L.『화용론』. 이성범 역. 서울: 한신문화사, 1996.

Moris, Leon.『신약 신학』. 황영철, 김원주 역. 서울: 우림문화사, 1997.

Myers, Bill.『구약에 숨겨진 그리스도』. 홍원팔 역. 서울: 도서출판 알돌기획, 1994.

Newberg, Andrew 외 2인.『신은 왜 우리 곁을 떠나지 않는가』. 이충호 역. 서울: 한울림, 2001.

Nolland, John.『WBC 주석: 누가복음 1:1-9:20』. 김경진 역. 서울: 도서출판 솔 로몬, 2003.

Pierson, Arthur T.『하나님의 선교 계획』. 안명준 역. 천안: 평택대학교 피어선기 념성경연구원, 2011.

Platon and Aristoteles. 『향연. 파이돈. 니코마코스 윤리학』. 최명관 역. 서울: 을 유문화사, 1994.

PohlMann, Horst G. 『교의학』. 이신건 역. 서울: 한국신학연구소, 1989.

Powell, Ivor. 『예수의 이름들』. 고봉환 역. 서울: 도서출판 요나, 1993.

Queiroz, De Pereira. 『세계의 메시아 운동』. 이상률 역. 서울: 청아출판사, 1992.

Richardson, Don. 『화해의 아이』. 김지찬 역. 서울: 생명의말씀사, 2008.

_____. 『영원을 사모하는 마음』. 정중은 역. 서울: 생명의말씀사, 1998.

Ridderbos, Herman. 『하나님 나라의 도래』. 김형주 역. 서울: 생명의 말씀사, 1988.

Sanders, E. P. 『예수 운동과 하나님 나라』. 이정희 역. 천안: 한국신학연구소, 1997.

_____. 『예수와 유대교』. 황종구 역. 서울: 크리스챤 다이제스트, 1994.

Starthern, Paul. 『플라톤』. 강철웅 역. 서울: 펀앤런북스, 1997.

Stein, Robert H. 『메시아 예수』. 황영철 역. 서울: 한국기독학생회출판부, 2001.

St. Augustinus. 『성 아우구스티누스 고백록』. 김기찬 역. 고양: 크리스챤 다이제스트, 2000.

Stott, John. 『BST시리즈 사도행전 강해』. 정옥배 역. 서울: 한국기독학생회출판부, 1992.

Thiselton, Anthony C. 『성경해석학 개론』. 김동규 역. 서울: 새물결 플러스, 2012.

Thurian, Max. 『평신도의 제사장적 역할』. 김현애 역. 서울: 예배와 설교 아카데미, 2014.

Tillich, Paul. 『문화의 신학』. 김경수 역. 서울: 대한기독교서회, 1999.

Toffler, Alvin. 『제3의 물결』. 전희직 역. 서울: 혜원출판사, 1991.

Vos, Geerhardus. 『예수의 자기 계시-메시아 의식에 대한 현대의 논쟁들』. 이승구 역. 김포: 그나라출판사, 2014.

Watts, Jphn D. W. 『WBC 주석: 이사야 34-66』. 강철성 역. 서울: 솔로몬, 2002.

Walker, Williston. 『기독교회사』. 송인설 역. 고양: 크리스챤다이제스트, 1993.

Webber, Robert E. 『예배의 역사와 신학』. 정장복 역. 서울: 한국장로교출판사, 1998

Welker, Michael. 『하나님의 계시 그리스도론』. 오성현 역. 서울: 대한기독교서회, 2015.

_____. 『성서에 기초한 최근 신학의 핵심적 주제』. 김재진 역. 서울: 크리스챤다이제스트, 1998.

Wells, David F. 『기독론』. 이승구 역. 서울: 부흥과 개혁사, 2015.

Wenham, Gordon. 『WBC 주석: 창세기 16-50』. 윤상문, 황수철 역. 서울: 솔로몬, 2001.

Wentroble, Barbara. 『당신은 기름부음 받은 자』. 권지영 역. 서울: 쉐키나 출판사, 2007.

Wigglesworth, Smith. 『기름 부으심』. 전두승 역. 서울: 도서출판 순전한 나드, 2006.

Wimber, John 외 17인. 『제3의 물결을 타고』. 변진석, 변창욱 역. 서울: 도서출판 무실, 1991.

Wilson, R Marvin. 『기독교와 히브리 유산』. 이진희 역. 서울: 도서출판 컨콜디아사, 1995.

Wright, Christopher J. H. 『하나님 백성의 선교』. 한화룡 역. 서울: 한국기독학생회출판부, 2013.

_____. 『하나님의 선교』. 정옥배, 한화룡 역. 서울: 한국기독학생회출판부, 2012.

Young, C. Samuel. 『예수님은 기독교의 메시아가 아니다』. 번역자 미상. 서울: 민지미디어, 2002.

Alter, Robert and Frank Kermode, eds. *A Literary Guide to the Bible*. Cambridge: Harvard University Press, 1987.

Bright, John. *The Authority of the Old Testament*. Nashville: Abingdon Press, 1967.

Bruce, F. F. *The New Testament Develoment of Old Testament Themes*. Grand Rapids: Wm. B. Eerdmans Publishing Company, 1968.

Heschel, Abraham J. *The Prophets: An Introduction*. vol. 1. New York: Harper & Row, Publishers. 1962.

Hess, Richard S. *Israelite Religions: An Archaeological and Biblical Survey*. Grand Rapids, MI: Baker Academic, 2007.

Kaiser, Jr. Walter. *Toward Rediscovering the Old Testament*. Grand Rapids: Zondervan Publishing House, 1987.

Kendall, R. T. *The Anointing: Yesterday, Today, Tomorrow*. Florida: Charisma House, 2003.

Lee, Hyung Won. "The Function of the Figurative Language in the Book of Nahum" Ph. D. diss., The Southern Baptist Theological Seminary, 1988.

Watts, James W. *Ritual and Rhetoric in Leviticus: From Sacrifi ce to Scripture*. New York: Cambridge University Press, 2007), 143.

Wenham, Gordon J. *The Book of Leviticus*. Grand Rapids, MI: Eerdmans, 1979.

2. 정기간행물

김기석. "갈릴레이와 뉴턴의 과학과 신앙." 「기독교사상」, 680호 (2015): 152-63.

김덕영. "짐멜의 『돈의 철학』과 한국 교회의 배금주의." 「목회와 신학」, 269호 (2011년 11월): 100-6.

김선배. "사도행전에 나타난 예루살렘회의(15:1-35)의 신학적 의미와 기능." 「복음과 실천」, 58집 (2016): 41-62.

_____. "네 복음서에 나타난 복음의 확장성."「복음과 실천」, 52집 (2013): 41-62.

김영선. "삼위일체 하나님의 본질과 속성."「한국기독교 신학논총」, 47집 (2006): 161-84.

김용복. "침례교 조직신학 전통에서 본 창조신앙에 대한 생태신학적 성찰."「복음과 실천」, 55집 (2015): 105-34.

김태식. "유대교와 헬레니즘의 세력다툼: 기독교 변증, 기독론, 신약성서 공인화 (2)."「뱁티스트」, 142호 (2016): 79-82.

김현철. "우리는 생명을 어떻게 대우해야 하나?."「뱁티스트」, 143호 (2016. 11-12): 91-6.

김효현. "우리말성경에서 '침례/세례' 표기와 관련된 여러 형태."「뱁티스트」, 138호 (2016. 1-2): 49-54.

남병두. "Hans Denck의 자유의지론에 관한 소고."「복음과 실천」, 46집 (2010): 211-37.

민영진. "목회자, 왜 시를 읽어야 하는가."「월간 목회」, 479호 (2016): 34-9.

_____. "전통과 현재가 공존하는 성경 번역."「기독교사상」, 689호 (2016): 14-29.

_____. "신약성서의 인용문학적 성격: 인용의 문학적 기능 탐색을 시작하며."「월간 창조문예」, 200호 (2013): 40-53.

박수암. "성령에 대한 신약학적 고찰."「그 말씀」, 276호 (2012): 6-19.

배국원. "이야기 신학(narrative theology)의 추억."「복음과 실천」, 37집 (2006): 129-60.

안희열. "세계선교의 흐름과 선교적 과제."「복음과 실천」, 46집 (2010): 319-41.

우택주. "민수기의 군주 시대 전승과 그 제사장적 편집 작업에 나타난 수사적 의도."「구약논단」, 54집 (2014): 311-35.

_____. "요시야 개혁의 입체적 분석."「복음과 실천」, 39집 (2007): 133-58.

윤원준. "에버하트 윙엘의 삼위일체론."「복음과 실천」, 34집 (2004): 133-57.

이상웅. "성령에 관한 오해와 이해." 「그 말씀」, 264호 (2011): 52–63.

_____. "포로후기 상황에 비추어 본 민수기의 메시지." 「복음과 실천」, 56집 (2015): 15–42.

이정희. "전신자 목회의 모델." 「복음과 실천」, 17집 (1994): 303–37.

이형원. "배금주의 시대에 사는 그리그도인들을 위한 구약성서적 교훈들." 「복음과 실천」, 57집 (2016): 15–43.

_____. "구약성서의 예언들과 이스라엘의 미래." 「복음과 실천」, 51집 (2013): 7–33.

_____. "바벨론 포로기 예언자들이 현대설교자들에 주는 교훈." 「복음과 실천」, 41집 (2008): 333–60.

_____. "구약성서와 신약성서의 관계 연구를 위한 해석학적 제안." 「복음과 실천」, 37집 (2006): 71–103.

장동수. "번역 때문에 발생하는 오류를 줄이기 위한 제안: 개역한글판 신약을 중심으로." 「복음과 실천」, 39집 (2007): 71–99.

_____. "히브리서 기독론의 성격과 목적." 「복음과 실천」, 33집 (2004): 33–57.

정성욱. "성령과 치유." 「그 말씀」, 276호 (2012): 78–87.

정승태. "포스트모던 신앙의 가능성: 찰스 하츠혼을 중심으로." 「복음과 실천」, 34집 (2004): 109–32.

최원준. "성령의 본래 얼굴을 찾아서." 「그 말씀」, 264호 (2011): 64–77.

허호익. "치유에 대한 신학적 이해." 「그 말씀」, 287호 (2013): 20–31.

Jeff Iorg. "하나님이 공급하신다." 「뱁티스트」, 138호 (2016): 95–6.

_____. "예수를 주로 고백하라." 「뱁티스트」, 142호 (2016): 125–8.

Biggerstaff, Michael. "The Anointing of Aaron: The Process by Which He Became Holier than His Sons." *Studia Antiqua* 7, no. 2 (2009): 34–47.

C. Houtman, "On the Function of the Holy Incense (Exodus XXX 34–8) and the Sacred Anointing Oil (Exodus XXX 22–33)," *VT* 42, no. 4 (1992): 458.

3. 미간행물

근광현. "신약교회와 조직신학." 조직신학특강, 침례신학대학교 목회대학원, 2012.

김정수. "스가랴서의 메시아 사상 연구: 텍스트 언어학의 관점에서." 박사학위논문, 백석대학교 기독교전문대학원, 2010.

김종태. "이사야서에 나타난 메시아 사상." 석사학위논문, 침례신학대학교 대학원, 1989.

김승진. "오순절 성령체계에 대한 성서적인 조명." 논문, 침례신학대학교, 2016.

_____. "침례교회사." 박사원 세미나, 침례신학대학교 목회대학원, 2013.

김홍석. "성서고고학과 지구연대기." 창조과학 세미나, 한국창조과학회전북지부, 2015.

김현철. "침례교 교회행정." 박사원 세미나, 침례신학대학교 목회대학원, 2010.

남윤수. "구약의 메시아 사상에 관한 연구: S. Mowinckel의 논의를 중심으로." 석사학위논문, 연세대학교 대학원, 1989.

문상기. "설교학 세미나: 현대설교론." 박사원 세미나, 침례신학대학교 목회대학원, 2010.

박종호. "누가복음에 나타난 기름부음 사화의 현장성에 관한 연구." 석사학위논문, 강남대학교 신학대학원, 2002.

박판종. "쿰란 공동체의 메시아 사상에 대한 연구." 석사학위논문, 침례신학대학교 대학원, 1988.

심민수. "공동체적 교회성장의 이론과 실제." 박사원 세미나, 침례신학대학교 목회대학원, 2010.

유국남. "기름부음에 관한 칼빈의 견해 연구." 석사학위논문, 총신대학교 대학원, 1985.

이동원. "설교 심포지엄." 박사원 세미나, 지구촌교회 목회리더십연구소, 2009.

이명희. "예배학." 박사원 세미나, 침례신학대학교 목회대학원, 2011.
이은주. "사울의 기름부음 전승에 관한 연구: 사무엘 상 9:1-10:16을 중심으로."
　　　석사학위논문, 이화여자대학교 대학원, 1992.
이종승. "구약성서에 나타난 메시아 사상의 기원과 발달과정." 석사학위논문, 감
　　　리교신학대학교 신학대학원, 1989.
이한복. "로마 제국의 초기 기독교 박해에 관한 연구." 석사학위논문, 서울신학대
　　　학교, 2003.
조경문. "칼빈주의 선교신학 관점에서 성령의 기름부음에 관한 연구." 석사학위논
　　　문, 광신대학교 대학원, 2016.
정충호. "성도들의 신앙성장을 위한 구원론 훈련 프로그램." 박사학위논문, 2012.
조근식. "목회적 돌봄의 교회론적 적용을 위한 과정 형이상학에 관한 성서적 비
　　　판." 박사학위 논문, 2010.
최용석. "구약을 통해 본 기름부음의 의미." 석사학위논문, 광신대학교 신학대학
　　　원, 2006.
최정인. "시편 110편의 메시아 사상." 석사학위논문, 침례신학대학교 대학원,
　　　1989.

황의찬. "창세기 제1장 제3절에 나오는 빛의 의미 연구." 석사학위논문, 2006.
황희성. "기름부음에 관한 성경적 고찰: 기름부음과 세례의 연관성에 관한 고찰."
　　　석사학위논문, 광신대학교 신학대학원, 2005.

4. 기타 자료

『가톨릭 교회 교리서 제2편』. 서울: 한국천주교중앙협의회, 1995.
『기독교대백과사전』. 서울: 기독교문사, 1996.
『동아 마스터 국어사전』. 서울: 동아출판사, 1987.

『로고스 헬라어 사전』. 서울: 로고스 편집부, 1999.

『로고스 히브리어 사전』. 서울: 도서출판 로고스, 2002.

『민중 엣센스 국어사전』. 파주: 사전전문 민중서림, 2016.

『비전 성경 사전』. 서울: 사단법인 두란노, 2008.

『성경 이미지 사전』. 서울: CLC, 1980.

『성서 백과 대 사전』. 서울: 성서교재간행사, 1989.

『스테판 원어 성경 신·구약』. 서울: 도서출판 원어성서원, 2000.

『스탠다드 주제별 성경 사전』. 서울: 제자원, 1999.

『아가페 성경 사전』. 서울: 아가페출판사, 2004.

『한국 가톨릭 대사전 1』. 서울: 재단법인 한국교회사연구소, 2006.

New International Dictionary of Old Testament Theology and Exegesis. Volume 2.

The Anchor Bible Dictionary. Volume 4.

The Interpreter's Dictionary of The Bible. K-Q.

Abstract

Researcher: Hwnag, Eui-Chan
Degree: Doctor of Theology in Ministry
Institute: Graduate School of Korea Baptist Theological University/Seminary
Date: December 9, 2016.
Chairperson: Lee, Hyeong-Won, Ph.D.

Title: A Theological Reflection on the Anointing in the Bible and Its Application for the Pastoral Ministry

This research has begun with a few questions. First, Why God has saved this world by "The Anointed One"? In this question, curiosities about what kind of thing this oil is, and why this oil should be poured on a person's head are included. Second, how this "project of the anointed one" of God has been accomplished? In this question, curiosity about how the plan of God to save the world by the anointed one has been progressed from the historical perspective is included. Third, what is the meaning of the providence of anointing to us today? In this question, my curiosity about the meaning of the practice of anointing today is included. Because the subject of anointing in today's theology and faith of Christians is minimal.

In this research process, various themes and subjects such as oil, anointing, the anointed one, God who accomplishes the anointing project, the perspective and attitude of the world who accepts the ministry of God, the perspective and attitude of Christians who accepts the ministry of God are intertwined. Since theologians has not been interested in this topic, there are not many resources. In addition to this, a preconception that a ritual of coronation with anointing is a old historical event and it's meaning for today has vanished, and understanding that God, Bible and the world provides rich foundation for our faith might put the value of this research in question. However, when we call Jesus, we use to say Jesus Christ, and the word Christ means the anointed one. So, I believe that this provided more than enough value of this research.

Before the outline of the anointed one project surfaced, anointing ritual of coronation was very common in the old near East. This is very interesting to see that God understands the people's culture deeply and communicates with people within the culture. Started among gentiles, coronation with anointing was adopted by Israelites. To discern if the background of the ritual among the gentiles and that of adoption into the people of Israel are same, it must be studied what oil is.

By this research, it was turned out that oil is one of very important elements to keep the created things to maintain its original form. Every creature should have enough oil in it to preserve its original form of creation. Oil is the most important element for this purpose. Its function has not limited in physical form. Oil makes a person true person, a leader true leader, and a king true king. This was a reason that oil was poured in coronation ceremony. God utilized this ritual of anointing to human being who lost their image before the fall to restore their original image. Human understanding that oil restores original image and the will of God are not different.

By God's permission, Israelite people anointed priests, kings and prophets in the inauguration. But actual anointing ritual has been gradually disappeared. The time has come that without actual anointing immaterial anointing brought same effect. In this research, I studied Bible and traced chronological events of anointing to prove this. According to this list of events, anointing ritual was replaced by invisible anointing in around the exile. At this time and forward, a thought of the anointed one, that is, the messiah proliferated. A prophetic perspective and literature developed greatly and the expectation of the Messiah has set in place.

When the expectation of the coming of Messiah has been ripened, God sent the anointed one to this world. However, incarnation of the second person of the Trinity and the crucifixion and the resurrection for the purpose of completion of salvation was unexpected to the Jews. The Messianic view of the Jews did not include such contents. This research contend to prove that Jesus was Messiah from the Gospels and the Acts focusing on the dialogues of Jesus. Jesus exposed that the fact that he is Messiah during the public ministry period. As the anointed one, he anointed his disciples to become disciples.

After the ascension, the ritual of anointing of His church has not been right with the Biblical teaching. The Roman Catholic Church elevated the anointing ritual as a sacrament, which did not exist in Jesus' days. Fortunately, the Protestant Church through the Reformation developed an anointing ritual according to the providence of God. However, in early twentieth century Pentecostal Church began to use the term "anointing of the Holy Spirit" insensitively, it implied that the Holy Spirit is something that can be poured out over a person. This has to be dealt with properly.

People of God are anointed by God, restored original image of God that was lost by sins, priests who are worshiping God, and prophets who listen to God and proclaim the word of God. People of God belong to the Kingdom of God, enjoy wonderful grace of God, and have position of the anointed one in the providence and knowledge of God.

하나님의 기름부음

A Theological Reflection on the Anointing in the Bible
and Its Application for the Pastoral Ministry

2017년 4월 30일 초판 발행

지 은 이 | 황의찬

편　　집 | 정희연, 이태원
디 자 인 | 신봉규, 서민정
펴 낸 곳 | 사)기독교문서선교회
등　　록 | 제16-25호(1980. 1. 18)
주　　소 | 서울시 서초구 방배로 68
전　　화 | 02) 586-8761~3(본사) 031) 942-8761(영업부)
팩　　스 | 02) 523-0131(본사) 031) 942-8763(영업부)
홈페이지 | www.clcbook.com
이 메 일 | clckor@gmail.com
온 라 인 | 기업은행 073-000308-04-020, 국민은행 043-01-0379-646
　　　　　예금주: 사)기독교문서선교회

ISBN 978-89-341-1655-4 (93230)

* 낙장·파본은 교환해 드립니다.

이 도서의 국립중앙도서관 출판시 도서목록(CIP)은 서지정보유통지원시스템 홈페이지(http://seoji.nl.go.kr)와 국가자료공동목록시스템(http://www.nl.go.kr/kolisnet)에서 이용하실 수 있습니다.
(CIP제어번호: CIP2017008479)